JN085493

新版

佐藤史郎
Shiro Sato

川名晋史
Shinji Kawana

上野友也
Tomoya Kamino

齊藤孝祐
Kousuke Saitou

山口 航
Wataru Yamaguchi

編

日本外交の論点

法律文化社

新版へのまえがき

　本書『日本外交の論点』の初版が刊行されたのは2018年2月であった。あれから6年ほどの歳月が流れたことになる。この間,『日本外交の論点』は増刷を重ねて,多くの学部生や院生たち,外交の実務に携わる人たち,そして一般の人たちにも手に取っていただいた。お褒めの言葉をいただいたことがある。「議論が盛り上がるので,ゼミで教科書として使用している」と。お叱りを受けたこともある。「結局どうしたらよいのか。答えを教えてほしい」と。どちらも,編者らが望んでいた反応である。大変ありがたく,感謝している。

　とはいえ,刊行からずいぶんと時間が経った今,『日本外交の論点』で示された論点やその内容にはアップデートが求められているだろう。わかりやすい例をあげれば,初版は2022年2月にロシアが開始したウクライナ侵攻以前の世界を取り扱っている。はたして,ロシアによるウクライナ侵攻は日本外交にどのような影響を与えているのだろうか。さらにいえば,初版が世に出された際,核兵器禁止条約はまだ発効していなかった。同条約の発効を受けて,日本外交は今後どのように展開していくべきなのか。

　そこで,新版『日本外交の論点』は,初版で取り扱ったテーマやイシューを見直し,とりわけ集団的自衛権,領土問題,核軍縮の項目については大幅に改稿した。また新版では,北朝鮮の核・ミサイル問題,経済安全保障(初版の「輸出管理」を改編),宇宙政策という新たな項目を設けている。けれどもその分,総頁数に限りがあることから,初版で取り上げた北朝鮮の拉致問題,歴史認識,テロリズム,グローバル・コモンズの項目を新版では割愛せざるをえなかった。むろんそのことは,これらの項目が現代の日本外交にとって重要ではないということを意味しない。

　『日本外交の論点』は,立ち止まって,日本外交のいまとその来し方を振り返る。そして日本外交をめぐる思考の相対化を読者に迫るとともに,そのあり方を考えるための議論の学術的土台を提供する。初版であれ新版であれ,そのような心組みで,『日本外交の論点』は編まれた。

　2023年12月　編者を代表して

佐 藤 史 郎・川 名 晋 史

目　次

第Ⅱ部　日本と近隣諸国の平和と安全

x

なぜ，いま「日本外交の論点」なのか

　本書の目的は，現代の日本外交が直面している諸問題を理解し，その解決に向けた糸口を探るために，学術的基盤に裏打ちされた議論のセットを提供することにある。もう少し具体的にいえば，本書は，①日本外交が抱えている問題とは何か，②なぜ，それが問題なのか，③その問題を考えるためにはどのような専門知識が必要なのか，④その問題に対してどのような見解や立場があるのか，⑤それらの見解や立場を超えるためにはどうすればよいのか，といった点を読者に示す。

　日本外交に関する優れた書籍はたくさんある。とはいえ，いまの日本が直面している課題そのものを中心的に取り扱っている本は少ない。その例外は『外交青書』である。同書は政府の動きを知るのに重要な資料であることに疑いの余地はない。だが，日本外交を深く理解するためには，『外交青書』をさらに学術的な視点から紐解き，考える作業が必要となろう。このような背景のもと，本書は，日本外交における政治，経済，社会，文化に関するテーマを取り上げて，それぞれのテーマが内包する「論点」を示している。本書が『日本外交の論点』という名を冠しているゆえんである。

　ただし本書は，日本外交が抱えている問題に対して，その解決策を明確に提示していない。しかしながら，解決策を考えるための知的基盤を提供していることに，本書の意義があると考えている。また，本書で示す論点は唯一の論点ではない。それゆえ，各章で提示されている論点に対しては，「論点として間違っているのではないか」もしくは「別の論点があるのではないか」といった視点や思考をもつことは重要である。

それでは，なぜ，いま，現代の日本外交を考えるために「論点」を提示する必要があるのだろうか。その回答は，本書がもつ次の2つの特徴と関わっている。

1つめの特徴：〈思考の相対化〉を迫る

本書の1つめの特徴は，いまの日本外交が直面しているそれぞれの問題について，読者に〈思考の相対化〉を迫るという点である。

日本のメディアや学界の一部では，特定の政治的立場に根ざして，日本外交をめぐる問題を提起し，理解し，あるべき解決策を追求する傾向がある。たとえば，日本は集団的自衛権を行使すべきである／すべきでない，日本は米軍基地を沖縄に維持すべきである／すべきでない，日本は核の傘から脱却すべきである／すべきでない，といった具合である。

このようなアプローチは，これまでの日本政治や国際政治におけるイデオロギー対立を色濃く反映したものであった。しかし，米ソ冷戦が終結して，国際環境が変化し，日本政治においては民主党政権の時代を経て，目下，自民党一強の時代を迎えている。かつてはたしかに識別できた右／左，もしくは保守／革新といった境界はもはや鮮明でなく，したがって党派的で分極的な思考の枠組みは，現状を正しく認識し，また将来を予測するためのツールとしては，ほとんど使いものにならない。であるからこそ，「いま」，イデオロギー対立を超えて日本外交を学術的に問い直し，政策を仕切り直すことが求められているのである。

そこで本書は，学術の取り組みとしては忌避されがちな二項対立的もしくは規範的な論点（〜すべきか）にあえて正面から光を当て，そこにみられる共通項と対立軸，そしてこれまで看過されてきた論点を浮かび上がらせる。そこでは，具体的な解決策は明示せず，論点を考えるために必要な知識を提供し，それに対するさまざまな見解や立場を紹介するとともに，自らの立ち位置を相対化するための方途を示そうとする。

2つめの特徴：〈全般的な方向性〉を考える

本書がもつ2つめの特徴は，できるかぎり多くのテーマと論点を取り扱うこ

とで，いまの日本外交の〈全般的な方向性〉を考える機会を提供するという点である。

　本書は，5部構成のもとで，日本外交をめぐる24のテーマと論点を取り扱っている。以下，その内容を簡単に紹介しておこう。

　第I部は，日本の平和と安全の問題を扱う。俎上に載せるテーマは，日米同盟，米軍基地，自衛隊，集団的自衛権，そして武器輸出である。それらはいずれも，かねてより政治的対立が表面化しやすいと考えられてきた領域であり，日本外交における二項対立的な政策論争の図式をうまく可視化してくれるだろう。そこで読者が問われるのは，本質的には，戦後日本の対米外交のあり方，すなわち日本外交における「自立」と「依存」のバランスの問題である。

　第II部は，日本と近隣諸国の平和と安全に焦点を当てる。そこでは日本とアジア諸国の間に横たわる外交上の諸課題，すなわち領土問題，北朝鮮問題，そして多角的安全保障をめぐる論争を「歴史」に固着する文脈に落とし込んで理解していく。それは，それらの課題に対する処方箋が「現在」を普遍のものだと考える静的な視座からではなく，過去から現在に至る変化を地続きでとらえる動的な視座によって初めて提示されうると，われわれが考えているからである。

　第III部は，国際社会の平和と安全をめぐる問題を取り扱う。ここでは，国連（安保理改革），平和維持／平和構築，核軍縮，経済安全保障，宇宙政策という5つの重要なテーマに焦点を当てる。これらのテーマを通じて，国際社会の平和と安全を考えるためには，国際社会の秩序と正義のあり方についても考えなければならない，という点に気づくであろう。また，国際協調主義とは何か，それにもとづく日本外交のあり方とは何かについて，あらためて考えなければならないという点にも気づかされるであろう。

　第IV部は，日本の外交における国際協力をめぐる論点を取り上げている。具体的には，緊急援助，政府開発援助，難民・国内避難民，地球環境問題（気候変動問題），国際犯罪をめぐる論点である。この部では，整理すると3つの論点が議論されている。第一は，日本の外交における目標と国際社会で共有された目標との一致と齟齬である。日本が国益を追求することが，国際社会の公益を増進するのかが問題となる。第二は，日本の国際協力を実現するための方法を

めぐる論争である。たとえば，緊急援助では，自然災害だけでなく武力紛争の被災地に自衛隊を派遣するのかが問題となっている。第三は，国際社会において共有された目標を日本がどのように遵守するのかという問題である。たとえば，人身売買は，日本が主要な加害国であり，日本の国内政策のあり方が問われている。このような国際協力をめぐる論点を考えることで，今後の日本の国際貢献のあり方について理解を深めることができるであろう。

　第Ⅴ部の**国際経済と文化**では，**通商，食料，資源／エネルギー，パブリック・ディプロマシー，世界遺産，捕鯨**という６つのテーマを扱う。安全保障の問題と比べて，こうしたイシューでは各国の共通利益が追求されやすく（「プラスサム」の関係），総論では国際協力の推進が当然視されがちである。しかし同時に，多くの国が固有の利害や価値観を守ろうとすることで，相容れない主張もさまざまなかたちであらわれる。そうした状況では，単に国際協力の重要性を唱えるだけでは十分ではない。日本外交の文脈でも，国際社会全体で享受すべき利益や守るべき価値をいかに定義し，実施するか，またそこにどのようなかたちで自国に固有の利益や価値を反映させていくか，ということを考えなければならない。

　以上のさまざまなテーマと論点を検討することで，日本の対米外交のあり方とは何か，国際社会の秩序と正義に対する日本外交のあり方とは何か，日本の国際貢献のあり方とは何か，日本外交における利益や価値のあり方とは何かといった，日本外交の〈全般的な方向性〉を考えるための議論の土台を読者に提供したい。

【佐藤史郎・川名晋史・上野友也・齊藤孝祐・山口航】

第Ⅰ部──日本の平和と安全

日米同盟をめぐる対立軸

" 日米同盟を強化すべきか，現状を維持すべきか "

日本の安全保障の基軸として位置づけられてきた日米同盟をめぐっては，同盟を存続するべきか，あるいは破棄するべきかという対立の構図がかつて鮮明に存在しました。しかし，今日では日米同盟を支持するとの意見が多数となっています。その一方で，同盟を強化していくべきか，現状を維持すべきかについて，国内で意見の一致はありません。本章では日米同盟の基本的な構造を理解しつつ，日米同盟がどうあるべきかを考えていきましょう。

【キーワード】日米防衛協力のための指針（ガイドライン），日米安全保障条約，物と人との協力，「見捨てられる」不安，「巻き込まれる」不安

はじめに

2022年12月16日，日本の国家安全保障の基本方針である「国家安全保障戦略」が改定された。そこでは，日米同盟が「我が国の国家安全保障の基軸であり続ける」と明記され，国際社会の平和と安定のために，日米両国があらゆる分野で協力関係を強化することが述べられている。

では，どのように日米同盟を強化していくのか。日米両政府は「**日米防衛協力のための指針（ガイドライン）**」で，両国の役割などに関する一般的な大枠や政策的な方向性を示している。2015年に策定された現行のガイドライン（新ガイドライン）でも日米同盟の強化がうたわれ，平時から緊急事態まで，あらゆる段階における抑止力や対処力の向上が図られている。

だが，新ガイドラインの策定をめぐっては，日本国内で賛否が分かれた。日米同盟を強化すべきか，現状を維持すべきかという，日米同盟のあり方に関す

る問題が浮き彫りになったのである。

　そこで本章では，新ガイドラインに関する議論に着目しつつ，日米同盟をめぐる対立軸について考えていく。まず，日米同盟の構造が通常の同盟とは異なることを確認する。そして，日本国内で意見の対立軸が変化してきたことを示したうえで，新ガイドラインを手がかりに，日米同盟をめぐる今日の対立の構図をみていこう。

1　日米同盟の基本的な構造

1-1　役割の拡大

　1952年4月28日，サンフランシスコ講和条約が発効した。米国を中心とする連合国と日本との戦争状態が終了するとともに，沖縄などを除き，日本国民の主権が回復することになった。それと同日に発効したのが，「日本国とアメリカ合衆国との間の安全保障条約」である。これを1960年に実質的に改定した，「日本国とアメリカ合衆国との間の相互協力及び安全保障条約（日米安全保障条約）」が，今日に至るまで日米同盟の根幹をなしている。1978年には，最初のガイドラインが策定され，侵略を防止するための態勢の強化や，日本有事の共同対処，極東有事の日米協力が明文化された。

　そして，とくに冷戦後，日米同盟はその役割を拡大していく。1996年には「日米安全保障共同宣言（21世紀に向けての同盟）」が発表された。そこでは，自由の維持や民主主義の追求，人権の尊重などにおいて両国が価値観を共有しており，アジア太平洋地域のみならず地球的規模で協力していくことが盛り込まれている。より具体的には，翌97年に自衛隊と米軍の協力の範囲を「周辺事態」にも拡大させた新たなガイドラインが発表され，日米同盟の重要性が再確認されることとなった。この97年のガイドラインでも，「安全保障面での地域的な及び地球的規模の諸活動を促進するための日米協力は，より安定した国際的な安全保障環境の構築に寄与する」と明記され，グローバルな日米協力がうたわれた。

　2001年9月11日の米国同時多発テロ事件後は，アフガニスタンやイラクなどにおいても，自衛隊が米軍と協力した。また，安全保障関係に加えて，経済や

文化，教育面など，幅広い分野で日米間の協力関係が構築されており，その交流の裾野は広い。

1-2　権利と義務関係

日米同盟はその役割を拡大してきたが，日米安全保障条約締結以降，安全保障に関する基本的な構造は変わっていない。その中核となっているのは日米安全保障条約第5条と第6条である。第5条は米国の対日防衛義務を定め，第6条は，日本の米国に対する，施設・区域の提供義務を規定している。この基本的な原理は「**物と人との協力**」と表現される（西村 1999）。端的にいうと，日本は物＝基地を提供し，米国は人＝軍隊を派遣するというものである。

これは，一般的な同盟とは異なる。一般的な同盟においては，互いが互いを守りあうというように，双方の義務が文言上はほぼ同じだからである。たとえば，1953年に調印された米韓相互防衛条約では，第3条で「いずれかの締約国に対する太平洋地域における武力攻撃が自国の平和及び安全を危うくするものであることを認め，自国の憲法上の手続に従つて共通の危険に対処するように行動することを宣言する」と明記され，太平洋地域に限定しつつも「相互防衛」がうたわれている。北大西洋条約機構（NATO）条約，米比条約，米豪条約なども同様である。そのため，米国同時多発テロ事件後のアフガニスタン戦争などのときに，集団的自衛権の行使を主張し米国と共に戦った米国の同盟国も多い。

しかし，日米同盟はそうではない。もし日本が第三国に攻撃された場合，米国は日本を防衛する条約上の義務を負う。だが，もし米国が第三国に攻撃されたとしても，日本は米国を防衛する条約上の義務はないのである。そこで，日本は米国を守る代わりに，日本は米国に基地を提供し，米国はその基地を日本防衛のみならず「極東の平和と安全」のためにも使用できることになっている。さらに，日本は在日米軍の経費の一部も負担している。

1-3　メリットとデメリット

以上のように，日米同盟は通常の同盟と異なり，権利と義務関係において非対称なのである。この関係は，両国にとってメリットとデメリットの両方があ

る（久保 2016）。

　日本側にとってのメリットの例としては，米軍の駐留により抑止の信頼性が強化されること，集団的自衛権の行使を条約上は求められないことなどがあげられる。また，米国も，戦略的な要衝である日本列島に基地を置き，これによって米軍の韓国防衛や，南シナ海，インド洋，中東への展開が容易になるというメリットを享受している。

　ただし，この関係には難点がある。それは，双方の一般の国民にとってわかりにくいことである。そのため，お互いに自国の負担に目が行きがちとなる。日本国民にとっては，事故や犯罪，費用負担など，米軍基地が日本にあることのデメリットが強調される。米国民にとっては，日本が「ただ乗り」しているように映り，世界有数の経済大国である日本をなぜ米国の若者が血を流してまで守る必要があるのか，との不満も出る。

2　国内の認識からみる対立軸

2−1　日米同盟の存在自体をめぐる対立軸

　日米同盟について，日本国内ではどのような意見の対立があるのだろうか。かつて存在した対立軸は，日米同盟の存在自体をめぐるものであった。つまり，日米安全保障条約にもとづく米国との同盟を選択するのか，あるいは，その同盟を破棄し自主防衛ないし非武装中立という路線をとるのか，という対立軸である。

　だが，その対立軸は次第に勢いを失っていった。図1−1のとおり，少なくとも世論調査においては，冷戦期の半ばから認識の変化が認められる。内閣府の調査によると，日本の安全を守る方法としては，「現状どおり日米の安全保障体制と自衛隊で日本の安全を守る」という意見が1975年から半数を超えた。その一方で，「日米安全保障条約をやめて，自衛隊だけで日本の安全を守る」や「日米安全保障条約をやめて，自衛隊も縮小または廃止する」という回答は，少数にとどまっている。

図1-1　日本の安全を守るための方法

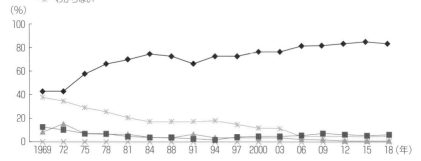

- ◆ 現状どおり日米の安全保障体制と自衛隊で日本の安全を守る(注1)
- ■ 日米安全保障条約をやめて，自衛隊だけで日本の安全を守る(注2)
- ▲ 日米安全保障条約をやめて，自衛隊も縮小または廃止する(注3)
- ✕ その他
- ＊ わからない

注1：1969年調査では「現状どおり，安保体制と自衛隊で日本の安全を守る」となっている。
注2：1984年調査までは「安保条約をやめ，自衛力を強化して，わが国の力だけで日本の安全を守る」，その後2006年調査までは「日米安全保障条約をやめて自衛力を強化し，我が国の力だけで日本の安全を守る」となっている。
注3：1984年調査までは「安保条約をやめて，自衛隊も縮小または廃止する」，その後2006年調査までは「日米安全保障条約をやめ，自衛隊も縮小または廃止する」となっている。
注4：2015年調査までは20歳以上，2018年調査は18歳以上が対象となっている。
出所：内閣府ウェブサイト「自衛隊・防衛問題に関する世論調査」より筆者作成。

2-2　日米同盟のあり方をめぐる対立

　このように，日米同盟に対する世論の認識は，時代とともに変化してきた。日米同盟を維持すべきかどうかという対立軸は弱まり，今日，日米の安全保障体制と自衛隊を多くの人は支持している。だが，日米同盟がどうあるべきか，具体的にどのような日米協力が望ましいかをめぐっては，今日も対立が看取できる。

　2015年の新ガイドラインについての世論調査をみてみよう。朝日新聞が同年5月に実施した世論調査では，ガイドラインの改定で日米同盟が強化されたことについて，「評価する」が45%，「評価しない」が32%となっている。他方，同月のTBSによる世論調査では，集団的自衛権の行使容認を前提とした日米連携や，自衛隊の米軍への支援が地球規模に拡大する内容が盛り込まれたガイドラインの改定について問われ，賛成が36%，反対が46%となっている（TBS

2015)。このように，新ガイドラインをめぐっては調査によって意見が割れている。

3　新ガイドラインと日米同盟の深化への賛否

3-1　新ガイドラインと日米同盟の「グローバル化」

　具体的な意見の対立をみる前に，新ガイドラインの主な特徴を確認しよう。新ガイドラインでは，平時から利用可能な同盟調整メカニズムを設置することなど，同盟の強化がうたわれると同時に，宇宙およびサイバー空間など多くの新しい分野での戦略的な協力も盛り込まれた。さらに，人道支援や，日本や世界各地における大規模な災害への日米協力，防衛装備・技術協力や，情報協力・情報保全および教育・研究交流にも言及されている。日米二国間にとどまらず，多国間協力の強化も追求されている。

　なかでも新ガイドラインで強調されているのが，「日米同盟のグローバルな性質」である。「相互の関係を深める世界において，日米両国は，アジア太平洋地域及びこれを越えた地域の平和，安全，安定及び経済的な繁栄の基盤を提供するため，パートナーと協力しつつ，主導的役割を果たす」ことが明記されている。

　もっとも，日米同盟の「グローバル化」は，新ガイドラインによって突如として始まったものではなく，第1節でみたように日米同盟はその対象を拡大してきた。したがって，2015年の改定はこれまでの方針を転換するものではなく，従来の政策の延長線上に位置づけることができよう。

3-2　日米同盟の強化を評価する意見

　では，日米同盟の強化を評価する立場と批判的にみる立場は，何を争点としているのだろうか。同盟の強化を肯定的にみる立場から確認していこう。

　ガイドラインが改定されたことを受けて，2015年4月28日，新聞各社は社説を掲載した。読売新聞は「防衛協力新指針　日米同盟の実効性を高めたい」との社説で，「平時から有事まで，切れ目のない自衛隊と米軍の共同対処の大枠が整ったことを評価したい」と述べた。その理由としては，「軍備増強や海洋

進出を続ける中国や，核・ミサイル開発を進める北朝鮮への抑止力も強まる」ことなどをあげている。そのうえで，「世界規模の日米同盟を目指し，協力の対象や地理的範囲を拡大」しており，「周辺事態を『重要影響事態』に改めるのに伴い，米軍に対する自衛隊の後方支援の地理的な制約を外し，日本周辺以外でも支援できるようにすることは意義深い」と主張した。

　また，産経新聞の社説も，新ガイドラインは，「厳しさを増す安全保障環境に備え，日米同盟を格段に強化し，日本の平和と繁栄を確かなものにするための有効な手立てだ」と評価した。そのうえで，「米国の強いコミットメント（関与）を地域で保つことは，日本単独で守りを固めるよりも合理的な選択肢といえるだろう」とも述べている。

　同盟を結んでいる国は潜在的に2つの不安を抱いているといわれる。1つはいざというときに「見捨てられる」不安であり，もう1つは望まない戦争に「巻き込まれる」不安である（Mandelbaum 1981）。新ガイドラインを肯定する立場は，米国の強いコミットメントの確保，すなわち，いざというときに日本が米国に「見捨てられる」不安を払拭することをしばしば強調する。

　第1節で論じたように，日米間では権利と義務関係が非対称である。そこで日本政府は，日米協力を深化させ，人的貢献を模索することによってその関係を補完し，少しでも「人と人との協力」に近づけ，米国の関与を確かなものにしようとしているのである。

3-3　日米同盟の強化に批判的な意見

　他方，日米同盟の強化に批判的な声もある。読売新聞などと同日，朝日新聞は「日米防衛指針の改定　平和国家の変質を危ぶむ」との社説を掲載した。そして，「『積極的平和主義』のもと，国際社会での日本の軍事的な役割は拡大され，海外の紛争から一定の距離を置いてきた平和主義は大幅な変更を迫られる」と懸念を表明した。

　野党からも反対の声が上がった。野党第一党であった民主党は，岡田克也代表が談話を発表し，「今回の改定は，『周辺事態』の概念を捨て去り，集団的自衛権の行使も前提に，自衛隊の活動を地球規模に広げるものである。……自衛隊の海外における『歯止めのない』活動拡大に反対する」（民主党 2015）と表

明した。また，社会民主党も「対米協力・支援の飛躍的な拡大は，米国の戦争に日本が巻き込まれ，自衛隊が戦闘に巻き込まれる危険性や日本がテロの標的にされる恐れが高まることになる」（又市 2015）との談話を発表した。

　同盟の強化に批判的な立場は，米国の戦争に日本が「巻き込まれる」不安を抱えていることが，ここから読みとれる。同盟強化に肯定的な意見とあわせて考えてみると，新ガイドラインをめぐる議論において，一方は「巻き込まれの不安」ばかりを強調し，他方はもっぱら「見捨てられの不安」を問題視しており，両者ともに 2 つの不安の関連を見過ごしているといえよう。つまり，「見捨てられ」の危険を除去しようとする動きが「巻き込まれ」の危険を増大させうるという，「同盟のジレンマ」が看過されているのである（石川 2015）。

おわりに

　本章では日本国内における意見の対立に焦点をあわせたが，日本と米国の間にも温度差がある。「グローバルな協力にコミットすることで日米同盟の維持・強化や負担の軽減を図る日本側と，自身が主導するグローバルな秩序維持そのものを目標とする米側との間には，明らかに温度差が存在した」との指摘もある（佐竹 2016）。すなわち，米側とは異なり，日本側は同盟のグローバルな活動を「目的」としてではなく，同盟を管理するための「手段」としてとらえているきらいがある。

　今日，日米同盟を強化することによって，あるいは強化せずに，どのような日米関係を目指していくのかが必ずしも明確ではない。総じて，同盟というものは「完成」する性質のものではない。日米同盟は国際環境が変化していくなかでこれからも変化していくだろう。強化をしたその先でどのような日米同盟を理想としていくのか，あるいは，強化をせずにどのような日米同盟のかたちが望ましいと考えていくのか。日米同盟を強化すべきか否かを考える際には，こうした問いをたえず検討していく営みこそが重要である。

📖 文献紹介
① 五百旗頭真編『日米関係史』有斐閣，2008年。

　　19世紀後半から今日に至るまでの日米関係の通史。国際的な時代環境の変化のなかに，日本と米国との外交を位置づけている。戦前期を扱った前半では，日米の遭遇からなぜ両国が衝突するに至ったのかを考察する。後半では，対抗と摩擦を超えつつ発展してきた戦後の日米関係を論じている。外交関係のみならず，経済や文化面での関係もカバーしている。

② 西原正・土山實男監修『日米同盟再考─知っておきたい100の論点』亜紀書房，2010年。

　　日米同盟に関する100の論点をQ&A形式で論じており，日米同盟を体系的に理解するのに適している。「冷戦が終わったのに，なぜ日米同盟は続いているのか」や「中国経済の台頭は日米同盟にどう影響するか」，「日米同盟は永遠に続くのか」など，重要な論点が並んでいる。予備知識がなくとも理解できるように簡潔かつ平明な表現で書かれている。

③ 公益財団法人日本国際問題研究所監修，久保文明編『アメリカにとって同盟とはなにか』中央公論新社，2013年。

　　日米同盟について論じた書籍は数あれど，米国と他国との同盟と比較し深く分析したものは必ずしも多くない。本書は，米国とNATO，英国，韓国，台湾，イスラエル，サウジアラビア，東南アジア諸国，中南米諸国などとの同盟や準同盟関係の歴史と現状を比較・研究している。そのうえで，アメリカ外交に日米同盟を位置づけながら，その相対的な意義を論じている。

［参考文献］

石川卓「日米安保のグローバル化」遠藤誠治編『日米安保と自衛隊』岩波書店，2015年，51-74頁。

久保文明「日米安全保障条約の権利と義務における非対称性の考察」公益財団法人世界平和研究所編『希望の日米同盟─アジア太平洋の海洋安全保障』中央公論新社，2016年，1-11頁。

佐竹知彦「日米同盟の『グローバル化』とそのゆくえ」添谷芳秀編『秩序変動と日本外交─拡大と収縮の七〇年』慶應義塾大学出版会，2016年，229-253頁。

西村熊雄『サンフランシスコ平和条約・日米安保条約』中央公論新社，1999年。

TBS「世論調査」2015年，http://news.tbs.co.jp/newsi_sp/yoron/backnumber/20150509/q2-1.html，2017年11月6日アクセス。

内閣府「自衛隊・防衛問題に関する世論調査」，http://survey.gov-online.go.jp/h29/h29-bouei/2-6.html，2023年5月15日アクセス。

又市征治「日米防衛協力の指針の改定合意について（談話）」2015年，http://www5.sdp.or.jp/comment/2015/04/28/日米防衛協力の指針の改定合意について（談話）/，2017年11月6日アクセス。

民主党「【代表談話】日米ガイドラインの改定について」2015年，https://www.dpj.or.jp/

article/106655/，2017年11月 6 日アクセス。

「 国 家 安 全 保 障 戦 略 に つ い て 」2022年，http://www.cas.go.jp/jp/siryou/221216
　　anzenhoshou/nss-j.pdf，2023年 5 月15日アクセス。

Mandelbaum, Michael, *The Nuclear Revolution: International Politics before and after
　　Hiroshima*, Cambridge University Press, 1981.

【山口航】

第 **2** 章　　　［米軍基地］

沖縄の米軍基地

" 米軍基地が沖縄に集中するのはやむをえないことなのか "

　沖縄に駐留する米軍，ならびにその基地・施設が引き起こす政治的，あるいは社会的な問題は長らく日米関係の「喉元に刺さった骨」といわれてきました。それは，ひとたびその扱いを誤れば日米同盟の土台を揺るがしかねない厄介な問題だ，という意味です。実際，日本国内では基地の沖縄に米軍基地が集中することに反対する人とそうでない人の間で意見の対立がみられ，そのことがたびたび日本本土と沖縄の政治的分断を生み出してきました。では，両者の議論はいったいどこでどうすれ違うのでしょうか。もしかすると，そこには「日本に基地がある」ことと「日本の特定の場所に基地がある」ことが必ずしも同じ論理で説明できないことが関係しているかもしれません。

【キーワード】NIMBY，沖縄，トリップワイヤー論，地理的宿命論

はじめに

　日本の米軍基地をめぐる問題は大きく 2 つのタイプに分けられる。1 つは，自分たちの日常生活に直接関係ある問題としての基地問題である。もう 1 つは，日本の安全という日常とはいささか遠く感じられがちな問題がそれである。前者は，基地公害（事件・事故，騒音など），あるいはより広く NIMBY（Not in My Backyard: それが存在することの意義を認めるものの，自身の生活圏内で共存することは拒絶するという意味）に派生する問題としてとらえられるものであり，政策的には基地の縮小，あるいはそれを移転すべきとの立場が打ち出される。後者は，基地をいわゆる日米安保条約（⇒第 1 章）の問題としてとらえようとするものであり，そのようなとらえ方をする場合には，それを維持すべしとの立場が示されることが多い。

いずれにせよ，この 2 つの立場はどちらも米軍の基地が日本に存在しているという客観的事実に端を発している。ところが，両者はその存在理由，すなわち「なぜ基地が存在するのか」という問題にはほとんど注意を払っていないようにみえる。仮に基地の存在理由が共有されないとすれば，基地の政策的な良し悪しを論じる人々の間には，すれ違いが際立つばかりで，見解の一致など望むべくもないだろう。今日では NIMBY から出発したはずの議論が一足飛びに基地の全面撤退論へと展開したり，それとは逆に，米国との関係を自明視するあまり基地の負担を強いている**沖縄**への配慮を欠いた言動が繰り返されたりもする。両者の議論がうまく噛みあわず，向かう方向が極端に異なるのは，基地問題についての議論をその根幹（存在理由）からではなく分枝（公害か，安全か）から始めていることに由来するのかもしれない。

1　論点の抽出

では，この問題の根幹，すなわち基地の存在理由を議論するために，私たちは何をどうしたらよいのだろうか。おそらくその手始めは，日本に米軍基地が・・・・・・・・・あることと，日本の特定の場所に基地があることの理由を分けて理解することにある。なぜなら前者は一般に米国，あるいは日米の戦略に帰せられる問題であるが，後者は戦略のみならず政治や社会，そして歴史が複雑に絡みあう問題だからである。

1-1　なぜ，日本に基地があるのか？

日本に米国の軍事基地が存在するのはなぜか。この素朴な問いに対しては，実のところ，すでに多くの人が納得しやすい回答が存在している。いわく，基地は米国による占領の遺産であり，それを提供するのは日米安保条約上，日本が負っている義務である。あるいは，仮に日米安保条約による義務が存在しなくとも，米軍の存在なくして日本の安全を確保するのは容易ではない（日本単独でそれを確保しようとするのは合理的ではない）。したがって，日本は米国の基地を自らの意思で受け入れているというものである。

この点，日本が折々の戦略環境に対応可能な軍事力をもつために，国内のす

べての資源を軍事力に転換しようという意思をもつのであれば，日本独力での防衛は可能であるとの議論を成り立たせることも可能かもしれない。しかし，それに必要な投資の規模は想像以上に巨大である。また，そもそも今日の国際社会では共通の価値や理念，ないし脅威認識を共有する国との間で同盟関係を構築し，それを運用する手段として相互にまたは一方の国の側が，相手の国の軍事基地を受け入れるのは必ずしも不自然なことではない。

　日本の側からみれば，米軍の基地とそこに展開する部隊は自衛隊の通常打撃力を補完するとともに米国の対日防衛コミットメント，あるいは拡大抑止を担保する「装置」として位置づけられている。他国から日本への攻撃があった暁には，基地の存在をもって，米軍を半自動的に戦闘に巻き込むことを可能にしている（これを「トリップワイヤー論」という）。さらに，極東地域において作戦行動に従事する米軍の発進基地，ならびに米本土や西太平洋地域に展開する米軍増派部隊の受け入れ基地として，地域秩序そのものを担保する役目も負っている。日本の米軍基地は米軍が構築するグローバルな基地のネットワークの一部となっているのである（川上 2004）。

1 - 2　なぜ，日本の特定の場所に基地があるのか？

　さて，問題は後者の問いである。米国が日本の「どこ」に基地を置くという問題は先にみた日米の戦略的な問題とはいささか性格を異にする。また1990年代以降，とりわけ政治的な緊張をはらむ沖縄の基地問題を考えるうえで，この問いが意味するものは大きい。

　現在，沖縄には米国の陸軍，海軍，空軍，そして海兵隊の全部隊が展開している。2万5000人を超える軍人が沖縄に駐留し，その規模は全在日米軍兵力のおよそ70％を占める。また，基地面積の観点でみてみると，日本全国の米軍専用施設の70％以上が沖縄に集まっていることもわかる。現行の日米安保条約のもと，日本と米国の間では，日本が米国に基地（施設・区域）を提供し，米国は日本に安全を提供するといういわゆる「物と人との協力」が成り立っているが，そのうちの「物」，すなわち基地の大半は沖縄が引き受けているのである。

　すでにみたように，日本における米軍基地を日米双方の戦略的利益に適う存在として認めるための議論を成り立たせることはなるほど可能である。しか

し，そうしたところで，そこから日本の特定の米軍基地の存在理由が導かれる
わけではない。今日の沖縄の基地問題をめぐる重要な論点はそこにある。つま
り，いま，問われているのは「なぜ日本に基地が存在するのか」ではなく，「な
ぜ沖縄にかくも多くの基地が存在するのか」なのである。

1－3　沖縄に基地が集中するのは，地理的宿命か？

　基地の集中に賛成する人々は沖縄の地理の問題を取り上げて，次のように応
答するかもしれない。沖縄の米軍基地は，米軍が西太平洋地域に前方展開する
うえで重要な役割を負っている。米本土から北東アジア，東南アジアおよび南
西アジアを眺めた場合，沖縄に展開する部隊はグアムに展開する部隊とともに
迅速に紛争地域に展開することができる。そして，そのことが地域における
「抑止力」を構成する。少し具体的になるが，沖縄は朝鮮半島から約1000km，
九州から800km，台湾海峡から900km の位置にあり，嘉手納空軍基地には戦
闘機や空中給油機，そして早期警戒管制機が展開している。戦闘機の行動半径
が一般に1200km 以上であるとすれば，嘉手納基地は北東アジアから南シナ海
北部に至る地域のすべてをカバーすることになる（西原・土山監修 2010）。日本
の防衛省もこのような理由にもとづいて沖縄の海兵隊の存在意義を説明する
（図2－1）。
　沖縄のかような「地理的宿命論」は，一見すると十分に理に適っているよう
にみえる。しかし，歴史をひもとけば，実際の在日米軍基地の配置の決定（つ
まり，基地を日本国内のどこに置くか）は，米国の戦略的ないし地政学的な判断の
帰結というよりも，日米双方の政治判断の帰結としてみたほうが妥当といえる
ようなケースも少なくない。そしてそれは日本に限った現象ではなく，グロー
バルな米軍基地の配置をめぐる政治にもあてはまるとされている（川名 2022）。

2　歴史の Facts をおさえる

　第二次世界大戦後から現在に至るまで，東アジアにおける日本の，そして米
国にとっての戦略的な課題は一貫してロシア（ソ連），中国，北朝鮮の脅威へ
の対処にあるといってよい。しかしながら，そのための手段と目される在日米

図2−1　沖縄の地理的位置と在沖米海兵隊の意義・役割——防衛省の立場

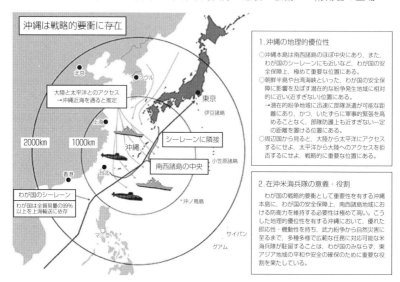

出所：防衛省『日本の防衛—防衛白書 平成28年版』2016年，260頁。

　軍基地の配置については，実はこれまで頻繁に再編（すなわち，基地の削減や整理・統合）が行われてきた。そして興味深いことに，その過程では米国が戦略的に重視している基地が再編の候補に選ばれることも少なくなかった。

2−1　在日米軍基地の再編：歴史的経緯

　一例をあげよう。たとえば，1960年代後半から70年代前半にかけて，米国は今日の在日米軍基地構造の原型をかたちづくる大がかりな基地の再編政策を実施した。その過程では，当時重要な拠点であった横須賀（神奈川県）や佐世保（長崎県），あるいは横田（東京都），三沢（青森県）といった基地も再編の対象に含まれた。さらに，このとき米国は朝鮮半島に地理的に近く，したがって朝鮮有事において最も重要な役割を果たすと考えられた板付空軍基地（現・福岡空港）を日本に返還することを決めた。それは折しもプエブロ号事件（米軍艦船が北朝鮮軍によって拿捕された事件）やEC−121撃墜事件（米軍の偵察機が北朝鮮軍によって撃墜された事件）によって，朝鮮半島情勢が緊迫していた最中の出来事であっ

た（脅威や地理が基地の存在根拠であれば，米国はなぜそのような決定を下したのか？）。

　同じような例は，他にもある。もし，特定の基地の存在根拠が「脅威からの距離」に由来するとすれば，冷戦期，ソ連にほど近い北海道の基地はその存在が不可欠だったであろう。しかし実際には，そうした直観に反して，米軍は70年代初頭には一部の通信施設を除いて撤退している（もっとも，その穴は自衛隊が埋めることとなった）。

2-2　沖縄への基地集中

　では，沖縄はどうだろうか。もし沖縄が地理的な理由によって日本の安全，あるいは米国の西太平洋地域における戦略にとっての「要石」だとすれば，戦後の沖縄の基地構造（基地や兵力の配置）には一定の継続性がみられて然るべきである。しかしながら，今日の主力部隊である海兵隊（沖縄の基地の約70％は海兵隊が使用している）が沖縄に駐留を開始したのは，朝鮮戦争が終結してからしばらく経った1950年代中期以降のことであった（山本 2017）。しかもそれ以降，米国内部では再三にわたって海兵隊撤収計画が立案されてきたことも今日では知られるところである（屋良ほか 2016；野添 2016）。たとえばベトナム戦争がピークを迎えていた1969年，米国は沖縄に駐留する海兵隊の米国本国への撤収を計画し，それにあわせて（今日の問題の中心である）普天間基地の閉鎖も検討した。当時，米国は沖縄に展開する海兵隊を軍事戦略上，不必要な存在とみなしていたのである（屋良ほか 2016）。

　いずれにせよ，同時期に行われた基地再編の結果として，日本本土の米軍基地は減少し，代わりに沖縄の基地の比重が相対的に高まった。その背景には，当時，深刻な撤退圧力にさらされていた首都圏の基地を縮小せざるをえないという日米双方の政治的事情もあった。既述のように，いったん「不要」の烙印をおされた普天間基地が一転して残留，ないし固定化へと舵が切られたのも，神奈川県の厚木基地の返還に伴う代替措置（すなわち，厚木所属の航空部隊を普天間に移転する）としての側面があったとされる。米国は本土復帰（1972年）前の沖縄を，日本本土で居場所をなくした基地の「収容場所（repository）」として位置づけていたのである（屋良ほか 2016）。

おわりに

　もっとも，このように歴史の1つの断面を切り取ることで，特定の基地がもつ現在の戦略的意義をやみくもに否定するような態度も，これまた慎まなければならない。実際，今日の日本に所在する基地の相違の多く·は·，戦略環境や地理的条件の違いによって説明できてしまうことも疑いようのない事実だからである。あるいは，仮に当初は明確な目標をもたず，またごく小さな基地として誕生したとしても，一定の条件のもとではそれは時間の経過とともに成長し，他の基地との相互作用を繰り返しながら当初の目的を上書きしつつ，あるものは環境に適した，戦略上重要な機能を備えていくようなケースも十分に想定できるからである。

　基地問題の将来を予測することがいかに困難であるかもおさえておきたい。基地政治の将来を形成する力は，決して単純かつ直線的に蓄積されるものではない。たとえば，基地に関連するいくつもの事象（事故や事件，政治家の失言など）が結合され，その影響がそれらの総和ではなく相乗的に現れたとき，それがもたらす結果が予測しがたいものになることは歴史が示すところである。また，基地政治の過程においては，ある時点では力をもたない政治的アクターが長期的には重要な役割を果たすこともある。時とともに忘れられがちな米兵の犯罪や事故，地方選挙の結果といった社会的・政治的摂動も，場合によっては後の大がかりな基地再編を誘発しうる。

　こうした基地政治の複雑さも念頭に置いたうえで，私たちは基地がもつメリットとデメリットを歴史的文脈のもとに比較衡量しなければならない。その際に求められるのは，直観に反するような歴史の事実に直面したときに，それを既存の基地賛成論，反対論に安易に回収しようとするのではなく，いったん立ち止まってその意味を吟味しようとする態度である。当然，その過程ではある時期，ある場所に存在する（した）基地の存在理由を普遍的なものとして自明視するのではなく，「歴史」に立ち返り，その意味を相対化する作業を忘れないようにしたい。過去と現在の往復は，いま私たちが目にしている基地の状況が地理的／戦略的な必然によって生じたものではない可能性があること，そ

してそうであるがゆえに，私たちの手中には想像しているよりもはるかに多くの政策的選択肢がありうることを教えてくれるからである。

📖 文献紹介

① NHK 取材班『基地はなぜ沖縄に集中しているのか』NHK 出版，2011年。

　　本書は，そのタイトル「基地はなぜ沖縄に集中しているのか」の問いに答えようとした NHK のドキュメンタリー番組をもとにしている。沖縄の海兵隊（主に第三海兵師団）は，戦後いったん米本土へと帰還するも，朝鮮戦争後に日本の本土（山梨や岐阜）に駐留を開始した。その海兵隊が沖縄へと移駐し，今日の一大拠点を築くまでの経緯を歴史的に描いている。ただし，安全保障の視点にいささか乏しいところがあり，歴史の理解としてはやや一面的にならざるをえない。それでも新史料の発掘や，関係者の証言を織り交ぜた本書の考察は学術的にも十分に価値がある。

② 高橋哲哉『沖縄の米軍基地―「県外移設」を考える』集英社，2015年。

　　本書では，沖縄に基地が集中する現状が「正義」や「公正」の観点から批判される。著者によれば，沖縄の基地問題は日本全体の問題であるがゆえに，本土の人々は日米安保を維持する費用（すなわち基地の受け入れ）を等しく分担しなければならない。もっとも，こうした基地の「本土引き取り論」は，本書の場合も含めて，実際の基地再編を主導する米国の政策論理との関係が曖昧であり，その実行性については評価が難しい。この点に留意したうえで，沖縄の基地反対論を理解したい人にすすめたい。

③ 高良倉吉編『沖縄問題―リアリズムの視点から』中央公論新社，2017年。

　　本書のタイトルにある「リアリズム」は，国際政治学にいういわゆる「現実主義」ではない。それは沖縄の経済，行政の実態にかんがみて基地問題の現実的な「解」を模索しようとする営みを指している。本書では，経済振興と基地問題のトレードオフという本土復帰後の沖縄が一貫して直面してきた難問について，主として行政的な視点から考察が行われている。あたりまえのことだが，基地に対する沖縄の人々の立場は反対一色ではない。そこには，基地の存続に肯定的な人や沈黙を守る人を含め，立場の裾野は広い。そうした多様な立場の背後にある論理を学びつつ，基地問題の解決が一筋縄ではいかない理由を考えるのに適している。

［参考文献］
川上高司『米軍の前方展開と日米同盟』同文館出版，2004年。
川名晋史『基地はなぜ沖縄でなければいけないのか』筑摩書房，2022年。
西原正・土山實男監修『日米同盟再考―知っておきたい100の論点』亜紀書房，2010年。
野添文彬『沖縄返還後の日米安保―米軍基地をめぐる相克』吉川弘文館，2016年。

防衛省『日本の防衛―防衛白書 平成28年版』2016年。
山本章子『米国と日米安保条約改定―沖縄・基地・同盟』吉田書店，2017年。
屋良朝博・川名晋史・齊藤孝祐・野添文彬・山本章子『沖縄と海兵隊―駐留の歴史的展開』
　　旬報社，2016年。

【川名晋史】

自衛隊と憲法改正問題

" 自衛隊を明文化するべく，憲法を改正するべきか "

近年，緊迫する東アジア情勢や大規模災害への危惧から，国防や危機管理の実働組織としての自衛隊への国民的な期待が高まっています。他方で，自衛隊には当初から「憲法９条に違反する」という一部批判にさらされてきた経緯があり，いまなお，その正当性の法的根拠を疑う主張もみられます。その結果，自衛隊を明文化する憲法改正の是非が国会でも議論されるようになりました。この問題にどのように向き合えばよいのでしょうか。

【キーワード】憲法９条改正，専守防衛，敵基地攻撃能力（反撃能力），文民統制，基盤的防衛力，立憲主義

はじめに

　日本国憲法施行70年を迎えた2017年５月，安倍晋三首相は改憲派集会でのビデオメッセージや読売新聞のインタビューを通じて，**憲法９条改正**を訴えた。安倍首相は言う。「自衛隊の存在を憲法上にしっかりと位置づけ，『自衛隊が違憲かもしれない』などの議論が生まれる余地をなくすべきだ」。このとき安倍首相が提案した改正案は，９条１項と２項とその解釈を維持しつつ，新たに自衛隊を明記した３項を加えるというものだった。

　ここで自衛隊創設以来，議論を呼んできた憲法９条の条文を確認しておこう。

　第９条　日本国民は，正義と秩序を基調とする国際平和を誠実に希求し，国権の発動
　　　たる戦争と，武力による威嚇又は武力の行使は，国際紛争を解決する手段として

　は，永久にこれを放棄する。
　2　前項の目的を達するため，陸海空軍その他の戦力は，これを保持しない。国の交戦権は，これを認めない。

　ここに明らかなように憲法9条をめぐる歴史的な議論の主たる焦点は，2項の「陸海空軍その他の戦力は，これを保持しない」という一節と自衛隊の存在との整合にあった。歴代政権は自衛隊を「我が国を防衛するための必要最小限度の実力組織」と定義し，2項の「戦力」には当たらないとの解釈で両者の整合を図ってきた（「必要最小限論」）。これに対して憲法改正に反対する憲法学者や野党勢力（護憲派）は，自衛隊を違憲と断ずる一方，安全保障専門家や保守勢力（改憲派）は，自衛隊の種々の制約を撤廃しようと考えて2項削除を要求してきた。この点，改憲案でありながら2項を維持するという安倍首相提案は意外な印象を与え，国会における憲法改正論議を再燃させた。この問題を考える準備作業として，本章では自衛隊の実像と来歴を概観し，安倍首相が提案した憲法9条改正案が日本の外交・安全保障上もちうる意味を考える。

1　自衛隊は「軍隊」か

　そもそも憲法上，「陸海空軍」を認められない日本において自衛隊は「軍隊」なのか。自衛隊を「戦力」と認めない政府からして「通常の観念で考えられる軍隊とは異なる」と説明する。国内法上，自衛隊は行政組織なのである。だが，その任務，組織および実力を一瞥すれば，自衛隊が基本的な軍隊の内実を備えていることに疑問の余地はない。したがって，海外では自衛隊は国際法上の軍隊として取り扱われており，政府もそれを認めている。

　まず，自衛隊の任務からみておこう（以下，自衛隊の任務と組織については，志方2015；福好2017を参照）。その法的根拠となる自衛隊法（第3条1項）は，その「主たる任務」を「我が国の平和と独立を守り，国の安全を保つため，直接侵略及び間接侵略に対しわが国を防衛すること」（外敵からの防衛）と定め，「従たる任務」として「公共の秩序の維持」（治安維持や災害派遣など）を掲げる。この①外敵からの防衛と②国内治安維持という2つの役割は，一般的な軍隊の基本的任務だ。近年ではこの2つの伝統的任務に加え，③米軍への後方支援や

④国連平和維持活動（PKO）や多国籍軍などへの派遣（国際平和協力活動）も「従たる任務」に取り入れられている（同条 2 項）。

　こうしたさまざまな任務遂行のため，自衛隊は他国同様，陸上自衛隊（陸自）・海上自衛隊（海自）・航空自衛隊（空自）からなる 3 軍種の実力組織とサイバー防衛隊および海上輸送部隊（離島に人員・物資を輸送）という共同部隊から構成される。その最大組織が陸自である。敵が海や空から襲来した際には，まず海自と空自が出動する。陸自の基本的役割は，敵がそれらを突破して国土に侵入した際に，「最後の砦」としてその攻撃を防ぐことにある。陸自には，地理的条件に基づき全国に隙間なく配置された15個の作戦基本部隊（師団と旅団）があり，地域防衛中心の部隊と機動展開を担う部隊に分けられる（図 3-1）。

　海自は米海軍を補完しつつ外敵が侵入するのを防ぎ，海洋国家の生命線である海上交通の安全を確保（シーレーン防衛）する。そのため海自は，全国 5 つの主要基地（横須賀，佐世保，舞鶴，呉，大湊）を母港とし， 4 個の護衛隊群と哨戒機部隊や潜水艦部隊などから構成される。たとえば中国公船による尖閣諸島周辺領海への侵入に対しては，海上保安庁（国土交通省の外局。海保）が警告・退去要求などの法執行を担う一方，海自は東シナ海で艦艇や哨戒機による警戒監視活動を広範囲に実施し，そこで得られた情報を海保に提供しつつ有事に備えている。その海自とも協力し，空からの攻撃をスクランブル発進や地対空ミサイルによって防ぐのが空自である。空自は，主として 4 個の航空方面隊（戦闘機部隊や警戒管制部隊，地対空ミサイル部隊などを含む）から構成される。

　さらに，これら陸海空自衛隊を一体的に運用することを目指して設置されているのが統合幕僚監部（長は，防衛大臣を補佐する自衛官最高位の統合幕僚長）だ。陸上・海上・航空の各幕僚監部が人事・防衛力整備・教育訓練など部隊を「整備する機能」を担うのに対し，統合幕僚監部は統合任務部隊（有事の際に 2 つ以上の軍種から編成される部隊）などを「運用する機能」を担う。

　では，他国軍と比較して自衛隊の実力はどの程度か。 1 つの参考として国際的な軍事力評価団体グローバル・ファイヤーパワーが毎年発表する世界の軍事力ランキング（145か国を50項目〔人口，兵器や兵員の数や種類，予算，兵站能力，地理的条件，石油保有量など〕で順位づけしたもの。ただし核戦力は考慮していない）の一部を掲げておく（表 3-1）。

図３－１　自衛隊主要部隊等の所在地

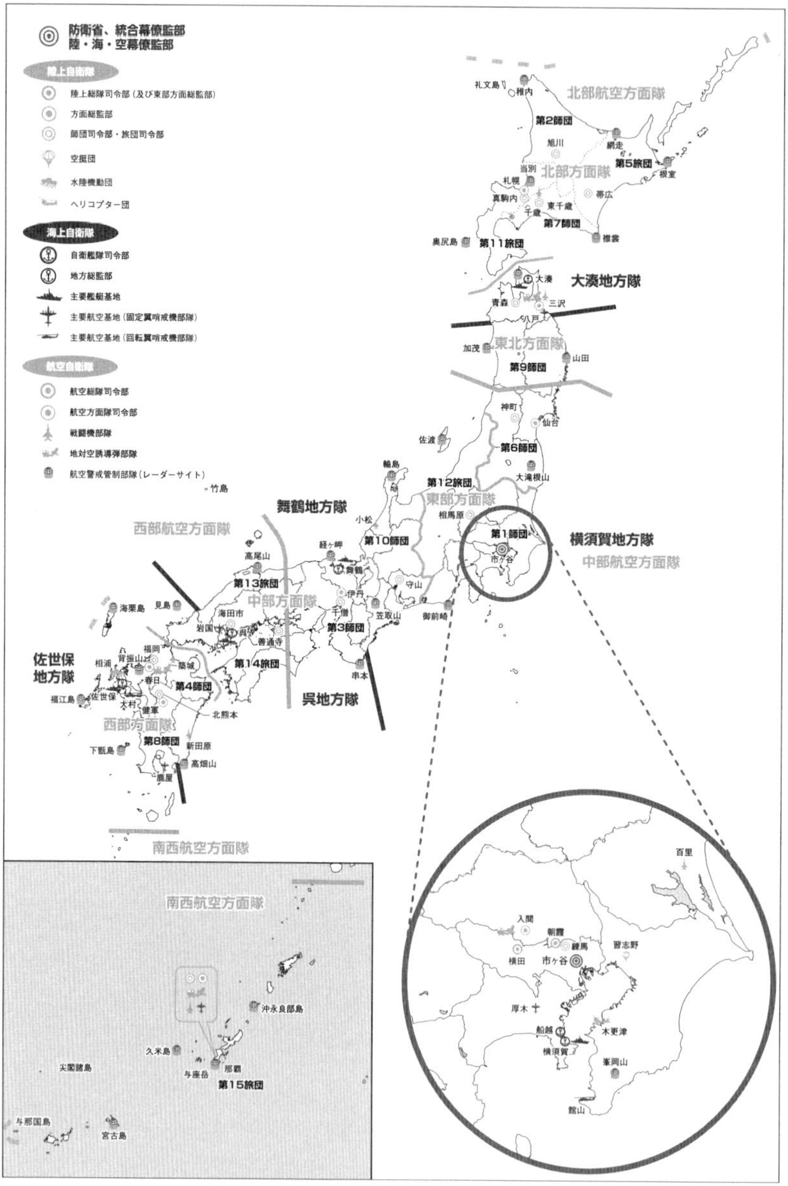

出所：防衛省編『令和５年版防衛白書』。

あくまでも自衛隊を「戦力には当たらない」とする憲法解釈を続ける日本だが，すでに世界 8 位（非核保有国では韓国に次いで 2 位）の軍事力をもつと評価されていることに注目しておきたい。もっとも，日本より上位の国は米英を除けばすべてアジア諸国であり，とくに近隣の中国・韓国と比較した場合，日本の兵力は必ずしも高いとはいえない。さらに近年，中国の急速な軍備拡張によって同盟国米国のアジアにおける軍事的優位も失われている。2022年に岸田文雄政権が防衛費を従来の1.5倍（43兆円〔GDP 2 ％相当〕）に増額して防衛力を大幅に強化しようとした背景には，こうした米軍の劣勢を自衛隊が補完して中国を抑止する意図がある（後述）。

表 3 - 1　2023年世界軍事力ランキング（145か国中上位20か国）

1	米国	11	トルコ
2	ロシア	12	ブラジル
3	中国	13	インドネシア
4	インド	14	エジプト
5	イギリス	15	ウクライナ
6	韓国	16	オーストラリア
7	パキスタン	17	イラン
8	日本	18	イスラエル
9	フランス	19	ベトナム
10	イタリア	20	ポーランド

出所：2023 Military Strength Ranking〈https://www.globalfirepower.com/countries-listing.php〉.

2　自衛隊の「特殊性」

以上のように軍隊の内実を備える自衛隊であるが，憲法 9 条によって他国軍とは異なる特質をもつこともまた事実だ。ここでは，限定的な集団的自衛権行使容認も含む平和安全法制成立（2015年）（⇒第 4 章）によっても変わらなかった自衛隊の特殊性を確認しておきたい。

第一に，憲法上攻撃的な役割を果たせない自衛隊が，日米同盟のもと，その「矛」の役割を在日米軍に委ね，自らは防御的な「盾」の役割にのみ徹してきたことだ。そのため自衛隊は「**専守防衛**」（敵国から攻撃を受けたときにはじめて武力を行使する受動的な防衛戦略）と「**非核三原則**」（核兵器を「もたず，つくらず，もちこませず」という原則）を基本政策とする。自衛隊は，古くから憲法解釈上は可能だった**敵基地攻撃能力**（後述）の保有を控えてきた。したがって長らく自衛隊（とくに陸自）の平時における主要な活動は，反軍思想の強い国民から

信頼を得るべく進められた災害派遣や民生協力だった。そこで培われてきた住民との関係を大切にする文化も自衛隊のよき特徴である（松村 2020）。

　第二に，自衛隊が果たす「盾」の役割にも種々の制約がある。専守防衛政策のもと，自衛隊は，①日本に対する「外部からの武力攻撃」が発生（または，その危険が切迫）しているとき（「武力攻撃事態」）や，②「我が国と密接な関係にある他国」（米国など）に対する武力攻撃が発生して日本の存立が脅かされるような状況に至ったとき（「存立危機事態」）には，自衛権を発動することができる（自衛隊法第76条〔防衛出動〕）。このように自衛隊は「有事」の際には一定の条件のもと，限定的な集団的自衛権も含めた武力を行使できる。だが見方を変えれば，自衛隊は，こうした防衛出動以外の活動（「重要影響事態」への対応や国際平和協力活動など）では他国の武力行使との一体化すら認められず，警察官職務執行法（警察官の職務・職権を定めた法律）を準用した武器使用しか認められていない。

　第三に，特殊な**文民統制**の伝統だ。民主主義国家では軍事に対する民主主義的な政治による統制——シビリアン・コントロール（文民統制）が基本原則である。日本においても，自衛隊の「最高の指揮監督権」を有するのは内閣総理大臣である（自衛隊法第７条）。また，内閣を構成する防衛大臣が統合幕僚長を通じて自衛隊の運用に関して指揮を執ることにもなっている。さらに，内閣には総理を議長とする国家安全保障会議（およびその下部組織たる国家安全保障局）が設置され，外交・防衛政策の司令塔としての役割を果たす。こうした制度は他の民主主義国家と同様だ。自衛隊が特殊だと考えられてきたのは，自衛隊の行政組織たる防衛省内局の文民官僚（背広組）が武官たる自衛官（制服組）を徹底して統制してきたことにある（「文官統制」）。文民統制の最大の目的は「軍からの安全」（軍による政治支配の防止）と「軍による安全」（効果的な安全保障を軍に期待する）の両立である。戦前の軍部暴走を許した日本の文民統制は「軍からの安全」を基調としてきたのだった。

　また，そもそも自衛隊は，国内法上，国家機構のなかで軍隊としての特別な位置づけが与えられておらず，警察のような行政組織であることに問題があるとの指摘もある（奥平 2007；廣中 2017）。その結果，自衛隊には民主主義国家一般に認められる基本的な文民統制制度が欠落している。たとえば，指揮官の

誤った判断は軍（刑）法に沿って軍法会議で処断されるのが一般的だが，軍法も軍法会議ももたない自衛隊の場合，その違法行為（たとえば戦闘に巻き込まれた自衛官が誤って民間人を殺傷した場合など）は，刑法に沿い一般裁判所で処断されることになる（奥平 2011；霞 2017）。また，他国の立法府はしばしば自国軍の作戦行動を調査・検証する監督権限を有する。だが日本の防衛法制は，防衛出動や PKO 法における安全確保業務（巡回や警護など）こそ国会に事前承認を求めるが，国会の調査監督権限は明記していない（酒井 2002）。

3　自衛隊の創設と変容

　日本国憲法は制定以来，全く修正されていない。こうした稀有な歴史をもつ憲法の枠内で自衛隊は冷戦終結後の国際情勢の変化に呼応してその機能を変容させてきた。そのギャップこそが以上で述べた自衛隊の特殊性を際立たせることにもなってきた。まずは自衛隊の歴史を簡単に辿っておこう。

　自衛隊創設50年を迎えた2004年，石破茂防衛庁長官は改革を進める自衛隊を「存在する自衛隊から機能する自衛隊へ」と表現した。このように創設以来，長らく自衛隊は「存在する」ことに意味があった。朝鮮戦争の最中（1950年），自衛隊の前身である警察予備隊がマッカーサー連合国軍最高司令官の指示によって発足した。そこで求められたのは米軍が朝鮮半島に出撃した際に生じた軍事的空白を埋めるべく，主として国内の治安維持を図る警察力だった。ようやく外敵からの防衛任務が加えられたのは，保安隊（1952年）を経て，1954年に自衛隊が創設されたときである。その自衛隊も冷戦という国際環境と日米同盟中心の安全保障政策（「国防の基本方針」）により，その役割は専守防衛へと限定されていく。それが明白に示されたのが1976年（昭和51年）に策定された「防衛計画の大綱」（以下，防衛大綱）だ。防衛大綱は約10年後を見通して日本の防衛力のあり方と保有すべき防衛力の具体的な規模を規定するもので，40年間で５つの大綱が策定され，2022年には「国家防衛戦略」に改められた。その最初の「51大綱」が掲げた防衛力のあり方が**基盤的防衛力**だ。それは特定国の軍事的脅威に備える「脅威対抗防衛力」ではなく，日本自身が周辺地域の不安定要因とならぬように必要最小限度の防衛力を保有するというもので，「存在

する自衛隊」を象徴する政策概念だった。当時は冷戦を戦う同盟国米国にとっても，ソ連の太平洋進出の出口に横たわる日本列島に自衛隊が「存在する」こと自体に意義があったのである。

　だが，冷戦終結とソ連崩壊によって自衛隊の役割は拡大し，それが基盤的防衛力構想を変容させていく。第一に，1990年の湾岸戦争を契機に国際貢献に関する論議が高まり，自衛隊がPKOなどの国際平和協力活動に参加するようになった。第二に，朝鮮半島危機や中台危機という周辺地域の問題への対処を迫られ，日米協力を中心とする自衛隊の活動が進展した。第三に，2001年9月11日に起きた米国同時多発テロ事件を契機に「国際社会の平和と安定が我が国の平和と安全に密接に結びついている」（「16大綱」）との新たな認識が政府内外に共有され，海上自衛隊がインド洋に，陸上自衛隊がイラクに派遣されるに至った。そして第四に，中国が東シナ海に勢力を拡大する一方，米国から「見捨てられ」るリスクが高まったことから，日米同盟に対する米国のコミットメントを確実にするべく，安倍政権は従来の憲法解釈を変更して限定的な集団的自衛権行使を容認し，平和安全法制を制定するに至った。

　こうして冷戦終結後に次々と浮上した脅威に対応するべく，「防衛大綱」は「存在する自衛隊」から「機能する自衛隊」への脱却を進めた。2010年の「22大綱」は危機への即応能力を重視した「動的防衛力」の，2013年の「25大綱」は安全保障環境の変化に適応した機動的対応を可能とする「統合機動防衛力」の，さらに2018年1月の「30大綱」は宇宙・サイバーなど新領域への対応も含む「多次元統合防衛力」の構築を目指した。そして2022年に岸田政権が改定した「国家防衛戦略」は，中国の対外姿勢を「（日本と国際社会に対する）これまでにない最大の戦略的な挑戦」と位置づけ，ついに「基盤的防衛力」から「脅威対抗防衛力」への転換を明確にした。その結果，岸田政権は**敵基地攻撃能力**（同政権は「反撃能力」と名称変更）の保有を明言して防衛費の増額を決定する。岸田首相が，同「国家防衛戦略」を含む安全保障関連3文書を「戦後の安全保障政策を大きく転換するもの」と形容したゆえんだ。現在，自衛隊は，7つの重要分野（敵の射程圏外からの攻撃を可能とする「スタンド・オフ防衛能力」，サイバー攻撃に陸海空一体で対処する「領域横断作戦能力」，主として南西諸島への「機動展開能力」等）において，その役割・体制の強化を進めている。

4 現在の自衛隊の諸課題

　このようにして冷戦終結後の国際環境の変化と憲法 9 条の整合に悩み続けた日本政府は憲法改正を回避することで新たな防衛力のあり方を模索し，ついに憲法改正の主要課題だった集団的自衛権行使すら憲法解釈の拡大で乗り切った。こうして日本政府は国会における憲法改正をめぐる華々しい論争を後景に退けることで，実務的に安全保障政策の大転換を進めている。その過程で，自衛隊の特殊性に関わるいくつかの問題が論点として浮上している。

　第一に，岸田政権が導入を明確にした反撃能力である。中国や北朝鮮からの弾道ミサイル攻撃を抑止することを目的として，日本は既存のミサイル防衛網に加え，5 兆円の巨費を投じて新たに相手国を攻撃できる米国製トマホーク購入を計画し，長射程ミサイルの国産化にも着手した。これは従来の日米同盟の「盾」と「矛」の関係や，専守防衛の見直しを意味するのだろうか。

　より重要な論点は，相手が攻撃に着手したがまだミサイルを発射していない段階で反撃能力を使用するか否かという国家存亡に関わる問いである。そこでは正確な情報把握や憲法・国際法との整合に加え，「ミサイル発射を先行して相手の機先を制するか，あるいは，相手の先制攻撃を許して国際社会の支援を得るのか」といった高度な戦略的判断も求められることになる（高橋 2023）。もはや自衛隊をめぐる議論は護憲・改憲の是非に尽きるものではない。国民全体が軍事に関する知識をもって，戦争を抑止するために自衛隊が適切に整備されているかどうかを見極めなければならない時代となったといえる。

　第二に，とはいえ，「機能する自衛隊」をめぐる憲法問題が全て解決しているわけではない。未だ集団的自衛権の行使は限定的であり，同じ地域で活動する同盟国や友好国の部隊が不意に攻撃された場合，自衛隊が共に応戦することは難しい。また，国連 PKO における武器使用も自衛隊はかなり抑制的である。国際環境の変化によってはフルスペックの集団的自衛権行使の是非が論点に急浮上することもありうる。その場合，日本政府は再び泥縄式に憲法解釈を拡大して切り抜けるのだろうか。安全保障論議が脱イデオロギーしつつあるとはいえ，精緻な憲法論議が不要となるわけではない。

　第三に，文民統制のあり方だ。文民統制の最大の目的は「軍からの安全」（軍による政治支配の防止）と「軍による安全」（効果的な安全保障を軍に期待する）の両立である。自衛隊固有の「文官統制」にみられるように，戦前の軍部暴走を許した日本の文民統制は「軍からの安全」を基調としてきた。冷戦終結後は「機能する自衛隊」への変貌と同時に「軍による安全」が重視され，防衛省内局優位の「文官統制」を緩和する制度改革が進められた（統合幕僚長の権限強化など）。現在は自衛隊の役割拡大に伴い，軍事専門性を備えた「制服組」を高度な政策決定に参画させること（国家安全保障会議の重要構成員に加えることなど）や，防衛司法（防衛刑法，防衛裁判所の設置）の整備の是非が問われる。今や「制服組」と「背広組」の二項対立を越えて，説明責任や活発な意見交換を含む政治指導者・自衛隊・国民の間のダイナミックな相互関係—いわゆる政軍関係の成熟が求められている（廣中 2017）。

おわりに

　本章では自衛隊の実態とその来歴を概観し，いくつかの論点を指摘した。では冒頭に紹介した安倍首相の憲法改正案は，今後の自衛隊のあり方にどのような意味をもつだろうか。そして，その議論にどのように向き合えばよいか。
　第一に，憲法改正によって自衛隊の存在そのものにまつわる憲法上の疑念が払拭される意味は小さくない。本論で述べたように，機能拡充を進める自衛隊ではあるが，民主主義国家の軍隊が当然とする一部の文民統制の仕組みを欠くなど，その根元に危うさも残る。また，続発する事故やハラスメント被害，厳しさを増す人材確保，組織としての自衛隊が抱える問題も深刻だ。この点，安倍首相が提唱した憲法改正により，自衛隊の国防組織としての立場が明確になれば，一連の組織運用上の問題は是正されやすくはなるだろう。もちろん，この憲法改正案が国民投票で否決されれば自衛隊の正当性そのものに深刻な傷がつく可能性も当然ながら存在する。
　第二に，だが，従来の憲法解釈（「必要最小限論」）を踏襲して自衛隊を3項に明文化するという安倍首相の憲法改正案はそれが実現しても国内政治的意義はあろうが，フルスペックの集団的自衛権や国際平和協力活動における武力行使

の是非という重要論点に直接影響をもたらさない。つまり，安倍首相の改憲案は国際協調の観点に立つものではないから，仮にそれが実現したとしても，戦後日本の一国平和主義的な内向きの安全保障観はむしろ温存されることになろう。そのことをどう考えるべきか。

　第三に，安倍首相の憲法改正案が前提とする自衛隊をめぐる憲法解釈の拡大の蓄積が，国民意識に思わぬ変化をもたらしている点にも触れておく必要がある。政治学者・境家史郎が2021年1月に全国4000人の男女を対象にインターネットで実施したアンケート結果によれば，その半数近くが「政府は憲法を守らなくてもよい」と考える傾向にあるという。そうした憲法の存在意義を否定する風潮が，政府の行動は最高法規たる憲法によって厳格に制限されるという**立憲主義**を侵食していると境家は主張する（境家 2021）。その原因を境家は，政府の憲法解釈拡大にもとづく防衛政策の転換を国民が追認してきた事実に求める。「法の支配」を外交の重要目標に掲げる日本において憲法の「死文化」が進んでいるとすれば，由々しき事態である。安倍首相の憲法改正案は，こうした立憲主義の否定を追認する一側面ももつのである。つまり憲法改正を論ずるには，戦争を抑止するにはどのような規模や能力をもつ自衛隊が適切かという視点に加え，危機に瀕する立憲主義をどのように取り戻すのかという視点も求められているといえる。

📖 文献紹介

① 防衛省編『防衛白書』各年版。
　　自衛隊にどのような意見をもつ人も，その議論の基本的前提となる公的説明を押さえておきたい。また，防衛白書を読み解くためには，防衛省のシンクタンクである防衛研究所の**高橋杉雄**・防衛政策研究室長が著した**『軍事分析入門—日本で軍事を語るということ』**中央公論新社，2023年を読み，軍事的な基礎知識を身につけておきたい。

② 佐道明弘『自衛隊史—防衛政策の七〇年』筑摩書房，2015年。
　　自衛隊史研究の第一人者が書いたその決定版。本書は自衛隊の歴史を丹念に追うだけでなく，それを「戦後平和主義」，「日米安保体制」，「文民統制」，「防衛政策の実態」という，いまなお重要な4つの論点から整理していて読みやすい。防衛政策全般の歴史を新視点から見直した**千々和泰明**『**戦後日本の安全保障**』中央公論新社，

2022年も合わせて読めば，以上の4つの論点の歴史的推移をより立体的に学ぶことができるだろう。

③ 永井靖二『司法と憲法九条—自衛隊違憲判決と安全保障』日本評論社，2017年。

　　本書は，史上一度だけ裁判所が自衛隊を違憲とする判決を下した長沼裁判（1973年）を描いたノンフィクションであり，自衛隊違憲論の論理と時代背景がよくわかる。もっとも，いまや自衛隊の存在自体を正面から違憲とする世論は少数である。安倍首相の憲法改正案に対する批判としては，**伊勢﨑賢治・伊藤真・松竹伸幸・山尾志桜里『9条「加憲」案への対抗軸を探る』かもがわ出版，2018年**が包括的な議論を提供する。世論と憲法改正の関係については，**境家史郎『憲法と世論—戦後日本人は憲法とどう向き合ってきたのか』筑摩書房，2017年**がある。

[参考文献]

『朝日新聞』，『読売新聞』，『毎日新聞』各記事。

稲葉義泰・JSF・井上孝司・数多久遠・芦川淳『"戦える"自衛隊へ—安全保障関連三文書で変化する自衛隊』イカロス出版，2023年。

奥平穣治「軍の行動に関する法規の規定のあり方」『防衛研究所紀要』第10巻第2号，2007年12月，67-101頁。

奥平穣治「防衛司法制度検討の現代的意義—日本の将来の方向性」『防衛研究所紀要』第13巻第2号，2011年1月，115-137頁。

小野圭司『いま本気で考えるための日本の防衛問題入門』河出書房新社，2023年。

霞信彦『軍法会議のない「軍隊」』慶應義塾大学出版会，2017年。

香田洋二『防衛省に告ぐ—元自衛隊現場トップが明かす防衛行政の失態』中央公論新社，2023年。

酒井啓亘「国連平和維持活動（PKO）における部隊提供国の役割—国連エチオピア・エリトリアミッション（UNMEE）へのオランダ参加問題を手がかりに」『外務省調査月報』2002年度第3号，35-77頁。

境家史郎「"非"立憲的な日本人—憲法の死文化を止めるためにすべきこと」『中央公論』2021年12月号，94-103頁。

志方俊之『よくわかる自衛隊—役割から装備品・訓練内容まで』PHP研究所，2015年。

高橋杉雄『日本人が知っておくべき自衛隊と国防のこと』辰巳出版，2023年。

廣中雅之『軍人が政治家になってはいけない本当の理由　政軍関係を考える』文藝春秋，2017年。

福好昌治『徹底解剖—自衛隊のヒト・カネ・組織』コモンズ，2017年。

細谷雄一編『軍事と政治　日本の選択—歴史と世界の視座から』文藝春秋，2019年。

松村五郎『新しい軍隊—「多様化戦」が軍隊を変える，その時自衛隊は…』内外出版，2020年。

【村上友章】

第 **4** 章　　　　[集団的自衛権]

集団的自衛権と国際安全保障

" 日本の集団的自衛権行使は何のためなのだろうか "

　　集団的自衛権の行使は違憲なのでしょうか。集団的自衛権の行使は日本の安
全保障に効果があるのでしょうか。集団的自衛権を論じるとき，しばしばそう
した質問が発せられます。本章では戦後日本の集団的自衛権解釈の変化を検討
し，日本の集団的自衛権をめぐる議論を規定するものと，国際安全保障におけ
る集団的自衛権の意義とを照らし合わせていきます。カギになるのは，日本の
集団的自衛権行使は誰のためなのかという問いです。

【キーワード】日米同盟，憲法 9 条，限定的な集団的自衛権の行使容認

はじめに

　　自国が攻撃されたときに，友好的な国が自国側で参戦する。逆に友好国への
攻撃を自国に対する攻撃とみなして自国軍隊を派遣し，友好国を支援する。こ
れが典型的には集団的自衛権の行使と呼ばれるものであり，軍隊の国外派遣を
伴うことが多い。平素からこれを約束するのが，一般に同盟条約である。

　　第 1 章でみたように戦後日本外交の基層に存在するのが日米同盟である。し
かし2014年まで日本政府は「集団的自衛権を保有しているが行使できない」と
してきた。集団的自衛権行使を認めない日本が，集団的自衛権にもとづく（日
米）同盟を外交の基調としている。素直には理解しがたい状態である。この不
明瞭さは，日本と集団的自衛権を考えるスタート地点となってきた。戦争放
棄，戦力不保持，交戦権否認をうたう日本国憲法を踏まえつつ，現実に存在す
る日米同盟を考えるという思考である。それは，日本にとって集団的自衛権は
誰のためか，という問いを惹起するものでもある。

　日本外交の論点としての集団的自衛権を議論するはじめに，そもそも集団的自衛権とはどのようなものか，考えてみたい。

1　集団的自衛権とは何なのか

1‑1　集団的自衛権を考えるスタート地点

　多くの国家が存在する国際社会のなかで，各国は国益を確保して発展を実現し，それにより自国民がより安全に，安心して暮らす環境を整えようと行動する。具体的に国益が何を指すのか，という点は，それ自体が論争となる。だが，国家が持続的に存在していくことと，それを実現する努力は国益に適うものである。国家の究極的な目標は生存であるとされるゆえんであり，そうした取り組みが安全保障と呼ばれるものである。

　現代国際社会には，およそ200の国々が併存しているが，それぞれどのように自国の安全保障を確保しているのだろうか。これは国際安全保障の体制とはどういうものか，という問いである。かつて人類社会がそうであったように，圧倒的な国力をもつ国が他の国々を力によって支配する，という体制ではない。ドラマやゲームの世界でみられるような，力と力のぶつかり合いがつづき，少数の，あるいは単独の勝者が現れそうな世界でもない。小国と大国織り交ぜて200近くの国々が併存するという事実が，そのことを端的に示している。その現代国際社会で国々の生存を担保する根幹の仕組みの1つに，集団的自衛権がある。

1‑2　国際安全保障の仕組み

　このように集団的自衛権を語るとき，直ちに寄せられる疑問がある。現代は「国際の平和と安全を維持する」ために国際連合があるではないか，というものである。また戦争はそもそも違法なものとして国際法が定めているではないか，と指摘される場合もあるかもしれない。集団的自衛権を考える際にも，最初に立つべきは，以下の国連憲章の条文である。

　すべての加盟国は，その国際関係において，武力による威嚇又は武力の行使を，いか

なる国の領土保全又は政治的独立に対するものも，また，国際連合の目的と両立しない他のいかなる方法によるものも慎まなければならない。（国連憲章第 2 条 4 項）

　国連は，「われらの一生のうちに二度まで言語に絶する悲哀を人類に与えた戦争の惨害から将来の世代を救」うことを目的に，各国がその設立に同意したものだ。2 度の世界大戦を経て世界の人びとは，戦争を繰り返さないために戦争を違法化し，それを実効的に担保する組織を求めた。それが国連である。
　国連による安全保障の仕組みは，国連憲章に規定される以下の 2 つの用語で表される。第一が集団安全保障であり，第二が個別ないし集団的自衛である。

1-3　集団安全保障

　集団安全保障とは，「共同の利益の場合を除く外は武力を用いないことを原則の受諾と方法の設定によって確保（国連憲章前文）」することを掲げる国連の仕組みそのものである。それは，国際社会の平和と安全を乱す加盟国の行動に対して，国連の名のもとに共同で対処することで，平和の維持・回復を試みる。武力侵攻を例とすれば，まずは平和に対する脅威，平和の破壊または侵略行為と認定し，加盟国に対して一致団結して対応を求める。これによって事態を速やかに収拾することが期待されている。
　侵略行為の認定に始まる一連の決定を行うのが，米英仏中露 5 か国が常任理事国を務める安全保障理事会である。その常任理事国が国際平和に対する負担を嫌い，責任を果たさなければ国連の行動は始まらない。常任理事国間の意見対立が深刻な場合も機能しない。何よりも常任理事国自身が平和の脅威となっている場合には，集団安全保障は全く機能しない。国連の集団安全保障の仕組みは，常任理事国による国際平和への積極的な関与と自制，そして常任理事国間の協調を前提に設計されているのである。小国の立場からすれば，大国の高いモラルに頼るものだ。それが現代の集団安全保障の本質でもある。そのこと自体を批判することは容易ではある。だがそのときには，他国を圧倒する力をもつ大国の優越を認めず，全会一致原則を採ったうえで主要国の脱退を招いた国際連盟の失敗を思い出す必要はあるだろう。

1−4　集団的自衛（権）

> この憲章のいかなる規定も，国際連合加盟国に対して武力攻撃が発生した場合には，安全保障理事会が国際の平和及び安全の維持に必要な措置をとるまでの間，個別的又は集団的自衛の固有の権利を害するものではない。この自衛権の行使に当って加盟国がとった措置は，直ちに安全保障理事会に報告しなければならない。また，この措置は，安全保障理事会が国際の平和及び安全の維持又は回復のために必要と認める行動をいつでもとるこの憲章に基く権能及び責任に対しては，いかなる影響も及ぼすものではない。
>
> （国連憲章第51条）

　国連加盟国が武力攻撃にさらされたとき，自国の安全を完全に国連の集団安全保障にゆだねるとして抵抗を一切しなければ，侵略側の思うままに事態は進む。理不尽な攻撃にさらされ続け，占領や人々に対する抑圧や虐殺が進むことを一方的に受け入れなければならないとすれば，国連の掲げる理想——国際の平和と安全——とは真逆の事態を招き，剥き出しの暴力を容認するだけとなる。したがって各国が自らを守ることは絶対に必要である。個別的にせよ集団的にせよ，憲章第51条が国連加盟国に対して，国家として本来的に有する固有の権利として自衛権を明確に認めるゆえんはここにある。

　国連創設時に集団的自衛権の必要性を主張したのは，米国との相互防衛協定によって欧州の大国——常任理事国——による干渉を防ぐことを求めた中南米諸国だった。やや単純化すれば集団的自衛権は，現代の集団安全保障体制の中核をなす大国による侵略を，小国が連合して防ぐ権利として書き込まれた。

　2022年以降の世界では容易に理解されるものとなったが，安保理常任理事国自身が侵略に関与するとき，集団安全保障機構としての国連は直ちに機能不全を起こす。国際平和に責任をもつことが期待された大国が侵略を行う，それを懸念する国々が求めたのが集団的自衛権だといってよい。常任理事国の暴走を抑え込む形で，国連の集団安全保障を補完するのが集団的自衛権なのである。

　国際法では，武力攻撃を受けている国による援助要請を条件に，被攻撃国を援助するために，第三国が武力を行使する権利として理解されている。したがって集団的自衛権は，形式的には「他国の個別的自衛権行使の援助」ないし「他国防衛の権利」と整理される。また，自衛権を行使するに際しては3つの要件があると考えられている。すなわち軍事行動以外に手段がなく，行動をと

ることがやむをえない状況にあること（必要性），外国から加えられた侵害がありそれが急迫不正であること（違法性），行動は侵害を排除するのに必要な限度のもの程度で釣り合っていること（均衡性）である。

　ここまでをまとめれば以下となる。現代では武力による侵略は違法化され，違法事態に対処する仕組みとして国連による集団安全保障体制がある。同時に国連加盟国は，固有の権利として自衛権（個別・集団）をもつ。その集団的自衛権は，集団安全保障でも個別的自衛でも大国に対峙することが不可能な小国たちが，大国の横暴の可能性に対峙する集団防衛の実践から生まれ，形式的には他国の個別的自衛権行使の援助として実施される。

2　日本における集団的自衛権とはどういうものか

2－1　幅のある憲法9条の解釈

　第二次世界大戦後，サンフランシスコ講和条約で主権を回復し，ついで1956年に国連加盟を果たした日本は，固有の権利である自衛権をもつこととなった。この国際社会への復帰と呼ばれる過程で，自衛権をめぐる問題が浮上する。それは第3章ですでにみてきたように憲法9条に絡む問題であった。

　憲法9条は1項で戦争・武力行使を放棄し，2項で軍およびその他の戦力の不保持を規定する。この解釈をめぐり，憲法学は多くの検討を行ってきた。最も厳しい解釈としては，憲法9条はあらゆる戦争を否定しており，そこには自衛のための戦争も当然含まれるので，日本は自衛権を放棄している，とする見解がある。個別的であれ集団的であれ日本は自衛権をもたず，軍隊を保有することも禁じている。すなわち，自衛権も，また自衛隊の存在も違憲とする主張であり，全面放棄説と呼ばれる。

　他方で近年は，全面容認ともいえる解釈が存在感を増してきた。その典型としては，9条1項で放棄をうたう戦争・武力行使とは「国際紛争を解決する手段」としての戦争であり，国家が自ら武力行使に訴えることを禁止するのであってそれ以外は禁止していない。攻撃を受けての自衛も当然禁止されず，自衛のための軍隊の保有も合憲であるという主張である。これは，2項冒頭の「前項の目的を達するため」という部分が，国際紛争を解決する手段として行

う武力行使を禁止する1項を指す，という見解である。政府懇談会，「安全保障の法的基盤の再構築に関する懇談会」報告書（2014）はこの立場をとった。

　自衛権をめぐるこの両端の立場の間に膨大な解釈が存在する。個別的自衛権と自衛隊の存在は合憲だが集団的自衛権行使は違憲とする憲法学の主流をなす見解などがそれだが，ここでは解釈をめぐって相当に幅があることを確認するに止め，次に政府の解釈をみていく。

2-2　必要最小限度の実力

　戦後，国際社会への復帰を主導した吉田茂は，憲法が保有を禁じる戦力を「近代戦において戦争を遂行し得る能力」という解釈を示した。それは国内治安維持を目的とした警察予備隊を拡大して保安隊を創設する過程で，時々の法務総裁の国会答弁で定式化したものだった。日本は自衛権を保有する一方で，憲法は戦力の保持を禁じている。したがって戦力に至らない実力で自衛を達成する。それが戦後，国際社会に復帰するなかで示された解釈だった。

　1954年の第19回国会では岡崎勝男外務大臣が，「非常に極端な場合」という前提のもとで，核兵器（原子砲弾と呼称）の発射地点のある外国領土で，「この砲弾が出て来ないようにする程度のことは，自衛権として認めざるを得ないであろう」ことを答弁し，「自衛の行為というものはやむを得ざる場合に他の方法をもってはかえがたいような，手段を限定した範囲内においてとる」ことを述べた。翌1955年には鳩山一郎内閣のもと，日本は「自衛のために必要最小限度の防衛力」をもつことができるとする解釈が示された。これらは戦後，軍隊の再建が進む過程で，憲法9条2項の「陸海空軍その他の戦力は，これを保持しない」とする規定を踏まえ，「戦力ではない」軍隊としてどう説明するか，苦心のなかで生み出されたものだった。鳩山は同年の第22回国会で「私は戦力という言葉を，日本の場合はむしろ素朴に，侵略を防ぐために戦い得る力という意味に使っていまして，こういう戦力ならば自衛のため必要最小限度で持ち得ると言ったのであります」と答弁している。

　日本が自衛権を保有していることを前提に，その自衛のために必要な最小限度の実力を保有する。それは憲法の禁じる戦力には相当しない。「わが国を防衛する必要最小限度」を自衛権達成の範囲でもちうる，今日に至る政府の解釈

はこのような論理となっている。

2-3　保有すれども行使せず

　必要最小限度の自衛力を整備する方針のもと，集団的自衛権について日本政府は「保有するが行使はしない」としてきた。1981年に鈴木善幸内閣による政府答弁書で確定された，「わが国は国際法上，集団的自衛権を有するが，わが国を防衛する必要最小限度の範囲を超えるため，憲法上その行使は許されない」という政府見解がそれである。

　そのおよそ30年前，前述の1954年の国会では，日米MSA条約（日本国とアメリカ合衆国との間の相互防衛援助協定）の締結と自衛隊の発足に際して，集団的自衛権の問題が議論された。この第19回国会で岡崎外務大臣は，「日本は集団的自衛権を固有の権利として持つものの，それを発動して行動する機構もなく，手段も持ち合わせていない」ことを答弁したうえで，「集団的自衛の権利を行使するかしないかは日本の自由であって，これはその自衛の義務があるわけじゃない。日本が自分で権利を持っておって，これをいかに行使するかは日本の自由であります」と述べた。つまり，日本が集団的自衛権の発動を前提とする集団防衛機構に加盟しておらず，行使の手段もなく，権利を行使しない選択をしているという内容である。

　1959年の参議院予算委員会の場では，林修三内閣法制局長官が集団的自衛権は，国連憲章上，違法なものではないとしたうえで，「外国の領土において外国を援助する，外国を援助するという意味は武力行動を外国においてやる，そういう意味のいわゆる集団的自衛権の行使，これは日本の憲法にいう自衛権の範囲に入らない」ことを述べた。日本国憲法で認められる自衛権行使の範囲を，集団的自衛権は超えるとする見解であった。

　1972年には集団的自衛権について政府は，「従来から一貫して，わが国は国際法上いわゆる集団的自衛権を有しているとしても，国権の発動としてこれを行使することは，憲法の容認する自衛権の措置の限界を越えるものであって許されないとの立場に立っている」と明記し，後に有名になる参議院決算委員会資料「集団的自衛権と憲法との関係」が提出された。

　こうして2014年に変更されるまで，実に半世紀以上にわたって保持される

「武力行使の三要件（旧三要件）」，後に昭和47年（1972年）見解と呼ばれるものが形作られた。それは「①我が国に対する急迫不正の侵害があること，すなわち武力攻撃が発生したこと，②この場合にこれを排除するために他の適当な手段がないこと，③必要最小限度の実力行使にとどまるべきこと」(傍点は筆者)，である。傍点部を除いて，前述の国際法における自衛権行使の三要件「必要性」，「違法性」，「均衡性」と順序は前後しつつも，内容は基本的に同等であることがみて取れよう。この傍線部で日本自身が攻撃にさらされたときを条件とし，個別的自衛権のみに限定したのである。1973年，田中角栄首相は，「わが国の自衛権の行使は，いわゆる自衛権発動の三条件，すなわち，わが国に対する武力攻撃が発生したこと，この場合に，これを排除するために他に適当な手段がないこと及び必要最小限度の実力行使にとどまるべきことをもって行なわなければならないことは，これまで政府の見解として申し上げてきたところでございます」と述べ，旧三要件を明確化するにいたる。

　国際法上，集団的自衛権および個別的自衛権を日本は固有の権利としてもっている。もってはいるが，その集団的自衛権を行使することはない。それは後に，集団的自衛権の行使は禁止されているに変化する。いずれにしてもそれが，1970年代以降，日本政府による日本の集団的自衛権についての解釈として確立した。

3　日本における集団的自衛権行使はどのように理解されてきたのか

3-1　集団的自衛権が議論された背景

　ここまで概観したように国会で集団的自衛権をめぐって活発な議論が展開されたのは，憲法と集団的自衛権との関係が問われる事態が生起した結果でもある。それではそれらの事態とは何だろうか。

　上述の国会における議論があった年には，それぞれに対米関係に係る重大な政策決定があり，国内で大きな議論が巻き起こったことで知られている。すなわち1952年には，米国の強い要請と国内の反発のなかで日米安保条約締結と再軍備（保安隊設置）が始まった。1954年には自由主義世界の防衛努力をうたう日米MSA協定を締結し，防衛庁と自衛隊が設置された。1960年には在日米軍

の防衛義務を日本がもつ形で日米安保条約改定が進められた。1972年は，ベトナム戦争に出撃する米軍拠点の置かれた沖縄返還の年である。1980年には環太平洋合同演習（リムパック）に海上自衛隊が初参加するなど，米ソ対立の激化とベトナム戦争で疲弊した米国の国力低下を背景に日米協力が進められた。

　ここで集団的自衛権をめぐる日本の議論の骨格が明らかになろう。日本における集団的自衛権の議論とは，日米同盟をめぐる議論の表出として存在する。戦後最大の国民運動と称され，時の岸信介首相がデモにより命の危険まで感じる事態となった1960年の日米安保改定（60年安保）に象徴されるようにこれをめぐる問題の激論の背後には対米関係があった。集団的自衛権の本質にある，他国のための自国軍隊の派遣の是非が対米関係に関連して激論となったのが，1960年代末の沖縄返還問題だった。同時期，米国が進めたベトナム戦争に対して，反対運動が世界中で巻き起こった。この環境下で沖縄返還交渉が進められる過程で，自衛隊が米軍とともに戦場に駆り出されることが強く懸念された。1970年に作家・三島由紀夫が自衛隊市ヶ谷駐屯地内の建物を一時占拠し，自衛隊にクーデターを呼びかけた際にも「自衛隊は永遠にアメリカの傭兵として終る」という危機感が背景にあったことが知られている。米軍との共同作戦を意味する集団的自衛権の行使に踏み込むことに懸念が表出するなか，国会では集団的自衛権が憲法の認める自衛権の範囲を超えることが確認され，前述の武力行使の三要件確立へと至る。

　米軍とともに行われる自衛隊海外派遣に対する懸念は，80年代に「軍事演習は集団的自衛権行使を前提にしていない」として日米共同訓練・多国間訓練が進められ，90年代には「武力行使と一体化しなければ集団的自衛権行使にはならない」として国連PKOその他で実際に自衛隊が海外で実活動を行うようになる過程で，よりリアルなものと受け止められるようになる。懸念通りの事態がなし崩しで進む，反対してきた人々からすればそのように映る展開のもとで，集団的自衛権行使に反対する議論がより強固になるのは自然であった。

3-2　限定的な集団的自衛権の行使容認

　2014年に安倍晋三政権下で，「国の存立を全うし，国民を守るための切れ目のない安全保障法制の整備について」と題する閣議決定が行われた。そこで示

された武力行使の新しい要件が，「①我が国に対する武力攻撃が発生したこ
と，又は我が国と密接な関係にある他国に対する武力攻撃が発生し，これによ
り我が国の存立が脅かされ，国民の生命，自由及び幸福追求の権利が根底から
覆される明白な危険があること，②これを排除し，我が国の存立を全うし，国
民を守るために他に適当な手段がないこと　③必要最小限度の実力行使にとど
まるべきこと」（傍点は筆者），であった。

　すでにみたように，従来までの政府見解は，自衛のための必要最小限度の実
力を保有する一方で集団的自衛権行使を憲法が禁止している，というものだっ
た。したがって，「必要最小限度」がどの程度かという問題に加えて，必要最
小限度を具現化した組織である自衛隊が行う実力行使は，何であれ個別的自衛
権にもとづくものとして説明されることになる。

　2014年の閣議決定は，限定的ながらも集団的自衛権の行使に道をひらいた。
だが，閣議決定とその後の法整備，すなわち平和安全法制にいたる一連の流れ
を主導した安倍元首相自身，「憲法解釈を変えて合憲だと位置づけるという離
れ業の論理を構築」（安倍 2023）したと総括する。その論理とは，他国を守る
という意味で集団的自衛権行使となるが，あくまでも日本国民の幸福を維持す
るために行うのだ，というものである。つまり「限定的」の意味するところは，
他国防衛の権利である集団的自衛権の行使を，あくまでも自国防衛のために行
使するものである。東アジアの安全保障環境が厳しさを増すなかで，日本の安
全に不可欠な活動に当たる米軍等の支援をできなければ日米同盟が機能しない
という切迫した必要性にもとづいて進められたものだったが，形式上他国防衛
であろうとも，それが集団的自衛権の行使なのか，議論の余地はあろう。

おわりに

　集団的自衛権とは，国際社会の平和と安全を維持するためのものであり，と
りわけ小国が必要とするものだ。一方で日本の集団的自衛権をめぐる議論は日
米関係に規定されて展開し，具体的には日本が米国の行う個別的自衛権行使に
付き合って自衛隊を派遣する形を想定して進められてきた。日本にとって集団
的自衛権行使のリアルな可能性が米国との間にある以上，自然な帰結ではあ

る。ベトナム戦争，90年代のコソヴォ空爆，21世紀に入って以降もイラク戦争など，米国は国際的な反対がありつつも軍事介入を進めた。2022年のロシアによるウクライナ侵攻ほどあからさまではないにしても，それらは国際法上の疑義のある行動として非難されるものだった。

　日本の集団的自衛権をめぐる議論の背景に，これら軍事介入を繰り返す米国が存在する。介入主義的な米国の先棒をかつぐ可能性への懸念と批判，それが集団的自衛権行使をめぐる日本の議論の焦点にある。しかし集団的自衛権は，本来そういうものではない。圧倒的な大国が存在する国際政治のなかで，小国が自らを守るために頼むのが集団的自衛権である。安保理常任理事国ロシアによるウクライナ侵攻は，そのことを衝撃的なかたちでみせつけるものとなった。

　冒頭，日本の集団的自衛権行使は誰のためか，と問うた。批判的見解では，米国のためと答えることになる。しかし集団的自衛権は，小国が大国の暴力に対抗するためのものであり，それによって侵略の発生それ自体を抑止することが期待されているものなのである。つまり，日本の集団的自衛権行使は，大国に独力で対抗しえない日本が自らを守るとともに，世界の平和を維持するためのものとしてある。集団的自衛権の本来的意義を問い直し，日本の集団的自衛権を再考することは，日本自身の安全保障政策にとどまる問題ではない。大国による一方的かつあからさまな武力行使が現実となっているいま，集団的自衛権を真剣に考えることは，日本にとって喫緊の課題として存在しているのである。

📖 文献紹介

① 千々和泰明『戦後日本の安全保障―日米同盟，憲法 9 条から NSC まで』中央公論新社，2022年。
　　現代日本の安全保障政策を，憲法解釈から実際の制度，現代の要請まで網羅する。戦後70年間，日本が時代の要請に応じて安全保障政策を形作るなかで，現代に至る制度や憲法解釈の形成過程を描きだす本書は，集団的自衛権解釈が現在の形となった経緯を理解したうえで，安全保障政策を考える基盤を提供する。

② 木村草太・國分功一郎『集団的自衛権はなぜ違憲なのか』晶文社，2015年。
　　2014年の集団的自衛権行使容認に反対する立場からの日本の集団的自衛権につい

ての解説。憲法学者のほとんどが，集団的自衛権行使容認は憲法違反であるとする
立場をとっているが，それがなぜなのか，憲法学者の論点がわかりやすく丁寧に書
かれている。本章で深入りを避けた個別的自衛権や自衛隊がなぜ合憲とされるのか
の論点など，法的解釈を確認してほしい。

③　篠田英朗『集団的自衛権の思想史―憲法九条と日米安保』風行社，2016年。
　　「安全保障の法的基盤の再構築に関する懇談会」報告書と歩調を合わせ，集団的
自衛権行使容認の立場から考察する。著者は，紛争後の武装解除と平和構築（第10
章）を専門とする国際政治学者であり，本章でもみた国際政治・国際法の視点から
の集団的自衛権に加えて，日本の戦後復興を平和構築プロセスと捉える視点からの
憲法解釈を通じて考えを深めたい。

［参考文献］
安倍晋三『安倍晋三回顧録』中央公論新社，2023年。
阪口規純「池田・佐藤政権期の集団的自衛権解釈と1972年見解」『国際公共政策研究』第20
　　巻第2号，2016年3月，1-15頁。
徳地秀土「平和安全法制の論議を振り返る―平和安全法制の効用と今後の課題」『国際安全
　　保障』第47巻2号，2019年9月，20-38頁。
中内康夫「集団的自衛権の行使容認と安全保障法制整備の基本方針―閣議決定を受けての
　　国会論戦の概要」『立法と調査』第356号，2014年，23-40頁。
肥田進「国連憲章第51条の成立過程から見た集団的自衛権の意味と同条約成立過程へのダ
　　レスの関わり（二完）」『名城法学』第63巻第4号，2014年，37-93頁。
等雄一郎「日米関係から見た集団的自衛権論議―日米防衛協力の進展と集団的自衛権」『レ
　　ファレンス』第65巻第3号，2015年3月，3-65頁。
本多倫彬「国際貢献の終焉―国際社会における日本の現代的責任」『ワセダアジアレビュー』
　　第24巻，2022年，57-63頁。
松葉真美「集団的自衛権の法的性質とその発達―国際法上の議論」『レファレンス』第59巻
　　第1号，2009年1月，79-98頁。
森肇志『自衛権の基層―国連憲章に至る歴史的展開』東京大学出版会，2009年。
「安全保障の法的基盤の再構築に関する懇談会」報告書，2014年。

［本多　倫彬］

日本の武器輸出をめぐる政策的展開

**" 日本は武器輸出を進めるべきなのだろうか，
これまでの原則を重視して控えるべきなのだろうか "**

　日本は武器輸出三原則等を通じて，長らく武器輸出を慎むという立場を表明する一方，実際には国内外の戦略的・政治的な環境に反応しながら原則の部分的な緩和を行い，必要に応じて武器輸出を伴う政策を採用してきました。2014年に閣議決定された防衛装備移転三原則はこうした修正をまとめ，武器輸出をより積極的な外交上の選択肢とする試みでもありました。さらに今日では，殺傷性を備えた武器を含むより多様な形での武器輸出が検討されています。しかしこうした動きに対して，国内では賛否両論があったことも確かです。今日の政治環境に照らし合わせて，日本は武器輸出を積極的に進めるべきなのでしょうか。また，輸出される武器の性質には何らかの制約を設けるべきなのでしょうか。

【キーワード】武器輸出三原則（等），反軍規範，防衛装備移転三原則，戦略的要請，レピュテーション（評判）リスク，殺傷性

はじめに

　日本における武器輸出の問題は長らく，「**武器輸出三原則（等）**」との関係性のなかで語られてきた。武器輸出を「慎む」ことをうたったこの原則を，一方では戦後の日本で醸成されてきた「**反軍規範**」，あるいは平和国家としてのアイデンティティを体現するものとして位置づける向きもある。しかし他方で，同原則の存在が，刻々と変わる国際安全保障環境や科学技術の発展への対応を妨げることも問題視されるようになった。実際，武器輸出三原則は部分的な緩和（「例外化」）を積み重ね，最終的には武器輸出の許可条件を明示する「**防衛**

装備移転三原則」へと姿を変えた。これにより，原則としては慎重さを残しつつも，日本にとっての**戦略的要請**に応じて武器の輸出や装備品の生産・開発をめぐる国際協力を実施することが目指されるようになった。

　一般論として，武器輸出がもつ政治外交上の効果は多岐にわたる。たとえば，安全保障上の目的にしたがって，グローバルな，あるいは地域的なパワーバランスに影響を与えるために必要な武器を輸出し，特定の国家の軍事力整備を支援することがある。こうした文脈では，武器輸出そのものが特定の地域への関与の意思を示す政治的なメッセージとして用いられることもあろう。また，国内的には，防衛装備品を開発・生産するための産業力（防衛産業技術基盤）を維持するために武器輸出が行われることがある。さらに近年では，防衛装備品の価格高騰と同時に，生産・開発体制の国際化が進んでおり，こうした体制に参与することで先端的な技術により効率的にアクセスすることが重視されるようになっている。この場合，製品や技術の国際的な相互移転が発生しうるが，そこには武器輸出として定義されるものが含まれる。

　たび重なる武器輸出三原則の例外化，そして防衛装備移転三原則の成立は，その多くが戦略的要請にもとづく環境変化への対応として理解することができる。もちろん，武器輸出がもたらす外交・安全保障政策上の効果とそれに伴うリスクの問題は常に天秤にかけられるものであるし，とくに日本では，規範的な観点からの反対論も常に存在し続けている。それらはしばしば，政策目的や動機にかかわらず，武器輸出を「死の商人」的な行為と位置づけ，総じて否定的な見解に帰結しがちである。こうした立場からすれば，少なくとも日本の国内政治の文脈では，特定の政策目標を達成するために武器輸出という手段をとることが無制限に受け入れられるわけではなさそうである。

　では，日本における武器輸出のあり方について，どのように考えればよいのだろうか。本章では，日本をとりまく安全保障環境や装備品をめぐる産業技術構造の変容に目配りしながら戦後日本の武器輸出をめぐる政策の展開を追い，その戦略的，政治的な意味合いについて考えていく。

1　武器輸出三原則等の成立と展開

1-1　武器輸出三原則の成立

　戦後の日本では当初から武器輸出が禁じられてきたわけではなく，実際の輸出事例も存在している。しかし終戦後の段階では，日本が積極的な武器輸出を行う動機は今日と比べると限られており，その能力も十分に備わっていたわけではなかった。武器輸出という行為自体が現在ほど戦略的に重要な意味合いをもっていなかったともいえる。

　武器輸出の可否が政治的に注目されるきっかけとなったのは，1960年代に生じたカッパロケット関連技術の輸出問題であった。カッパロケットは東京大学で研究されていたものであり，武器として設計されたものではなかったが，その技術がインドネシアやユーゴスラビアに輸出された際に，輸出意図に反して軍事転用される可能性が問題視されたのである。野党からは「日本憲法における平和の精神」に照らし合わせてそのような行為は慎むべきであるとの議論が提起される一方，佐藤栄作内閣はすべての武器を輸出してはならないわけではなく，問題を起こしている国に武器を輸出しないことが肝要，との立場をとっていた。そのような政府方針をまとめたものが，1967年に発表された武器輸出三原則である。

　武器輸出三原則では，①共産圏諸国向け，②国連決議による武器禁輸国向け，そして③国際紛争当事国またはその恐れのある国に向けた武器輸出を禁止することが明示された。しかしその後，この方針は適用の範囲を拡大されることとなる。1976年に三木武夫内閣は，政府統一見解としてこれらの国々に対する武器禁輸を維持するほか，それ以外の国々に対しても「憲法および外国為替及び外国貿易管理法（外為法）の精神にのっとり，『武器』の輸出を慎む」方針を示した。「武器輸出三原則等」とはこれら2つの方針を含むものとして，その後の日本による武器輸出政策を規定してきたのである。

　武器輸出三原則が成立したことで，装備品の輸出に事実上の歯止めがかかったこと，また，それ自体が武器輸出反対論の論拠を形成するようになっていったことも確かであろう。しかしそれは，必ずしもあらゆる武器輸出を「法的に」

禁じるものではなく，あくまでも外為法の「運用基準」として取り扱われるものであった（森本 2011）。そのため，日本における対外的な武器輸出は原則として行わないとの認識が広まる一方，戦略的な必要に応じて原則を緩和することで部分的な武器輸出を認める，すなわち「例外化」を実施する余地が残されることとなる。

1－2　繰り返される例外化と規範の作用

　例外化の最初の契機は，対米関係によるものであった。1970年代に米国の軍事力，経済力の相対的低下が問題視されるようになると，すでに一定規模の国力を備えていた日本への一方的な軍事技術移転が米国に不公平感を与えるようになっていった。軍事目的で移転された技術が民生用の製品に転用され（スピンオフ），米国の市場を脅かすとの懸念が高まったことも，米国の不満に拍車をかけた。日米間の経済摩擦が激化したことで，米国は日本に対して，技術移転の相互性を要求するようになっていった。その結果として進められたのが，日本による対米武器技術供与の枠組み構築であり，それを実現するために武器輸出三原則は早くも1983年に例外化措置を経験することとなる。

　その後も，日米関係への対応という問題は，日本にとっての戦略的要請をいかに満たすかという問題とあいまって，武器輸出をめぐる方針に大きな影響を与えてきた。冷戦終焉と前後して積み重ねられた例外化措置には，たとえば，ミサイル防衛システムの研究開発や後方支援に際しての物品・役務の提供など，日米協力上の必要性から説明されるものが多く含まれる（ただし，ほかにも国際緊急援助に必要な装備品輸出や人道的観点からの対人地雷除去技術の移転といったものが含まれており，例外化が必ずしも軍事戦略上の目的に限って措置されてきたわけではないことにも注意する必要がある）。

　もちろん，例外化の進展がこうした戦略的要請にもとづく意思決定の産物なのだとしても，それによって日本における反軍規範の存在がただちに否定されるわけではないだろう。対米武器技術供与に伴う最初の例外化に先立ち，1981年に国会では韓国への不正輸出問題（堀田ハガネ事件）を受けて「武器輸出問題等に関する決議」が採択されており，そこで武器輸出三原則が「日本国憲法の理念である平和国家としての立場をふまえ」たものであることが確認されてい

る。与党も含む勢力によってこうした決議が成立していたことは，一見すると武器輸出に否定的な態度が政治レベルでは程度の差こそあれ共有されていたことを示すようにもみえる一方，野党対策としての側面もみられる（畠山2015）。いずれにせよ，日本の反軍規範が政治に対して「どのように」存在し，作用するのか（あるいはそれを規範の作用と呼べるのかどうかも含めて）ということにも留意せねばならない。

2 防衛装備移転三原則の成立

2-1 包括的例外化から新三原則へ

　武器輸出三原則は対米武器技術供与をはじめとして，その成立から変更に至るまでの間に21回の例外化を経験することとなった。しかし，日本におけるF-35導入問題は，個別的な例外化の積み重ねだけでは激変する国際環境とのギャップを埋めることが難しくなりつつあることを示した。2011年に日本が次期主力戦闘機（F-X）として選定したF-35は，開発国の米国がコスト高騰の問題に対処するためにマーケットの拡大だけでなく，開発，生産，運用，整備に係る体制のグローバル化を推し進め，複数国の関与が想定されるものとなっていた。そのため，日本は武器輸出三原則の対米例外化のみでF-35の導入に絡む諸問題に対処することが制度的に困難となっていった。こうした点を含めて，変わりゆく武器技術移転の国際的メカニズムへの対応を目指したのが，同年末に民主党政権下で行われた武器輸出三原則の包括的例外化措置である。

　包括的例外化をうたった藤村修官房長官の談話では，①平和貢献・国際協力に伴う案件については防衛装備品の海外移転を可能とすること，②目的外使用や第三国移転が行われないよう厳格な管理を行うこと（日本の事前同意を義務づけること），③日本と安全保障面で協力関係があり，その国との共同開発・生産が日本の安全保障に資する場合に移転を実施すること，の3点を骨子とした方針が示された。このような措置はその後，安倍晋三内閣のもとで防衛装備移転三原則の成立につながっていくこととなる。

　2014年に成立した防衛装備移転三原則では，①「我が国の締結した条約その他の国際約束に基づく義務に違反する場合」，②「国際連合安全保障理事会の

決議に基づく義務に違反する場合」，または③「紛争当事国への移転となる場合」の３つのいずれかの条件に当てはまる場合には，武器の移転を認めないことが明示された。実際のところ，これらは旧来の武器輸出三原則でも留意されていたことであり，その意味では武器輸出の基本的な「禁止基準」が大きく変わったわけではなかった。

　他方，同時に防衛装備移転三原則の運用方針として「防衛装備の海外移転を認め得る案件」が明示されたことは，それまでの流れと大きく異なる点であった。ここでは過去の例外化条件を踏まえて，大まかに①平和貢献・国際協力の積極的な推進に資する海外移転，②日本の安全保障に資する海外移転，③誤送品の返送や返送を前提とする見本品の輸出，海外政府機関の警察官により持ち込まれた装備品の再輸出等，日本の安全保障上の観点から影響がきわめて小さいと判断される場合の海外移転，というカテゴリーが設定され，それぞれに移転を認める際のより具体的な条件が示されている。また，輸出可能な武器のカテゴリーを①救難，②輸送，③警戒，④監視，⑤掃海の５類型に限るとの指針も示された。いずれにせよ，日本の武器輸出政策はこうした方針転換を経て，米国だけでなく多くの国々との関係においてより戦略的な観点から展開されるものとなっていった。

　国内で防衛産業技術基盤の衰退が問題視されていたことも，政策転換の重要な背景である。もとより，日本の防衛産業は下請け企業まで含めるとかなり裾野が広い一方，多くの企業では防衛装備品の生産がビジネスに占める割合は10％を下回っており，経営上の重要性は相対的に低い。そうした産業構造のなか，唯一の買い手となってきた防衛省では，長らく予算削減や装備調達費の比率の低下といった問題に直面し，さらには装備品の価格高騰も手伝って生産量を確保することが困難な状況があった。しかし，武器輸出が禁じられている状況では，国外に市場を求めることもできない。そのため，日本では武器生産にビジネス性や効率化のインセンティブが伴わず，生産ラインを維持することもできなくなり，長引く不況下で中小企業を中心に多くが武器生産から撤退し始めていた。武器輸出は，防衛生産をとりまくこうした課題に対応するための施策でもあったのである。

2−2　今日の武器輸出政策が直面する課題

とはいえ，防衛装備移転三原則へのこのような変更はただちに武器輸出の実現を意味するわけではなく，そこにはさまざまな問題が存在する。１つは，武器輸出には依然としてさまざまなアクターが反対の声をあげ，あるいは消極的な姿勢を示している状況があることの問題である。実際のところ，国内世論は必ずしも武器輸出の拡大方針を十分に支持していたわけではなかったし（山口2019），野党や市民団体等を中心に反対論も展開された。こうした動きは現実主義的な意味での合理性をもつかどうかにかかわらず，少なくとも日本政治における対処すべき現実としては確かに存在している。

また，しばしば武器輸出の「受益者」とみなされがちな日本企業についても，グローバル市場へのアクセスを模索している側面がある一方，実際の武器輸出に際して契約や生産体制の構築を含むビジネスモデルの変化に対応できるわけではないということである。企業が武器生産への積極性をみせることで生じる国内市場でのレピュテーション（評判）リスクの問題があることも指摘される（Schoff 2016）。

その結果として，三原則変更の後も成功した装備移転はフィリピンに対する警戒管制レーダー輸出のケースにとどまり，武器輸出が企業にとって高い収益源となっているわけではない。さらに，成算の見込みが高いと考えられていたオーストラリアへの潜水艦輸出がフランスとの競合の末に実現しなかったこと（2016年）も，日本に武器輸出のノウハウが欠如しているという大きな教訓を残すこととなった。これらは防衛生産や武器輸出をめぐって官民双方が直面する問題であり，政府レベルでの方針変更がただちにその実現につながるわけではないことを示唆している（佐藤 2022）。

いずれにせよ，このような三原則の変更が，日本にとってさまざまなかたちで政策オプションの増加につながる制度変更となっていることは確かであろう。2014年以降，装備品の国際共同研究は欧州諸国との連携を中心に増加した。また，2023年にはイギリス，イタリアと次世代戦闘機を共同開発する「グローバル戦闘航空プログラム（GCAP）」を開始することが表明され，2035年の後継機導入が目指されることになった。これによって米国以外の同志国と連携するという選択肢が現実のものとなったことの戦略的意義は大きい（小木

2023)。

　その一方で，政策オプションの増加は，それに伴う新たな検討課題を生み出したことも重要なポイントである。上述の輸出能力をめぐる問題に加えて，「何をどこまで輸出してよいのか」という問題もあらためて提起される。たとえば，上記の GCAP への着手をきっかけに，市場拡大を念頭において装備品の第三国移転ルールを再検討する必要が生じている。また，2022 年 2 月に始まったロシア・ウクライナ戦争に際して，日本政府はウクライナが「国際法違反の侵略を受けている」ことを理由に加えるかたちで三原則の運用指針を改定し，防弾チョッキの輸出に踏み切った（経済産業省 2022）が，「紛争当事国」への移転には一定の反対もある。さらに，ウクライナ支援を契機に，**殺傷性**をもつ装備品の輸出を認めるかたちで 5 類型を見直すべきか否かということも争点となっている。この問題はウクライナ支援にとどまらず，2023 年 4 月に導入された「政府安全保障能力強化支援（OSA）」をめぐる議論ともつながっている。OSA は開発途上国に対して資機材の供与やインフラ整備等を行うための無償資金協力の枠組みであり，将来的にそこで供与される機材に殺傷性をもった装備品を含みうるか否か，という論点である。このように，装備品移転を前提とすることで取りうる政策は大きく拡大しているものの，それに伴って官民が対応すべき課題もまた，増加してきているのである。

おわりに

　武器輸出の問題をめぐる日本国内の政治対立は根深く，また，必ずしも同一の論理的地平で議論が戦わされているわけでもないため，アクター間で共有可能な解を見出すのは難しいのかもしれない。しかしどのような立場をとるにせよ，考えるべき論点は数多く残されている。

　武器輸出を程度の差こそあれ容認する立場からしても，無秩序に輸出を進めてよいわけでもなければ，そのようなことが目指されているわけでもなく，何を，何のために，どこまで輸出するべきなのかを常に振り返る必要があろう。また，武器輸出を進めようとする「意図」と，そのような「能力」が日本に備わっているかどうかは別の問題でもある。そうしたなかで戦略的な効果や効率

を最大化できるような政策の運用とはいかなるものか（また，場合によってはその際にどこまで国内政治上の摩擦を許容・軽減できるか）を継続的に考えていく必要があるのだろう。

　同様に，武器輸出に反対する立場をとる場合であっても，国内の政治動向や防衛産業の現状，グローバルな安全保障環境の変容を含めて，なぜ日本が武器輸出を加速させる方向にかじを切りつつあるのかを考えたうえで，武器輸出を控えた場合に安全保障上の課題やその実現コストの問題にどう対応するか，ということにも答えを出していく必要がある。現実に武器の生産や輸出という行為が国際政治において1つの外交・安全保障の目標達成のための手段として広く用いられている以上，武器輸出の賛否を規範的な側面のみから論じることが，必ずしも公共の利益を達成することにはつながらないかもしれない。

　武器輸出を控えるにせよ，積極的に進めるにせよ，それは外交安全保障政策の目的そのものではない。こうした取り組みを通じてどのような国際秩序を，いかなるプロセスをたどって目指すのか，日本がそこにどういった形で関与するのかを常に見直す意識が重要なのである。

🕮 文献紹介

① 森本正崇『武器輸出三原則』信山社，2011年。

　　武器輸出三原則を，日本国憲法や外為法及び関連法令，さらには国会議事録や政府見解などとの関係から整理し，日本の武器輸出に関する法制度論的，政策論的な位置づけを明らかにしたうえで，さらに与野党の対立軸における議論の問題点と実践上の論点を示している。類書がなく，初学者から専門家まで，論点整理に際して非常に有益な情報を与えてくれる。なお，同書の論点を簡潔にまとめた入門書として，森本正崇『武器輸出三原則入門―「神話」と実像』信山社，2012年も出版されており，まずこちらを手に取って概要をつかむのも良いだろう。

② 森本敏『武器輸出三原則はどうして見直されたのか』海竜社，2014年。

　　日本の安全保障政策上，なぜ武器輸出を行わなければならないのかを理解するのに有用な書籍である。防衛装備移転三原則の成立直前に出版された本書は，武器輸出三原則を見直すべきとの立場から，国内外の関連専門家・実務家による対談形式をとり，その政策的・政治的問題点について多角的に検討している。その際に，日米同盟を含む日本の防衛政策や防衛産業技術基盤をめぐる経済的視点，あるいは装備調達をめぐるグローバルな産業構造変容への対応の問題が重視され，戦略的要請

や行政上の必要性の観点から議論がなされている。

③ 望月衣塑子『武器輸出と日本企業』角川書店，2016年。

　　武器輸出政策をめぐる近年の展開を反対派がどう「解釈」しているのかを問うに
あたり，上記の書籍と併せて本書に目を通し，論旨を比較してみるのは有益だろ
う。ジャーナリズムの観点から多くの防衛関連企業や政府関係者に取材しており，
問題を把握する助けになる。同様に，池内了・青井未帆・杉原浩司編『亡国の武器
輸出─防衛装備移転三原則は何をもたらすのか』合同出版，2017年では，反対論の
視点からどのような状況理解がなされてきたのかを，より多様な論者を通してみる
ことができる。

[参考文献]
小木洋人「防衛産業強化のための防衛装備移転」公益財団法人国際文化会館地経学研究所
　　（IOG），2023年，https://apinitiative.org/2023/08/02/49475/，2023年12月9日アクセス。
経済産業省「防弾チョッキのウクライナへの移転に係る審議について」2022年，https://
　　www.meti.go.jp/press/2021/03/20220308004/20220308004.html，2023年12月9日アクセ
　　ス。
佐藤丙午「『武器輸出三原則等』から『防衛装備移転三原則』へ」『国際安全保障』第49巻
　　4号，2022年3月，82-99頁。
畠山京子「国内規範と合理的選択の相克─武器輸出三原則を事例として」『国際政治』第
　　181号，2015年，115-128頁。
森本正崇『武器輸出三原則』信山社，2011年。
山口航「武器輸出三原則見直しの要因─防衛装備移転三原則策定をめぐる世論と政党」『防
　　衛学研究』第60号，2019年3月，77-95頁。
Schoff, James, "Robotics Diplomacy and the US-Japan Alliance: Both the US and Japan
　　Are Seeking Help from Private Industry to Advance High-Tech Innovation on
　　Robotics," *The Diplomat*, 2016, http://thediplomat.com/2016/03/robotics-diplomacy-
　　and-the-us-japan-alliance/.

【齊藤孝祐】

第Ⅱ部──日本と近隣諸国の平和と安全

領土問題を考えるための視座と視点

" 領土紛争の解決を考えるために必要な視座や視点とは何か "

> 領土紛争は，日常的な話題にのぼりやすい身近な外交問題です。領土問題について議論すると，自国政府の主張を前提として，相手国政府の主張に対する反論や相手国政府の対応への非難に向かいがちです。領土問題の解決に向けて建設的な議論するためには，どのような留意が必要でしょうか。

【キーワード】棚上げ，歴史認識，クレディビリティ，入口論，出口論

はじめに

　日本は，中国，台湾（中華民国），韓国，ロシアとの間に領土紛争を抱えている。中国や台湾は，日本が実効的支配する尖閣諸島（中国側の呼称，釣魚群島。台湾側の呼称，釣魚台列島）の領有権を主張している。他方，日本側は，韓国が実効的支配する竹島（韓国側呼称，独島），ロシアが統治する千島列島のうち歯舞群島，色丹島，国後島，択捉島(以下，4島と略記)の領有権を主張している。これら問題は，第二次世界大戦後の国交回復過程において顕在化した。連合国の一員であったソ連は，1945年8月に対日参戦すると4島を軍事占領した。ロシア政府は，米英両国とかわしたヤルタ協定（1945年）にもとづく正当な行為と主張している。竹島や尖閣諸島は，韓国や中国との国交正常化過程で問題が顕在化した。日本政府は，北方4島，竹島，尖閣諸島について，「歴史的事実に照らしても，かつ国際法上も明らかに日本固有の領土」であると主張をしている（内閣府HP）。

　紛争の平和的解決は，誰もが望ましいと考える。上記した法的・歴史的正当性をめぐる議論は，国際司法裁判所（International Court of Justice：ICJ）によ

る解決を目指す場合に重要な論点
となる。だが, 紛争の調停を ICJ
に付託するためには, 紛争当事国
双方の同意が必要となる。ロシア
や韓国は, 日本の要請を受け入れ
ていない。他方, 日本は, 自国が
有効に支配している尖閣諸島につ
いて「領有権の問題はそもそも存
在しない」と表明している。これ
ら領土問題を ICJ を通じて解決
する方法は, 現在のところ非常に
難しい。

　そこで, 本章は, 二国間の交渉
による領土問題の解決のあり方を
考える。第 1 節では, 問題が紛争
化したプロセスに目を向ける必要
性を提起する。たとえば, 北方 4
島に関する日本国内の議論には,

図 6-1　日本が抱える領土問題

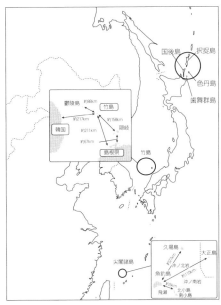

出所：外務省「日本の領土をめぐる情勢」の一部画像を
　　　利用して筆者作成。

ソ連による軍事占領を領土問題の起源として捉えて, 交渉目標として 4 島返還
の堅守を訴える立場がある。この〈原則論〉に対して, 〈歯舞・色丹〉の 2 島
返還を最低条件として, 択捉を除く 3 島あるいは〈択捉・国後〉について共同
経済活動など実施できる「＋α」の獲得を交渉目標にすべきという〈宥和論〉
が存在する。背景には, 1956 年に調印された日ソ共同宣言（以下, 56 年宣言と略
記）を契機に領土問題が生じたとの理解がある。両論の違いは, 問題を理解す
るうえで紛争化のプロセスに目を向ける重要性を示唆している。また, プロセ
スに目を向けることは, 〈原則論〉が依拠する法的・歴史的正当性の議論の相
対化につながる。では, そうすることで導かれる〈宥和論〉は, はたして領土
交渉の解決に寄与するのだろうか。交渉とは, 相手があって成立するものであ
り, その成果も相手側の状況によって変化する。二国間の交渉による解決を目
指すならば, 自国の主張の交渉上の効果を多面的に考える必要があろう。そこ

で，第 2 節では，自国の要求の交渉上の効果を検討してみたい。こうした整理
のもと，本章は，紛争化のプロセスという視座，交渉上の効果という視点に分
けて，領土紛争の解決を考えるためのアプローチを考えていく。

1　領土問題を考えるための視座

1-1　領土紛争化のプロセス

　鳩山一郎政権（1954-56）は，日ソ国交回復を公約にかかげていた。鳩山首相
は，当初，〈歯舞・色丹〉と〈択捉・国後〉を同列に扱えないとの認識を示し
ていた。日本政府は，サンフランシスコ講和条約（以下，対日講和条約と略記）
で領有権を放棄した千島列島（the Kurile Islands）に〈択捉・国後〉が含まれ
ると解釈してきたからである。実際に，1952年の超党派議員の領土返還要求
も，地理的に北海道の一部とみなせる〈歯舞・色丹〉を対象としていた。重光
葵外相は，2 島返還を最低条件として交渉を続け，1956年 8 月にソ連側が示
していた〈歯舞・色丹〉を引渡すという譲歩案を受け入れようとした（田中
1993）。

　しかし，鳩山は，ソ連との国交回復に消極的な政治家や米国の影響を受け
て，重光に〈択捉・国後〉を含めた 4 島返還を指示した。当時，与党・自民党
は，対ソ強硬派のイニシアティブのもと，対日講和条約で放棄した千島列島に
〈択捉・国後〉が含まれないという新解釈を打ち出し，4 島返還を国交回復の
条件とする党議を決議していた。また，ソ連と冷戦状態にあった米国政府は，
日本全土に米軍基地を展開し沖縄を軍事占領していたため，日本がソ連と友好
関係を築くことを懸念した。実際，ダレス国務長官は，1956年 8 月に重光と会
談した際，もし日本が〈択捉・国後〉をソ連領として認めるなら米国としても
沖縄を永久に占領せざるをえないと述べた（ダレスの恫喝）。米国政府は，鳩山
政権が領土的要求で妥協しないよう働きかけたのである（和田 2012）。自民党
は，米国の意向を念頭に置き，9 月に〈歯舞・色丹〉の即時返還と〈択捉・国
後〉の継続交渉を国交回復の条件とする新党議を採択した。こうして，現在に
至る 4 島返還をもとめる〈原則論〉が形成された。つまり，日ソ国交回復交渉
の際の米国の影響や日本政府の立場の変化がソ連（ロシア）との間に領土問題

を生み出したともいえるのである。

　次に，竹島問題についてである。連合国軍総司令部（GHQ）は，1946年，竹島に対する日本の施政権を停止して日本人の漁業操業区域外に指定した（マッカーサー・ライン）。ゆえに，米国で起草が進められた対日講和条約において竹島は，当初，日本が放棄する領土として明記された。だが，米国政府は，日本側への政治的配慮とともに米国の軍事的必要性のため，1949年11月以降，日本が放棄すべき領土から竹島という文言を削除した（原 2005）。一方，韓国側は，条文起草過程において日本が放棄すべき島として独島（竹島）の明記を強く求めた。ゆえに，草案上の帰属をめぐる記述は，修正過程で揺らぎ続けた。最終的な対日講和条約では，日本が放棄すべき領土として「竹島」という文言が規定されなかった。竹島を韓国領ではないとする解釈に道が開かれたのである。とはいえ，竹島は，日本領であるとも明記されなかった（池内 2016）。そこで，韓国の李承晩（イ スンマン）大統領は，1952年１月にマッカーサー・ラインを踏襲し，竹島を含む海洋境界線（李承晩ライン）を設定して1953年から武装警察による竹島の実効的支配を開始した。李承晩ライン問題と連動して竹島は，日韓国交正常化交渉の議題になった。以上のように，日韓の領土問題が紛争化した背景には，対日講和条約の過程における米国の姿勢の変化が影響していたのである。

　他方，尖閣諸島は，対日講和条約３条にもとづいて米国の施政権下に置かれた「南西諸島」に含まれており，一部の区域が米軍の射撃演習場となっていた。尖閣諸島を含む米軍関連施設は，1972年５月の沖縄の施政権の日本への返還後，日米安保条約にもとづいて引き続き米国が使用した。尖閣諸島の領有権問題は，沖縄の返還が決定する1970年前後に顕在化した。契機は，1969年に公表された国連アジア経済極東委員会（ECAFE）の海底調査結果によって尖閣諸島周辺の大陸棚に産油資源が埋蔵されていると周辺国が認識したためといわれる。台湾政府は，1971年２月，尖閣諸島（釣魚台列嶼）に主権を有すると日本大使に伝えた。中国政府による同様の公式声明は，1971年12月であった。米国政府は，沖縄の一部として尖閣諸島の一部を軍事利用してきたものの，尖閣諸島をめぐる中台両政府と日本の主権争いに中立的立場を表明した。ゆえに，米国の曖昧な立場が紛争化に影響したとの指摘もある（豊下 2012）。

　以上みてきたように，紛争化のプロセスには，先の大戦後に日本を占領し，

冷戦下で西側陣営の盟主となった米国の影響があった。では，西側陣営の一員として対米協調を重視する日本は，どのように領土紛争の解決を試みたのか。

1-2　「棚上げ」という選択肢

　1956年に訪ソした鳩山は，国交回復のために，平和条約締結後に〈歯舞・色丹〉を引渡すとのソ連側の提案を受諾した（56年宣言）。これは，ソ連側からみると，2島引渡しで領土問題を決着することに日本政府が合意したことを意味する。ゆえに，日本国内の〈宥和論〉は，56年宣言を重視する。だが，帰国した鳩山は，与党議員から共同宣言の批准の支持＝ソ連との国交回復の承認を得るため，〈択捉・国後〉も含む領土問題が平和条約交渉時の協議事項に残っていると説明した。56年宣言の調印以前に交渉担当者が交わしていた公文（松本＝グロムイコ書簡）を根拠として，自民党の党議に逸脱しない解釈を打ち出したのである。これにしたがえば，鳩山は，日ソ国交回復交渉の妥結を図るため，〈択捉・国後〉という残りの2島の問題の決着を一時的に**棚上げ**したといえる。

　同様の棚上げは，竹島や尖閣諸島をめぐる問題でもみられる。日韓国交正常化交渉は，韓国併合を合法的な手続きによると認識する日本側に対して，当初から不当なものであり無効なものと認識する韓国側の対立が存在した。両国の**歴史認識**の対立は，国交正常化を決めた1965年6月の日韓基本条約においても埋められなかった。これは，竹島をめぐる両国政府の解釈にも関連している。すなわち，日本政府が1905年に竹島を島根県に編入した行為の正当性をめぐる解釈である。日韓基本条約締結の際，「両国間の紛争」について外交交渉による解決が不可能な場合は，両国政府が合意する手段に従い，調停によって解決を図るという旨の書簡が交わされていた。だが，当時の副総理の河野一郎と国務総理の丁一権〔ジョンイルクォン〕の間では，「竹島・独島問題は，解決せざるをもって，解決したとみなす。したがって条約では触れない」という「密約」があったといわれる（ダニエル 2008）。つまり，国交正常化を優先して，紛争化した領土問題を双方ともに課題としてとりあげないという合意である。

　他方，尖閣諸島の領有権に関して日本政府は，1970年頃より国会審議において首相や外相を通して，尖閣諸島の主権が日本にあることに議論の余地はなく，いかなる政府とも交渉をしないとの認識を示していた。こうしたなか，日

中国交回復交渉のため訪中した田中角栄首相は、「尖閣諸島についてどう思うか」と自ら切り出し、中国側の周恩来首相から「今これを話すのはよくない」との返答をえた。田中首相の発言の真意は定かではない。だが、田中の発言は、領土問題より国交正常化を優先するとのメッセージを日中双方が確認する機会となった。事実、中国の鄧小平副首相は、1978年、尖閣諸島の領有権問題について日中国交正常化や日中平和友好条約交渉の際も「双方はこの問題に触れないということを約束」したとして、「こういう問題は、一時棚上げにしてもかまわない」と発言した（日本記者クラブ編 2023）。実際、日本政府は、中国政府が1992年に尖閣諸島を自国領土として位置づける「領海法」を制定しても厳重抗議にとどめ、中国や台湾側の尖閣諸島周辺海域での漁業操業や民間人活動家による島への上陸などの事案に対して厳重な法的措置をとることを控えてきた。こうした対応から、日本側は、〈原則論〉と実務処理を切り分けて、棚上げという名の黙示の合意を続けてきたといわれる（苫米地 2020）。

　以上みてきたように、日本政府は、国交正常化あるいは安定化という大局的な見地を優先して、領土問題を棚上げすることを選択してきたといえる。領土紛争の最終的な決着は、当事者間のどちらに主権があるのかを確定することであるが、これでは双方が歩み寄ることが難しく、紛争が過熱して両国間の関係の破綻を招きかねない。

2　領土交渉を考える視点

2-1　交渉のポジション

　ロシア政府は、4島は第二次世界大戦の結果として正当に獲得した領土であるというソ連時代の解釈を踏襲している（トカチェンコ 2012）。また、ロシアの政界、政治評論家、世論の一部には、ロシアの国益にとって「日本に領土を渡すことはそれをアメリカに渡すのとまったく同様」とみなす認識が残っている（モロジャコフ 2010）。ロシア国内には、この政府の立場を支持する〈原則論〉が存在し、国民世論の多数意見といえる。ただ、冷戦終焉以降のロシア国内には、日本との政治的・経済的提携の拡大深化が国益になるとの見地から、平和条約を締結するため領土紛争の解決を模索する動きがみられた。たとえば、エ

リツィン政権（1991-99年）は，従来の態度を一転し，日本との間で「北方4島の帰属の問題を解決して平和条約を締結する」ことに合意した（東京宣言）。また，第一次プーチン政権（2000-08年）は，56年宣言の有効性を確認し，4島の帰属問題の解決に向けた交渉の促進を約束した。プーチンは，2012年に大統領に再選されて以降，56年宣言をベースに交渉すべきという見解を維持していた。だが，これは，ロシアの国民世論の少数派である。さらにいえば，ロシア側の〈宥和論〉といえども2島返還に確実に応じるとは保証していない。事実，プーチン自身も，「領土問題は存在しない」という旧来の立場を継続し，2島の引渡しも曖昧な態度をとってきた。近年では，旧来の〈原則論〉と同様，北方4島を含む島々の周辺海域の戦略的重要性を強調している。

　このように，日本側の4島返還論は，現在のロシア国内のいずれの立場とも折り合えない。ゆえに，日本国内には，原則に固執して0が続くよりも，最低でも2島を獲得できればよいという見解も生まれる。ロシア側には，ごく少数派ながら〈宥和論〉が存在していたからである。ただ，ロシア側の現状を踏まえると，〈宥和論〉は，日本の交渉立場を不利にしかねない。交渉は，求める側が求められる側よりも弱い立場に置かれるからである。日本側の〈宥和論〉は，日ソ国交回復交渉初期に日本政府が2島返還を最終目標としていた点に注目する。だが，当時の外務省の対ソ交渉方針が第一段階の目標に南樺太と全千島の返還，第二段階の目標に4島（南千島）の返還を位置づけていた点にも目を向ける必要がある。重光は，2島返還で手を打つためにも，あらかじめ強い要求を提示して交渉を進めたのである。また，〈宥和論〉は，当時の自民党党議や米国政府の関与について，日ソ交渉の妥結を阻害したネガティブな拘束要因として注目する。しかし，拘束要因には，交渉力を強化するというポジティブな側面もある。譲歩を許されない交渉者は，自由裁量をもつ交渉者よりも手強い相手になるからである。交渉ポジションという視点でみると，〈原則論〉を展開することに一定の意義がある（松原1987）。

　ただ，同時に，交渉における要求や主張の本気の度合いを示す**クレディビリティ**（信頼性，credibility）の問題も考える必要がある。すでに，ロシアが4島を実効的支配する期間は，樺太千島交換条約（1875年）から1945年にソ連軍に占領されるまで日本が統治してきた年月に匹敵し，択捉を中心に多くのロシア

人が生活を営んできた。こうした実情に配慮しない 4 島返還要求は，妥結意思がない交渉ポーズとしてロシア側に受け取られるであろう。ましてや，日本政府の主張は，ロシア側からみると不変で一貫したものともいい難い。ロシアからみると，日本は，56年宣言において〈歯舞・色丹〉の 2 島を領土問題の対象とすることに合意したからである。もしロシア側が日本の要求を本気とみなさなければ，そもそも交渉自体に誠実に取り組もうとする意欲がわかない。この視点にたてば，ロシア側は，〈宥和論〉の要求を〈原則論〉よりもクレディビリティが高いと判断するであろう（松原 1987）。では，竹島や尖閣諸島については，交渉ポジションの視点からどのような交渉上の効果が考えられるか。

2-2　竹島・尖閣諸島をめぐる〈原則論〉と〈宥和論〉の交渉上の効果

　竹島は，1952年以降，韓国側の実効的支配が続いている。近年の調査によると，韓国国民の世論は，日本人によって自国が植民地化された歴史の「最初の犠牲物」が独島（竹島）と認識しており，世論98%が明確に自国領土と考えている（李 2016）。この点を踏まえると，日本側の〈原則論〉は，韓国政府にとって現状を踏まえた本気の要求とみなされるだろうか。また，史学的にみると，竹島問題は，日韓両国ともに決定的な論拠をあげられていないといわれる（池内 2016）。これは，仮に〈原則論〉をもって国際司法の場で解決を求めても日本側の主張がすべて認められるとはかぎらないことを意味する。そこで，成熟した日韓協力関係を構築するために，むしろ日本側が進んで領有権を譲渡ないし放棄するという宥和的な考えが提起されることもある。

　だが，現在の韓国側は，領土問題と歴史認識問題を不可分のものとして捉えている。こうした状況を踏まえると，歴史認識をめぐる問題とあわせた解決なくして新たな日韓関係を構築していくことは難しい。つまり，竹島問題の〈宥和論〉は，歴史認識をめぐる問題と連動して，日韓基本条約の再検討という大きな外交課題につながりかねないことにも配慮する必要がある。言い方を変えれば，〈原則論〉は，結果として1965年以降の日韓関係の現状維持に寄与しているとも捉えられる。この点，日韓両国政府は存在を否定しているが，竹島密約は，国交の安定という見地から，互いに自国の〈原則論〉の応酬を続けながらも政治問題にしないという「合意」であったことも看過できない。

　では，尖閣諸島については，どうであろうか。2010年9月に尖閣付近で発生した海上保安庁巡視艇と中国漁船の衝突事件の際に中国人船長が逮捕されたことは，中国側の強い抗議を呼んだ。日本国内でも反中感情とともに日中関係の重要性を考慮して中国人船長が解放されたことで不満が高まった。こうしたなか，石原慎太郎東京都知事が尖閣購入計画を発表すると，日本政府は，尖閣諸島の国有化に踏み切った。国有化を契機として，中国側官船による尖閣諸島の周辺海域の領海侵入事案は，徐々に増えている（海上保安庁HP）。そこで，尖閣諸島周辺の日中両国の緊張を緩和するために，現在の日本政府の公式見解を修正すべきという見解がうまれた。すなわち，領土紛争が存在していることを公式に認めて，両国があらためて棚上げの合意を目指すべきという〈宥和論〉である（松井 2014）。

　しかし，仮に日本側が領土問題の存在を認めても，中国側が再度，棚上げに合意するとはかぎらない。この点に関して，同じく尖閣諸島の領有権を主張している台湾に目を向けてみよう。近年の台湾世論は，日台関係が以前よりも悪い方向に変化していると感じている人が30%程度と少ないが，そのうち尖閣諸島や漁業等の衝突を理由としてあげているのは14%程度である（日本台湾交流協会編 2022）。一方，近年の中国世論は，約60%の中国人が日本に対する印象を「良くない」と認識しており，その理由として「侵略した歴史をきちんと謝罪し反省していないから」が約80%，「魚釣島周辺の国有化で対立を引き起こした」が約60%を占めている（言論NPO編 2022）。中国と台湾の世論動向を比較すると，国有化措置のみが要因となって，今日の緊張を高めているとはいえない。

　たとえば，近年，尖閣諸島の周辺海域で活動する中国官船は，日本漁船の違法操業の取締りを名目としている。これは，主権を行使するという既成事実を積み重ね，尖閣諸島を実効支配していることを示すための拡張主義的行動とも解釈できる（松田 2017）。そうであれば，日本側が領土紛争の存在を認めても，現状変更を目指す中国側の行動を追認するだけで終わりかねない。また，棚上げに向けた交渉を進めたとしても，竹島をめぐる日韓両国の構図と同様に，中国側の世論にみられる歴史認識と連動して問題をより複雑化させる可能性がある。

おわりに

　領土問題の議論は，自国政府の法的・歴史的な正当性を前提として，相手国政府の主張や対応への非難に関心が向けられがちである。領土問題の交渉による解決を考えるうえで大事なことは，教条的な見方を相対化するために，領土問題が紛争化したプロセスをみる視座をもつことである。そこから棚上げのように，紛争の激化を避けるための先人の営為を学ぶこともできる。とはいえ，宥和的な考え方は，必ずしも紛争解決に向けたポジティブな効果があるともいえない。本章では，交渉ポジションという視点から個々のケースを整理してきた。最後に，領土問題に向き合うための大きなアプローチに触れて，まとめにかえたい。

　交渉によって領土問題の解決を目指す限り，自国の要求のみを相手国に受諾させる完全な勝利は難しい。たとえば，北方 4 島のケースでは，ロシアが望む経済協力などの「見返り」を受け入れる必要性が考えられる。その場合に，「見返り」が一方的に「食い逃げ」に終わるかもしれないという不信が生じる。不信を解消するため，領土問題の解決を先行させて経済協力などを進めようとするアプローチが考えられる（入口論）。これは，「見返り」の価値を高くして「食い逃げ」を防ぐという利点があるが，より安く「買い叩かれる」かもしれないという不信を相手側に生む。現在のロシア国内世論は，1 島も引き渡すべきではないという意見が大勢を占めている。こうしたなか，日本側の〈原則論〉のみが一方的に伝えられることは，ロシア国民の対日不信感を増幅し，交渉による解決をかえって困難にするかもしれない。尖閣諸島問題においても，日本側が〈原則論〉を続ける限り相手国を刺激するだけで，紛争をエスカレーションさせるだけかもしれない。そこで，実現可能な経済協力などによって交渉に向けた友好的な環境づくりを優先し，領土問題の将来的解決を目指すアプローチが考えられる（出口論）。こうした協力関係の積み重ねは，相手国の世論を未来志向の関係構築に向けて啓発する点で意義がある。だが，先に触れた「食い逃げ」のように解決という点では徒労に終わるかもしれない。

　いずれにせよ，安全保障上の相互不信の解消という点に留意が必要である。

日本が抱える領土紛争は，ロシア側の姿勢の背景に米国への軍事的な脅威認識，中国海軍の海洋進出と尖閣諸島をめぐる緊張状態が関連しているように東アジアの安全保障問題と密接な関係にある。つまり，安全保障上の信頼醸成も視野に入れた外交関係のあり方を総合的に構想することが大切なのである。また，領土紛争の解決を考える際に留意すべきは，竹島問題のように，歴史認識問題と連関している点である。領土問題に向き合うためには，日本人の歴史認識が問われることも忘れてはならない。安全保障や歴史認識をめぐる問題については，本書の他の章を参考にしてもらいたい。

　本章では，領土問題の解決を建設的に考えるうえでの大まかな視座や視点を提供をしてきた。読者には，本章を手がかりとして，日本が取り巻く領土交渉の現段階をどのように評価できるのか，いかにして向き合っていけばよいのか，引き続き考え，周囲の人との議論を続けてもらいたい。

📖 文献紹介

① 和田春樹『領土問題をどう解決するか──対立から対話へ』平凡社，2012年。

　　本章では，領土問題を考える歴史的な視座として，領土問題がどのように紛争化したのかというプロセスを学ぶ大切さを指摘した。著者は，ロシア・ソ連史を専門とする歴史家として，日本の領土問題の歴史的経緯をまとめている。領土問題の解決をどのように考えているだけでなく，歴史認識問題との連関を理解するうえでも代表的な1冊といえる。

② 岩下明裕編『領土という病──国境ナショナリズムへの処方箋』北海道大学出版会，2014年。

　　主権国家概念を相対化して領土問題を捉える視座を与えてくれるだけでなく，一線の現場にいた記者たちが領土交渉をどう評価しているかを知るうえで参考になる。「国境学」という切り口から領土問題を考える視座を提供する岩下明裕『入門国境学──領土，主権，イデオロギー』中央公論新社，2016年は，こうした構想力を培うための手がかりとなろう。

③ 名嘉憲夫『領土問題から「国境画定問題」へ──紛争解決論の視点から考える尖閣・竹島・北方四島』明石書店，2013年。

　　この本は，紛争解決論という視角から領土問題の議論を展開している。理論的な関心が高い読者は，この本を糸口に領土問題の解決について考えてみるのもいいだろう。

[参考文献]

池内敏『竹島─もうひとつの日韓関係史』中央公論新社，2016年。

李俊揆「独島問題に対する韓国人の認識─領有権と歴史，イシュー・リンケージの過程と構造」『PRIME』第 3 巻第14号，2016年 3 月。

海上保安庁「尖閣諸島周辺海域における中国海警局に所属する船舶等の動向と我が国の対処」https://www.kaiho.mlit.go.jp/mission/senkaku/senkaku.html，2023年 4 月28日アクセス。

言論 NPO 編『第18回日中共同世論調査 日中世論比較結果』2022年，https://www.genron-npo.net/world/archives/13950.html，2023年 4 月28日アクセス。

田中孝彦『日ソ国交回復の史的研究』有斐閣，1993年。

ダニエル，ロー『竹島密約』草思社，2008年。

トカチェンコ，B.I.「南クリル諸島に対する日本の領土的要求について─ロシアからの視点」『北東アジア研究』第23号，2012年 3 月， 3 -16頁。

苫米地真理『尖閣問題 政府見解はどう変遷したのか』柏書房，2020年。

豊下楢彦『「尖閣問題」とは何か』岩波書店，2012年。

内閣府「領土・主権企画調整室」，https：//www.cas.go.jp/jp/ryodo/index.html，2023年 4 月28日アクセス。

日本台湾交流協会編『2021年度対日世論調査』2022年，https://www.koryu.or.jp/business/poll/，2023年 4 月28日アクセス。

日本記者クラブ編「未来に目を向けた友好関係を　鄧小平　中国副首相（1978年10月25日）」https://www.jnpc.or.jp/archive/conferences/19237/report/，2023年 4 月28日アクセス。

原貴美恵『サンフランシスコ平和条約の盲点─アジア太平洋地域の冷戦と「戦後未解決の問題」』渓水社，2005年。

松井芳郎『国際法学者がよむ尖閣問題』日本評論社，2014年。

松田康博「中国の対外行動『強硬化』の分析─ 4 つの仮説」加茂具樹編『中国対外行動の源泉』慶應義塾大学出版会，2017年。

松原望「北方領土問題に対する基本的視角」『オペレーションズ・リサーチ』第32巻第10号，1987年10月，681-688頁。

モロジャコフ，ワシーリー「日米安保条約，ソ連とロシア」藤原書店編集部編『「日米安保」とは何か』藤原書店，2010年，300-318頁。

和田春樹『領土問題をどう解決するか─対立から対話へ』平凡社，2012年。

[長谷川隼人]

第 **7** 章　　　　[北朝鮮問題]

北朝鮮の核・ミサイル問題

"北朝鮮の核・ミサイル問題について，
日本外交にはどのような選択肢があるのか"

　　国際社会からの度重なる非難と制裁措置にもかかわらず，北朝鮮は核・ミサ
イル能力の向上に邁進しています。北朝鮮はなぜ，核・ミサイル開発に固執す
るのでしょうか。北朝鮮の非核化に向けて，国際社会はこれまでどのような取
り組みをしてきたのでしょうか。そして，日本外交にはどのような可能性があ
るのでしょうか。

【キーワード】朝鮮戦争，米朝枠組み合意，六者会合，米朝首脳会談，日朝平壌宣
　　　　　　　言

はじめに

　国際社会の制止を振り切って北朝鮮が 6 回目の核実験に及んだ2017年 9 月，
国連総会の壇上に立った安倍晋三首相は，北朝鮮に対する「圧力」の重要性を
各国の代表に訴えて次のように熱弁をふるった（外務省 2017）。

　　国際社会は北朝鮮に対し，1994年からの十有余年，最初は「枠組合意」，次には「六
　者会合」によりながら，辛抱強く，対話の努力を続けたのであります。しかし我々が
　思い知ったのは，対話が続いた間，北朝鮮は，核，ミサイルの開発を，あきらめるつ
　もりなど，まるで，持ち合わせていなかったということであります。対話とは，北朝
　鮮にとって，我々を欺き，時間を稼ぐため，むしろ最良の手段だった。……対話によ
　る問題解決の試みは，一再ならず，無に帰した。なんの成算あって，我々は三度，同
　じ過ちを繰り返そうというのでしょう。北朝鮮に，すべての核・弾道ミサイル計画
　を，完全な，検証可能な，かつ，不可逆的な方法で，放棄させなくてはなりません。
　そのため必要なのは，対話ではない。圧力なのです。

「完全で検証可能かつ不可逆的な方法による廃棄（complete, verifiable and irreversible dismantlement: CVID）」の原則を掲げて北朝鮮に核開発計画の放棄を迫るのは，従来からの日本政府の方針であり，新しいものではない。また，このときまでに複数の国連安保理決議によって広範な経済制裁措置が北朝鮮に課されていたように，非核化を求めて国際社会が一致団結して北朝鮮に「圧力」を加えていくことは既定路線となっていた。とはいえ，北朝鮮に対する「圧力」の重要性を強調するあまり，北朝鮮との「対話」の意義を全否定してみせた点で，安倍首相の訴えには際立つものがあった。

考えてみれば，「圧力」にせよ「対話」にせよ，その内実はさまざまなはずである。それを十把一絡げにして二項対立の図式に押し込み，白黒をつけようとする態度は，政策論としていささか硬直的であった。事実，ほどなくして米朝関係が転機を迎えると，日本の北朝鮮政策は軌道修正を迫られることになる。米国のトランプ大統領と北朝鮮の金正恩^{キムジョンウン}委員長との間で二度にわたって首脳会談が実現した後の2019年5月，安倍首相は「条件をつけずに金委員長と会い，率直に，また虚心坦懐に話し合ってみたい」と語って，日朝首脳会談の早期実現を目指す方針を打ち出したのであった（『産経新聞』2019年5月3日）。

一般に，国民の負託を受けて国の舵取りを担う政府の政策が，二転三転することは望ましくない。ましてや，国と国との信頼関係を基礎とする外交という営みにおいて，政策の継続性はそれ自体が美徳となる。

それでは，北朝鮮の核・ミサイル問題に，日本はどのような構えで向き合うべきであろうか。本章では，過去の経緯を振り返りながら，そのことを考えるための材料を提供したい。

まずは手始めに，なぜ北朝鮮は核兵器の開発に固執するのか，その背景についてみておこう。国際社会からの孤立を厭わず核開発に邁進する北朝鮮の目線の先にあるのは，一にも二にも米国との関係である。

1 北朝鮮の核開発の背景

1−1 朝鮮戦争の影

北朝鮮と米国は外交関係を結んでおらず，両国は敵対関係にある。そうした

　米朝関係の淵源は，1950年6月に勃発した**朝鮮戦争**にさかのぼる。

　第二次世界大戦が終結し，日本の植民地支配から解放された歓びも束の間，北緯38度線を境にして朝鮮半島の南北は米ソ両国の分割占領下に置かれた。やがて米ソ冷戦の進行に伴って南北を隔てる政治的な亀裂は深まり，1948年には大韓民国（韓国）と朝鮮民主主義人民共和国（北朝鮮）の建国が宣言されるに至る。この南北分断の現状を力によって打破すべく金日成の率いる北朝鮮が韓国に奇襲攻撃を仕掛けたのが，朝鮮戦争の始まりである。

　このときの韓国が孤立無援であったならば，北朝鮮による南北の統一が実現してもおかしくなかった。しかし，自由主義陣営の盟主としての威信にかけて韓国防衛を決断した米国の軍事力によって，金日成の野望は打ち砕かれることになる。米軍を主体とし，ダグラス・マッカーサーが指揮を執った国連軍は，北朝鮮軍を押し返して韓国領土の奪回に成功すると，その余勢を駆って北朝鮮領内を北へと攻め上がり，一時は北朝鮮と中国の国境付近にまで迫ったのであった。結果的には，この事態を憂慮した中国の参戦によって戦線はふたたび南へと押し戻され，北朝鮮はかろうじて生き残りに成功する。しかし，米国の軍事力によって自らの存在が根本から脅かされた経験は，原体験として北朝鮮指導部の脳裏に深く刻み込まれたのであった。

　1953年7月，朝鮮戦争の休戦協定が結ばれる。しかし，それは双方が戦争の継続に疲弊したことの結果であって，米朝の敵対関係の終焉を意味するものではなかった。休戦協定の締結に続いて米国は韓国と同盟条約を結び，韓国に大規模な軍隊を駐留させて北朝鮮を抑止する体制を築く。やがて1960年代にかけて，在韓米軍への戦術核兵器の配備が進められていった（冷戦終結後の1991年に米国はこれらの戦術核兵器の撤去を宣言）。こうして今日に至るまで，米国の及ぼす脅威に対処することが，北朝鮮の安全保障政策の主眼となってきたのである。

1-2　抑止力としての核

　北朝鮮がいつ，核兵器の開発を決意したのかは判然としない。とはいえ冷戦期を通じて経済運営における南北の明暗が次第に覆いがたいものとなり，その格差が軍事面にも表れていったことは背景として重要だろう。1980年代の末，

民主化を果たした韓国が国際社会の祝福のなかでソウル五輪を成功させた頃，北朝鮮は韓国の成功を妨害するためには手段を選ばないテロ国家としての国際的な評価を確立していた。こうして南北の体制競争に事実上の決着がつくなかで，孤独な指導者の目に核開発という選択が起死回生の一手として映ったことは想像にかたくない。

こうした南北の力関係の推移に加えて，冷戦の終焉に伴う国際環境の激変も北朝鮮に決断を促す作用をもった。とりわけ，冷戦期を通じて北朝鮮の後ろ盾となってきたソ連と中国が，1990年と1992年に相次いで韓国との国交樹立に踏み切ったことは，韓国と国家の正統性を争う北朝鮮にしてみれば重大な背信行為にほかならなかった。もはや大国による「核の傘」の恩恵に期待はできないと悟った北朝鮮は，独自の核抑止力をもって米国の及ぼす脅威に対峙する決意を密かに固めたのである。

いうまでもなく，北朝鮮が秘密裏に乗り出した核開発は米国の主導する国際的な核の不拡散政策に真っ向から抵触するものであった。後述するように，1990年代に入って北朝鮮の核開発疑惑が国際的な注目を集めるようになると，米朝両国の間では武力衝突の危機が幾度も演じられることになる。

1-3　交渉の梃子としての核

もっとも，今日に至るまで北朝鮮がただやみくもに米国との対決を求めてきたかといえば，そうではない。むしろ北朝鮮は1974年に平和協定の締結を米国に呼びかけて以来，折に触れて米国との直接対話の機会を模索してきた。北朝鮮が米国に平和協定の締結を呼びかけたのは，北ベトナムが凄惨な戦争の末に米国と平和協定を結び，南ベトナムからの米軍撤退を実現した時期と重なる。少なくとも米国に直接対話を呼びかけた当初において北朝鮮が念頭に置いていたのは，米朝間の手打ちによって在韓米軍の撤退を実現するというシナリオであっただろう。

とはいえ，北朝鮮が米朝対話の可能性を探るうえで問題であったのは，米国がそれにほとんど関心を示さないことであった。そもそも米国が朝鮮戦争を戦ったのは，自由主義陣営の盟主としての威信にかけて共産主義勢力による韓国侵略を座視しえなかったからであり，在韓米軍の存在を前提に南北間の軍事

的な均衡が保たれる限りにおいて，韓国を保全するという所期の目的は日々達せられていた。冷戦期には韓国が一貫して自国の頭越しでの米朝交渉に反対し続けたこともあり，あえて北朝鮮との交渉に踏み切って朝鮮半島の現状を変更することに，米国は特段の利益を見出さなかったのである。休戦後の米朝関係を特徴づけたのは，こうした関心の著しい非対称性であった。

　そしてこの事情を一変させたものこそ，北朝鮮による核開発の試みであった。事実，核問題が米朝両国間の懸案として浮上して以降，北朝鮮は念願であった米国との直接対話の機会を幾度も手にすることになる。しかも米朝交渉の場では核問題ばかりでなく，米朝間での平和協定の締結や国交正常化といった問題も協議の一環として取り上げられるのであった。米国を交渉の場に誘い出し，譲歩を引き出すための梃子として，核のカードは見事に機能したのである。

　それでは，北朝鮮による核開発問題の浮上を受けて実現した米朝交渉の内実とは，どのようなものであったのだろうか。そのことをみるために，次節では米朝間で幾度も展開された核危機の様相とそれに対する国際社会の対応をみることにしよう。

2　三度の核危機と国際社会の対応

2-1　第一次核危機と米朝枠組み合意

　北朝鮮の核問題をめぐって米朝両国が一触即発の危機を演じたのは都合三度ある。その最初の機会が訪れたのは，北朝鮮が核兵器不拡散条約（NPT）からの脱退を宣言した1993年3月であった。国際的な原子力活動の透明性を担保する役割を担う国際原子力機関（IAEA）が，北朝鮮の申告内容に疑義があるとして「特別査察」の実施を求めたのに対して，北朝鮮はその受け入れを拒み，国際的な核不拡散体制に与しないとの姿勢を鮮明にしたのである。

　事態を重くみた米国のクリントン政権は米朝の直接交渉に踏み切ることを決断し，結果として北朝鮮はNPTからの脱退を留保することに同意する。しかし，査察受け入れの具体的な条件をめぐって北朝鮮とIAEAの対立は続き，1994年5月に北朝鮮が原子炉からの使用済み核燃料棒の取り出しに着手すると

事態は一挙に緊迫した。核燃料棒の取り出しは，過去における原子力活動の検証を不可能にするだけでなく，核兵器の原料となるプルトニウムを抽出する機会を北朝鮮に与える点で看過しえなかったのである。米国は国連安保理での制裁決議の採択に向けて関係国との調整に乗り出すとともに，「国連制裁は宣戦布告とみなす」と恫喝する北朝鮮との武力衝突の可能性に備えて，米軍部隊の大規模な増派計画について検討を推し進めたのであった。

　この一触即発の局面を転換して，米朝両国に戦争の間際から引き返す機会を与えたのは， 6 月に訪朝した米国のカーター元大統領が，核計画の凍結とIAEA 査察官の残留について，金日成から言質を得たとのニュースであった。ここでの了解を基礎として米朝両国は10月，「**米朝枠組み合意**」に署名する。プルトニウムの生産が容易な黒鉛減速炉から軍事転用が比較的困難な軽水炉へと北朝鮮の原子炉を置き換えることが，その柱であった。北朝鮮における軽水炉の建設と，その完成を待つ間の代替エネルギーとして年間50万トンの重油の供与について米国が責任を負う代わりに，北朝鮮は現存する黒鉛減速炉と関連施設の活動を凍結し，さらにそれを軽水炉の完成に先立って解体することを約束したのである。

　枠組み合意を踏まえて日米韓の 3 か国は翌年に朝鮮半島エネルギー開発機構（KEDO）を設立し，軽水炉の建設と重油の供与に取り組む。北朝鮮にしてみれば，核を交渉材料として大規模な支援を引き出すことに成功したのであった。

2－2　第二次核危機と六者会合

　枠組み合意には，米朝両国が「政治・経済関係の完全な正常化」に取り組むことも明記されていた。しかし双方の不信の根は深く，やがてクリントン政権に代わって枠組み合意自体に批判的なブッシュ政権が米国に発足すると，両国関係は膠着し，ほどなく二度目の危機を迎えることになる。

　直接の契機となったのは2002年10月，北朝鮮による秘密のウラン濃縮計画の存在について問いただすべくブッシュ政権が平壌に派遣した特使を前にして，北朝鮮の高官が計画の存在をほのめかす発言をしたことであった。かねて北朝鮮をイラン・イラクと並ぶ「悪の枢軸」と名指しで批判していたブッシュ政権は，すぐさま KEDO による北朝鮮への重油供与の停止に動く。これに反発し

た北朝鮮は12月，凍結していた核施設の再稼働とIAEA査察官の国外退去に
踏み切り，さらに翌2003年1月にはあらためてNPTからの脱退を宣言した。
枠組み合意の崩壊による，核危機の再来であった。

　ここで第一次核危機と異なったのは，北朝鮮の核問題をめぐって米朝二国間
ではなく，多国間での対処が模索されたことである。事実，北朝鮮の核開発に
懸念を深めていたのは米国や日本，韓国ばかりでなく，中国やロシアも非核化
を求める点では立場を共有していた。かくして2003年8月には，中国を議長国
とし，南北朝鮮に米国，日本，ロシアを加えた六者会合が立ち上げられる。そ
れは，米国のブッシュ政権がクリントン政権とは異なる北朝鮮政策を追求した
結果でもあった。

　六者会合では2005年9月，北朝鮮が「すべての核兵器及び既存の核計画を放
棄」して「核兵器不拡散条約及びIAEA保障措置に早期に復帰する」ことを
明記した共同声明が採択される（外務省 2005）。米国も北朝鮮との国交正常化
に向けた取り組みを約束するなど，共同声明はその後の交渉の基礎となる包括
的なものであった。しかしその矢先に，六者会合は停滞してしまう。同時期に
米国が発動した金融制裁措置を受けてマカオの商業銀行にある北朝鮮関連口座
が凍結されると，反発した北朝鮮は六者会合への参加を拒み，2006年10月には
初となる核実験の実施に踏み切った。これに国際社会は，北朝鮮への制裁措置
を定めた国連安保理決議1718の採択をもって応える。以後2017年にかけて，北
朝鮮が核実験やミサイル発射を行うたびに新たな安保理決議にもとづいて制裁
措置が加重されることが繰り返された。

　ブッシュ政権はその後も六者会合を通じて北朝鮮の核問題に取り組んだもの
の，確固とした成果を残せぬままに政権の幕引きを迎えた。後継のオバマ政権
は「戦略的忍耐」と称して，六者会合の早期再開よりも経済制裁などの国際的
な圧力の形成に軸足を置き，北朝鮮の態度の変化を待つ姿勢をとる。しかし，
北朝鮮はその期待に応えることなく，オバマ政権期を通じて核・ミサイル開発
に邁進したのであった。

2-3　第三次核危機と米朝首脳会談

　2017年に米朝両国は三度目の危機を迎える。その背景としては，同年1月に

発足した米国のトランプ政権が軍事的な選択肢も排除しないとして北朝鮮に「最大限の圧力」をかける方針を打ち出したこともさることながら，その年を通じて北朝鮮が米国本土に到達する核・ミサイル能力の獲得を誇示したことが重要であった。米国の独立記念日である 7 月 4 日に新型大陸間弾道ミサイル（ICBM）の試験発射を行って「核武力完成のための最終関門」を突破したと主張した北朝鮮は， 9 月初頭に 6 回目となる核実験に踏み切り，さらに11月には米国本土全域を射程に収める新型 ICBM の試験発射に成功したとして「国家核武力の完成」を宣言したのである。

　この最中の 9 月，国連総会の一般討論演説に臨んだトランプ大統領は，「もしも自国や同盟国の防衛を迫られた場合には北朝鮮を完全に破壊するほかない」と述べて，核戦力による大量報復の可能性を示唆してみせた（White House 2017）。これに対して金正恩委員長は声明を発表し，トランプ演説を「宣戦布告」とみなして「史上最高の超強硬対応措置」を検討すると明らかにする（『日本経済新聞』2017年 9 月23日）。両国の指導者による言葉の応酬がエスカレートし，米国による先制攻撃の可能性が真剣に語られるなかで，はたして武力衝突は回避されうるのか，このときに確言できる者はいなかったはずである。なお，冒頭に引用した安倍首相の演説はまさにこの最中，トランプ大統領による演説の翌日になされたものであった。

　とはいえ北朝鮮からしてみれば，米国本土を射程に収める「国家核武力」の完成は，核保有国として米国と対等な立場で交渉するための用意がついに整ったことを意味してもいた。事実，韓国の文在寅政権の働きかけを糸口として2018年 3 月に両国は，史上初となる**米朝首脳会談**の実現を目指す方針で一致することになる。

　同年 6 月，シンガポールで会談した米朝両首脳は，「新たな米朝関係を確立」し「朝鮮半島において持続的で安定した平和体制を築く」との決意をうたった共同声明を発表する（White House 2018）。同声明においてトランプ大統領は北朝鮮に「安全の保証」を与えることを，金正恩委員長は「朝鮮半島の完全な非核化」に取り組むことを約束した。

　もっとも，これらはあくまでも両国の政治的な意思を確認した原則的な合意であり，「安全の保証」にせよ「非核化」にせよ，その実現に向けた具体的な

手順を定めるには別途の込み入った実務者交渉が必要なはずであった。しかし，互いの個人的な信頼関係に頼ってその課題を突破しようとしたトランプ大統領と金正恩委員長は，2019年を通じて首脳間対話のプロセスを試みた挙句，結局行き詰まることになる。同年末，米国による敵視政策が続いているとして，金正恩委員長は核開発方針への回帰を表明したのであった。

3　日本外交の可能性：参照点としての日朝平壌宣言

　こうして北朝鮮核危機の歴史を紐解くと，あえて日本に言及せずとも大方の展開を語れてしまうことがわかる。言い換えると，いざ米朝関係が一触即発の局面となれば，危機の解決に向けて日本外交が果たす役割は限られたものにならざるをえないということである。

　とはいえ，朝鮮半島でひとたび戦争が起きれば日本は局外者ではありえない。在日米軍基地は朝鮮半島で作戦を展開する米軍の後方拠点としてきわめて重要な役割を果たすはずであり，また基地の提供にとどまらない広範な支援の要請が米国政府から日本政府に寄せられるはずである（⇒第2章）。そして，そのときの日本政府の振る舞いは，日本の安全保障政策の基軸である日米同盟の信頼性に直接に関わるであろう（⇒第1・3章）。

　そうであれば，危機の再来への備えを怠らないように努めつつ，北朝鮮の非核化に資する取り組みを平素から地道に積み上げることが日本の政策の基本となるはずである。そうした取り組みの1つとして，国際社会と足並みを揃えて国連安保理の制裁決議を履行し，非核化に向けた「圧力」を北朝鮮に加え続けることはもちろん重要である。しかし，そうして核武装の先には道がないことを北朝鮮に訴えて，いわば「消極的な選択」として非核化を迫るばかりでなく，非核化へと踏み切れば北朝鮮にとっても望ましい未来が拓けることを示して，そのための「積極的な選択」として核の放棄を促すことも，同じように重要なはずである。そして実はこの点で，日本外交は潜在的に，きわめて重要な役割を負っている。そのことを確認するために，かつて日朝両国の首脳が署名し，今日もなお日本政府の北朝鮮政策を基礎づけている**日朝平壌宣言**についてみておきたい。

　2002年9月，北朝鮮の首都平壌で小泉純一郎首相と金 正 日国防委員長とが
史上初となる日朝首脳会談を行った。この際に発表されたのが，日朝平壌宣言
である（外務省 2002）。同宣言において両首脳は，「日朝間の不幸な過去を清算
し，懸案事項を解決し，実りある政治，経済，文化的関係を樹立することが，
双方の基本利益に合致するとともに，地域の平和と安定に大きく寄与する」と
して「国交正常化を早期に実現させるため，あらゆる努力を傾注する」との決
意をうたっている。ここで「懸案事項」とあるのは，同宣言の後段で「日本国
民の生命と安全にかかわる懸案問題」として言及される北朝鮮による日本人拉
致問題のことであり，また「核問題及びミサイル問題を含む安全保障上の諸問
題」のことである。すなわちこのとき日本は，拉致・核・ミサイルといった諸
懸案を包括的に解決して日朝国交正常化を実現するとの基本方針について，北
朝鮮の最高指導者から同意を取りつけたのであった。

　北朝鮮が拉致と核という最高指導者の権威に関わる問題で譲ってまでも手に
入れようとしたのは，第一義的には，日本の植民地支配という「不幸な過去を
清算」するために，国交正常化に伴って日本から流れ込んでくるはずの多額の
資金であった。1965年の日韓国交正常化に際して日本が韓国に多額の経済協力
を約束した先例に倣い，「日本側が朝鮮民主主義人民共和国側に対して，国交
正常化の後，双方が適切と考える期間にわたり，無償資金協力，低金利の長期
借款供与及び国際機関を通じた人道主義的支援等の経済協力を実施」する方針
が日朝平壌宣言にうたわれたのである。

　結果からみれば，日朝国交正常化の早期実現を図るという方針は，拉致問題
をめぐってその後の日朝協議が暗礁に乗り上げ，また核問題をめぐっても六者
会合が難航するなかで頓挫してしまった。しかし，北朝鮮の指導者が日本との
国交正常化に国益を見出し，その道筋のなかに位置づけて核・ミサイル問題に
ついても解決する意思を表明したことの意味は，決して小さくない。

　振り返ると，かつて北朝鮮が核開発へと踏み出した背景には，韓国がソ連
（後のロシア），そして中国と相次いで国交を樹立した一方で，北朝鮮は米国，
そして日本との国交正常化を果たせずに国際的な孤立を深めたという外交上の
挫折があった。このことを逆から捉えなおせば，朝鮮半島を取り巻く国際政治
の基底部分に働きかけて北朝鮮外交の選好に変化を迫る，そうした可能性を，

日朝国交正常化のなかに見出すことができるのである。日朝平壌宣言から20年を経た今日においても，その事情には基本的に変化はない。

おわりに

　北朝鮮の核・ミサイル能力がこれほどの段階に達した今日，はたして北朝鮮の非核化という目標が平和的手段を通じて達成可能であるのかは確言できない。しかし，北朝鮮が主張するように同国を核保有国として認めて，問題の解決を米朝間の核軍縮交渉に委ねるならば，日本が自国の利益を主張する機会は局限されてしまうおそれがある。やはり日本としては，いかに実現が困難であろうとも北朝鮮の非核化を目標に掲げて国際社会を結束させ，問題の解決に向けた「圧力」と「対話」の組み合わせに工夫を凝らしていくことが基本になるだろう。

　その前提に立って，三度に及んだ核危機への国際社会の対応を振り返ると，そこに2つのパターンがあったことがわかる。すなわち，①危機の解決に向けて米朝交渉が先行し，そこで得られた合意を国際社会が追認するパターンと，②関係国が足並みを揃えて北朝鮮に対峙し，各国独自の利益を反映した包括的な合意を練り上げるパターンの2つである。前者には迅速な合意形成を期待できる一方で，そこに日本の国益をどこまで反映できるかは判然としない。後者には着実な合意形成を期待できる一方で，当事者の数が増えれば交渉の難度も増すはずである。

　大国間対立の時代の再来がいわれる今日，六者会合の枠組みをそのまま再現することは困難である。かつて国連安保理で北朝鮮への制裁決議を積み上げることを可能にした常任理事国間の連帯は，もはや失われてしまった。楽観的な展望を描くには，率直にいって材料が乏しい。

　それでもなお，北朝鮮の核問題が周辺国にとっての，そして国際社会にとっての共通の懸案であるという事実は残る。そしてその点に，問題解決の糸口を見出すことは，まだ可能なはずである。

📖 文献紹介

①山本栄二『北朝鮮外交回顧録』筑摩書房，2022年。

　　日本外務省で北朝鮮外交に長年携わった著者による貴重な回顧録。日朝関係を軸にして，第一次核危機と第二次核危機における日本と国際社会の対応を通観できる。簡にして要を得た記述で読みやすく，また実体験にもとづくエピソードも豊富で面白い。

②井上智太郎『金正恩の核兵器―北朝鮮のミサイル戦略と日本』筑摩書房，2023年。

　　著者は北朝鮮での取材経験もある第一線のジャーナリスト。とくに金正恩体制発足後の北朝鮮の核・ミサイル開発と国際社会の対応について，綿密な取材にもとづき記述している。外交面だけでなく軍事面の最新情勢についても知ることができる。

③ドン・オーバードーファー／ロバート・カーリン，菱木一美訳『二つのコリア［第三版］―国際政治の中の朝鮮半島』共同通信社，2015年。

　　米国の高名なジャーナリストであるオーバードーファーが遺した大著。1970年代以降の朝鮮半島をめぐる国際政治を平易な文章で記述している。北朝鮮核問題の背景や，朝鮮半島を取り巻く国際政治のニュアンスにまで迫りたい人におすすめしたい。

［参考文献］

外務省「日朝平壌宣言」2002年，https://www.mofa.go.jp/mofaj/kaidan/s_koi/n_korea_02/sengen.html，2023年11月2日アクセス。

外務省「第4回六者会合に関する共同声明（仮訳）」2005年，https://www.mofa.go.jp/mofaj/area/n_korea/6 kaigo/ks_050919.html，2023年11月2日アクセス。

外務省「第72回国連総会における安倍内閣総理大臣一般討論演説」2017年，https://www.mofa.go.jp/mofaj/fp/unp_a/page4 _003327.html，2023年11月2日アクセス。

White House, "Remarks by President Trump to the 72nd Session of the United Nations General Assembly," 2017, https://trumpwhitehouse.archives.gov/briefings-statements/remarks-president-trump-72nd-session-united-nations-general-assembly/, 2023年11月2日アクセス。

White House, "Joint Statement of President Donald J. Trump of the United States of America and Chairman Kim Jong Un of the Democratic People's Republic of Korea at the Singapore Summit," 2018, https://trumpwhitehouse.archives.gov/briefings-statements/joint-statement-president-donald-j-trump-united-states-america-chairman-kim-jong-un-democratic-peoples-republic-korea-singapore-summit/, 2023年11月2日アクセス。

［石田智範］

第 **8** 章　　　　　［多角的安全保障］

多様化する多角的安全保障の枠組み

" 多角的安全保障は日本の外交政策にとってどのような意義があるのか "

> 　日本は，日米関係・日米同盟を「日本外交の基軸」と公式に位置づけており，米国との外交関係を最も重視しています。他方で近年，日本はASEAN諸国，オーストラリア，インドといった国々との関係も強化し，とくにアジア地域，そしてインド太平洋地域における新しい多国間安全保障枠組みへの積極的な参加や構築に力を入れています。日米同盟を基軸とするならば，これらの多国間安全保障枠組みはどのような意義があるのでしょうか。

【キーワード】東南アジア諸国連合（ASEAN），多国間安全保障枠組み，ミニラテラリズム，ハブ・アンド・スポークス，勢力均衡

はじめに

　日本は冷戦，そして冷戦後，一貫して日米安全保障条約（以下，日米安保条約）（⇒第1章），いわゆる「日米同盟」を基軸に安全保障政策を形成してきた。冷戦が終わり，30年近く経った2023年でさえ，岸田文雄首相が施政方針演説にて「我が国外交の基軸は日米関係です」と述べていることからもこの方針は変わっていないことがわかる（首相官邸 2023）。

　第二次世界大戦後，憲法9条によって軍事能力を制限された日本は，米国とソ連を軸とした冷戦に直面し，ソ連の脅威に対する抑止効果と防衛能力を高めるため，日米安保条約を結ぶことを選択した。この条約を通し，日本は自らの防衛力を最小限にとどめ，米国の「核の傘」にもとづいた拡大抑止に依存した。同時に，戦後の復興を目指し経済成長に力を入れ，後に「吉田ドクトリン」と呼ばれる軽武装・経済重視という戦略を立てたのであった。この国家戦略が功

を奏し，日本は1960〜80年代に著しい経済成長を遂げて，世界第 2 位の経済大国（2023年現在は第 4 位）の座についた。

　しかし日本は冷戦後に政策転換を行い，経済のみに力を入れるのではなく，国連や**東南アジア諸国連合**（ASEAN）といった国際組織が率いる多国間安全保障の枠組みへ積極的に参加してきている。ただ，日本の安全保障政策がつねに日米関係・日米同盟を基軸としているのならば，**多国間安全保障枠組みへの取り組みは**日本の安全保障にとってどれほど有益なのだろうか，という疑問が残る。以下，東アジアの安全保障枠組みに焦点を当て，それらの有用性について考えてみる。

1　近年の安全保障枠組みの多様化：ASEAN とミニラテラリズム

　1990年代より，国際安全保障問題の焦点は大きく変化したが，特に大きな変化をもたらした事件といえば，2001年 9 月11日に発生した米国同時多発テロであろう。伝統的な国家間の安全保障問題が依然として存在している一方，国際テロリズムのような非国家主体を中心とする国家の枠組みには縛られない安全保障問題が注目を浴びるようになったのである。これをきっかけに，米国が自らの安全保障政策に対テロ戦略を全面的に組み込むようになり，外交的にも国際社会に働きかけることとなった。領土をもたず，高い機動性をもつ非国家主体に対して，国連などの国際組織，アジア太平洋経済協力（APEC）フォーラムといった地域制度，そして意思ある主体どうしの協力グループである「有志連合（coalition of the willing）」の多国間枠組みが重視されるようになり，米国は「拡散に対する安全保障構想（PSI）」のような国際協力体制を構築していった。

1-1　ASEAN 主導の多国間安全保障枠組み

　ASEAN の枠組みも新たな安全保障のトレンドを受け，対テロにおいてさまざまな共同宣言を採択し，協力枠組みを設置していった。ASEAN は，ASEAN 地域フォーラム（ARF）を通して国際テロを含めた非伝統的安全保障に対処するための機能拡充を図ることはもとより，ASEAN 政治安全保障共同体や東アジア共同体の構築といった包括的な地域協力関係の形成を目指し，

2005年には東アジア・サミット（EAS），2006年にはASEAN国防相会議（ADMM），2010年には拡大ASEAN国防相会議（ADMMプラス）などの多国間安全保障の枠組みを設立した。これらの協力枠組みを構築するにあたってはアジェンダ設定，メンバーの選定など，ASEANおよび非ASEANメンバー間における政治的な思惑が交錯し，外交的な衝突を起こすこともあった。しかし，根本的にはASEANが最終的な決定権をもち，ASEAN主導の枠組みであることをメンバー諸国が認め，新たな枠組み構築に賛同した。

　これらASEANの多国間枠組みに共通する点は，「ASEAN方式（ASEAN Way）」と呼ばれる制度規範を基盤に成り立っていることである。現在の「ASEAN方式」にはさまざまな定義があり，一概にはいえないが，基本的には「内政不干渉の原則」「コンセンサス方式」「ASEAN中心性」から成り立っている。「内政不干渉の原則」はメンバー国が他のメンバー国に対して政治・軍事介入を行わないこと，「コンセンサス方式」は全メンバー国が反対をしない場合にのみ意思決定がされること（「ネガティブ・コンセサス」ともいう），そして「ASEAN中心性」はASEANによる多国間枠組みは域外国ではなくASEANが主導することを指している。

　域外国は決定権を握れないため，政治力は限定される。しかし，①ASEANは東アジアにおける多国間安全保障枠組みを主導する中心的な地域組織であり，外交的な影響力が少なからずあること，②一定のメンバー国と友好関係を築けば，自らの意見を間接的にASEANの意思決定に反映できる可能性があること，③コンセンサス方式を利用し，ある議論内容が自らの国益に適わないと判断した場合は拒否することができること，といった有用性があり，域外国にとってもASEANと関わることは無意味ではない。

　日本は戦後，東南アジア諸国に対して，ODAの供与や友好・協力関係の強化を行い，1977年には福田赳夫首相が東南アジア諸国と日本の間において経済・文化交流を通した「心と心のふれ合う」相互理解をうたった「福田ドクトリン」を採択し，戦後和解や関係強化に努めた。また，ASEANとの関係も，1973年に「合成ゴムに関する日本・ASEANフォーラム」を設置して以来，対話が継続的に行われ，友好関係が強化されている。このような信頼醸成を通して日本は，冷戦後にASEANがARF，ASEAN＋3，EASなどの新たな協力

枠組みを構築する際，ASEAN の立場に理解を示しつつ積極的に支援してきたのである。安全保障に関しても，2016年には「ビエンチャン・ビジョン─日ASEAN 防衛協力イニシアティブ」，2019年には「ビエンチャン・ビジョン2.0」を打ち出し，より包括的な協力関係を築いている。

　しかし，ASEAN の制度規範，とくにコンセンサス方式は，政策決定を遅らせるだけではなく，領土問題や人権問題といった強い異論が伴う問題への対処が難しいとされている。たとえば，南シナ海の領有権問題やそれに伴う航行の自由・飛行の自由の解釈といった意見が分かれる問題においては，対話は継続するものの，有効策がなかなか見出せない。総じて ASEAN の枠組みは，主に「信頼醸成機能」として認識されている。

1-2　ミニラテラリズムの勃興

　2000年代中盤からは「戦略的パートナーシップ」といった二国間の関係強化をうたう新たな枠組み構築を，アジア諸国は進めてきている。とりわけ，政治安全保障分野では日米豪，日米印，日米豪印といったミニラテラリズム（一般的に 3 ～ 4 か国の協力枠組み）の強化を追求している。

　とくに日本は，米国とオーストラリアとの関係において2006年「日米豪戦略対話」（TSD）を制度化させ，国際テロリズムなどの非伝統的な安全保障問題，また北朝鮮の核開発プログラム（⇒第 7 章）や南シナ海や東シナ海における外交的・軍事的な緊張の問題についても政策対話・調整を行っている。さらに，日豪の間では2007年「安全保障協力に関する日豪共同宣言」に表れているように，軍事協力の機能強化が進められている。2022年には実務的な軍事協力の円滑化を可能とする「円滑化協定（RAA）」も調印されており，これらは，米国の同盟国間の安全保障協力が進んでいることを示した格好の事例となっている。日米印 3 か国間においては，インドが「戦略的自律性」の名のもとに対外関係における独立性を維持しようとしているため，常に 3 か国の外交的立場が一致しているわけではない。ただ，米印関係においては，2007年「米印原子力協力」，2015年「米印防衛フレームワーク」（2005年からの延長），2016年「ロジスティックス相互支援に関する合意」などを経て関係強化がみられる。日本も2000年に「日印グローバル・パートナーシップ」構築に合意した後，2015年に

は防衛装備品・技術移転協定，情報保護協定を通して両国の関係を改善させ，2016年には米印2国間の軍事演習「マラバール」に日本を参加国として含めることになり，3か国間の軍事連携を強めている。さらに，日印両国は2021年に「ACSA（物品役務相互提供協定）」を発効し，2022年には「サイバーセキュリティ協定に関する覚書」にも署名している。

　このようなミニラテラルな協力は年々活発になってきているが，近年は米国を中心とする新たな多角的枠組みも軒並み制度化されている。それらは，日米豪印戦略対話（いわゆる「クアッド」），米英豪安全保障パートナーシップ（AUKUS），インド太平洋経済枠組み（IPEF）である。

　クアッドは，2004年のインド太平洋沖地震の際に日米豪印4か国が人道援助・災害救援（HADR）協力を行い，成功を収めたことから発展したものである。この成功体験をもとに，安倍晋三首相が2007年に米国とともにオーストラリア，インドに呼びかけ，政策協議や共同軍事演習などを行う流れになった。しかし，オーストラリアやインドは中国がこの枠組みを対中包囲網として捉えかねず，中国を必要以上に刺激してしまうということを恐れ，制度化には至らなかった。しかし，2017年になると中国の台頭を含む4か国の戦略認識が徐々に収斂し，非公式の対話を再開させることになった。2021年以降は米国バイデン政権がリーダーシップをとり，政府高官・外務大臣・首脳レベルの会合を定例化，さらには重要・新興技術，インフラ，サイバー・セキュリティ，海洋安全保障，HADRなどの作業部会も発足させ，制度化を進めることになった。

　AUKUSは，オーストラリアがイニシアティブをとり2021年9月の米英豪首脳会談で発足させた軍事パートナーシップである。「軍事同盟」とは異なり相互防衛義務の法的義務は負わないが，オーストラリアに対し原子力潜水艦の技術提供等を米英両国が手助けする「第一の柱（Pillar I）」と，人工知能（AI），量子技術，海中能力，極超音速テクノロジーといった軍事応用可能な新技術・情報の共有を行う「第二の柱（Pillar II）」から成り立っている。この枠組みは，オーストラリアが原子力潜水艦を導入することによって戦力投射能力を各段に上げることを目指しているが，その理由としてはオーストラリアが自国とインド太平洋地域の勢力均衡を切り離すことができないという判断に至ったためであった。具体的には，中国の高まる軍事力とその影響力を背景に，米国，イギ

リスといった軍事力の大きい同志国と協力し，地域の安定に貢献しようとするものである。しかし，AUKUS を設立するにあたって，オーストラリアがフランスの潜水艦購入を突如キャンセルした。また，原子力潜水艦のテクノロジーは自国の国際的な軍事優位性に関わる問題であるため，同盟国どうしでもこのような重要技術の移転は困難であるなど，課題は残っている。

　IPEF は，米国が2022年 5 月に日本，インド，オーストラリア，韓国，インドネシア，タイ，フィリピン等を含むインド太平洋諸国13か国（現在はフィジーが加入し14か国）を招き発足させた経済的枠組みである。米国は2017年のトランプ政権発足時に，高い水準の経済連携を目指す「環太平洋パートナーシップ協定（TPP）」からの脱退を表明し，アジア地域における経済的プレゼンスが急落することになった。それを危惧したバイデン政権は，国内で根強い反対を受ける関税協定は避けつつも，IPEF という枠組みを打ち出し，①貿易，②サプライチェーン，③クリーンエネルギー・脱炭素・インフラ，④税・汚職防止といった分野において，国際的なルールの制定を目指している。貿易・サプライチェーンの依存など，国家間において経済的な脆弱性が安全保障問題につながる現在の国際環境において，米国の新たなコミットメントをメンバー国は歓迎している反面，関税撤廃がないため，実質面での成果が問われている。

2　冷戦後の東アジア安全保障システムの進化と日本の対応

　このように東アジアの安全保障システムは大きな発展を遂げてきているが，なぜ多角的安全保障の枠組みは多様化したのであろうか。また，日本はそのような変化にどのように対応してきたのであろうか。まず，背景からみてみる。

2-1　冷戦後の東アジア安全保障システムの台頭と衰退

　冷戦後，東アジアの戦略環境は劇的に変化した。ソ連という最大の敵の消滅に伴い，貿易収支と経常収支の両面において「双子の赤字」を抱えていた米国は，東アジア地域への軍事力の削減を検討していた。もちろん，北朝鮮は生き残り，中国も台頭しつつあったが，1990年代には必ずしも差し迫った問題ではなかった。しかし，米国は最終的に地域の戦略的安定と自国の「優位性」を確

実なものとするため，冷戦期に築いた「ハブ・アンド・スポークス」システム，つまり日本，韓国，フィリピン，タイ，オーストラリアといった米国を中心とする同盟ネットワークを堅持することとした。これらは，北朝鮮，中国といった国々を**勢力均衡**の観点から抑止する役割を担っていた。

　他方，ASEAN を中心とする ARF，EAS，ADMM プラスなどの多国間安全保障枠組みが，東アジア地域に1990年代から2000年代にかけて構築されていった（古賀 2022）。これらの枠組みは軍事同盟ではないものの，対話を促し国家間の緊張を緩和させることを目的とした信頼醸成の役割を担っていた。そして，とくに ARF では，勢力均衡にもとづく安定を追求するのではなく，信頼醸成から制度を発展させ，最終的に紛争予防メカニズムを東アジア地域に根付かせようとしてきたのである。結果として，米国の「ハブ・アンド・スポークス」と ASEAN 多国間安全保障枠組みは競合関係になく，補完的な関係として冷戦後の東アジア安全保障システムとして確立することになっていった。

　しかし，この2つのメカニズムに依拠した東アジア安全保障システムは，2000年代後半より効果が薄れていくことになった。その主な原因が，地政学上の変化―とくに中国の台頭―があげられる。2000年代後半に入り，急激な経済発展を遂げた中国は，軍事力増加に伴う戦力投射能力を高めていることに加え，東シナ海や南シナ海へより積極的な海洋進出をしており，東アジア地域の周辺諸国にとって戦略的不確実性が高まっていった。他方，米国はというとアフガニスタンやイラクで長引く対テロ戦争，2008年のリーマン・ショックといった危機によって，自らの能力や影響力が相対的に低下した。その関連で，東アジア地域に対するコミットメントの低下が危惧されていたことも相まって，「中国の台頭と米国の衰退」というイメージが世界的に広まっていったのである。

2-2　日本の新たな安全保障戦略

　冷戦時，日本は日米同盟を基軸に軽武装・経済重視の「吉田ドクトリン」を追求してきた。この戦略によって日本は高度な経済成長を果たしたと同時に，日本外交に2つの面で大きな影響を及ぼした。1つは，米国との包括的な協力関係がかつてなく進んだことである。冷戦期を通して日米双方は防衛政策のみ

ならず，経済や文化といった面での協力や交流が進み，両国の政治・経済・社会における相互依存が深化した。もう１つは，外交的自律性の制約であった。日本が独自に米国以外の国家と安全保障を結ぼうとする際，米国の政治的意思を確認する必要があり，それによって政策的柔軟性が低下したのである。また，日本が自主性を求め総合的な防衛力をもとうとすれば，装備品の拡充や，諸外国との戦略関係の再構築が必要とされ，経済的・政治的なコストが高まることとなった。冷戦期の日本はこうした戦略判断をふまえ「日米同盟」を中心に安全保障戦略が形成された。

　1990年代に入ると，日本は自らの安全保障を軍事的に確保するため，「日米同盟の堅持」という基軸を堅持した。しかし同時に，ASEANを中心とする安全保障枠組みに関しても積極的に支援した。これは，ASEANが提供する新たな枠組みへの期待の現れでもあった。しかし，2010年前後に東アジア地域において勢力均衡の変化の兆しがみられると，日本においても2010年の「防衛計画の大綱」や2013年の「国家安全保障戦略」で，中国を含む新興国の台頭によって世界の「パワーバランス」が変化し，米国の影響力が相対的に変化していることをも認めた（内閣府 2013）。そして，従来の方針どおり日米同盟やASEAN中心の枠組みは引き続き強化・支援していくものの，オーストラリアやインドといった同志国と安全保障パートナーとして協力をより一層進めていくことを目指すようになった。その結果，「ハブ・アンド・スポークス」はより多角化かつネットワーク化したシステムへと変化するようになっていったのである。

2-3　「インド太平洋」の出現と多角的安全保障枠組みの進展

　冷戦後の東アジアの安全保障システムが中国や新興国の台頭により以前とは異なり機能しなくなると，当然ながら新たなメカニズムの構築に対する要望が高まることになる。ただし，対中国に特化した新たな「ハブ・アンド・スポークス」のような軍事同盟群の構築は，冷戦期のように地域を分断することにつながる。また，中国と経済的なつながりがきわめて強い東アジア諸国，とくに東南アジアの国々はそのようなメカニズムを全面的に支持することは難しい。実際，ASEANは紛争を避け対話を重視するとともに，大国間の競争に関しては中立を維持しようと考えているため，そのような安全保障メカニズムの構築

に対しては否定的でもある。そこで米国や同志国が考えたのが，比較的「包摂的」な性格をもち，自らの価値観や政治システムを基盤とした国際ルールや規範を促す枠組み構築であった。これは，既存の「国際秩序」の維持・強化を標榜するものでもあり，2010年の米国「国家安全保障戦略」にみられるように，オバマ政権時から米国は徐々に「国際秩序」という言葉を多用するようになっていった。

　他方，中国は2013年より自らの高まる経済力をもって「一帯一路」構想を掲げ，発展途上国のインフラ構築支援を中心とした関与政策を遂行するようになった。東アジア地域という地理的概念を超えた広域アジアに影響力を拡大していった恰好である。環境問題や政治腐敗の問題には触れないという，既存の国際基準に必ずしも則らない中国の開発援助は，欧米諸国から既存の国際ルールや規範への挑戦とみなされていた。これに対し，日本は2016年に「自由で開かれたインド太平洋」（FOIP）という概念を打ち出し，インド洋・太平洋諸国への関与政策強化を目指した（外務省HP）。これは，①「インド太平洋」という地理的概念に焦点を当てることにより，東アジア地域の多国間制度に影響力をもっていたASEANとの競合性を薄めること，②「自由と繁栄」という言葉を用いることにより，民主主義，人権，法の支配といった価値に重点を置いた政策を推進し，とくに民主主義国といった同志国を募ること，③中国を名指しせず，中国を筆頭とする既存の国際秩序に挑戦する国家を牽制・対抗すること，という優位点があった。2017年には米国もFOIPの概念を採用し，「インド太平洋」の概念が欧米諸国へと広まることになった。

　このような動きに対し，ASEANはASEANを中心とする東アジアの多国間安全保障制度が矮小化されてしまうことや，大国間競争を激化してしまうことを懸念した。実際，インド太平洋の概念とともに日米豪印四か国の対話，クアッドが再開されたが，東南アジア諸国はこの対話に対し警戒心をあらわにした。そのため，ASEANを重視する日本はクアッドの会合にて「ASEAN中心性・一体性」の重要性を強調し，メンバー国の賛同を得たり，ASEAN自身は2019年「ASEANインド太平洋アウトルック（AOIP）」を発表し，地域協力の推進をうたい大国間競争の激化を牽制したりした。その結果，2019年までは東アジア・インド太平洋地域の多角的安全保障枠組みにクアッド以外の大きな変

化はみられなかった。

　ただし，2020年の新型コロナウイルスのパンデミックを契機に，地域の安全保障環境に動きがみられるようになった。地域諸国間の外交活動が滞っている間にも，中国は東シナ海・南シナ海といった海洋進出を継続し，オーストラリアへの影響力工作，インド・中国との国境での軍事的衝突など，地域の緊張は高まり，既存の「ハブ・アンド・スポークス」システムや ASEAN の多国間枠組みでも対応しきれなくなっていたからである。このような戦略環境のもと，2021年，バイデンが米国大統領に就任すると，正式に「インド太平洋戦略」を打ち出すとともに，クアッド，AUKUS，さらには IPEF といった経済安全保障問題も取り扱う多国間枠組みがインド太平洋地域に構築されていくことになったのである。

おわりに

　日本の安全保障・外交政策は，「日米同盟が基軸」であることは2023年に岸田文雄首相が再確認している。これは歴代の総理が述べてきたことを踏襲したものである。米国の軍事力・経済力の優位性は2023年現在においても変わっておらず，中国の台頭をもってしても近い将来に追い越されるということは考えにくいからだ。とくに，米国は世界中に同盟国や安全保障・経済パートナーを維持・拡大していることからも，全世界をみた場合，米国は戦略的優位性を維持しているといえる。それをふまえると，日米同盟は日本にとってきわめて重要な戦略ツールであるということは論をまたない。

　しかし，米国は2001年の米国同時多発テロを受け，非国家主体などの非伝統的安全保障問題とともに，近年では中国やインドの台頭，そして東南アジア諸国の経済発展・軍事力の近代化などによる東アジア，さらにはインド太平洋における戦略環境の急激な変化に直面している。また，2022年 2 月以降のロシアによるウクライナ侵攻は，国際法・国際規範の遵守といった米国が標榜してきた国際秩序へ根本的な挑戦も突きつけている。日米同盟は，軍事による衝突を抑止したり対処したりすることがその主要な機能として位置づけられているが，日米両国のみで国際秩序の維持や構築を行っていくことは難しい（防衛省

2022)。これは，現在の国際的「正当性」が主に多国間主義に依拠していることからもわかる。

　そのなかで，多角的安全保障枠組みは，国際戦略環境の安定を促すとともに，国際秩序の維持・構築に役に立つ。問題は，東アジア地域における「ハブ・アンド・スポークス」システムと ASEAN 関連の対話フォーラムという既存の枠組みが，現在の戦略環境に対処するには不十分であるという点である。そのため，同地域がもつ選択肢としては既存のシステムを改善させるか，もしくは新たな枠組みを構築していくということになるが，システム改変における多国間での交渉は難航しやすい。そのため同志国との間で新たな枠組みを構築することが比較的容易な選択肢となり，クアッド，AUKUS，IPEF が設立されていった。今後，このようなミニラテラルな多国間枠組みがさらに構築されていくかは不透明ではあるが，その可能性は否めないだろう。

　ただ，東アジアやインド太平洋地域における安全保障システムが変化しつつあるといっても，既存の枠組みが全く機能しなくなったわけではない。「ハブ・アンド・スポークス」システムは抑止力や危機時の対処能力を地域に提供しているし，ASEAN は緊張状態にある大国の重要な対話の場にもなっている。そのため，新たな枠組みが確立された場合，それらの既存の枠組みと相互補完的な関係を築いていくには，制度間のコミュニケーションや役割分担の明確化が求められるだろう。

　多角的安全保障の枠組みは，将来の環境変化にも対応できる戦略上の柔軟性を与えてくれる。国際安全保障環境の変化が著しい現在，日本は日米同盟の堅持とともに，同盟以外の政策オプションを模索し，地域や国際的な多国間安全保障枠組みやミニラテラリズムを支援・強化している。

📖 文献紹介

① 武田康裕・神谷万丈編『新訂第 5 版 安全保障学入門』亜紀書房，2018年。
　　国際関係において最も重要な問題の 1 つである安全保障についての入門書。安全保障問題を考える際に必要な理論を提示しており，それらの分析枠組みを活用して現実の問題を考えることができる。日本の安全保障政策がここ数年で目まぐるしく変化したため，最終章の「日本の安全保障政策の基本知識」はアップデートが必要であるが，同盟関係，多国間安全保障，伝統的・非伝統的安全保障といった基本の

安全保障概念を整理・理解することができる良書。

② 添谷芳秀『安全保障を問い直す―「九条―安保体制」を越えて』NHK 出版，2016年。

　　日本の安全保障論議は，戦後より憲法 9 条を根拠に非武装を主張する護憲の「左派」と，米国との安全保障体制を堅持しつつ徐々に自己防衛能力を整備していく「右派」との間で見解が分かれていた。現実には憲法 9 条と日米安保を共存させて安全保障政策を行ってきたが，国際環境の変化によりこの政策は限界に達してきている。これらの分析を背景に，添谷は多国間の国際協調主義をとる第三の選択肢として「『左』からの改憲」を主張する。右派，左派の論拠を明らかにし，日本の安全保障政策の変遷をまとめている。

③ 小川和久『日米同盟のリアリズム』文藝春秋，2017年。

　　中国の海洋進出によるアジア諸国との緊張や北朝鮮の核開発といった不安定要因をもつ現在の東アジア安全保障環境において，日米同盟が安全保障環境の安定化に大きな役割を果たしているという立場をとる。書名のとおり，リアリズムの勢力均衡論を背景に，日米同盟の戦力による抑止力によって東アジア地域は緊張のなかでも安定が保たれつつあるという点を，最近の東アジア地域情勢を組み込み分析・解説している。

［参考文献］

外務省「自由で開かれたインド太平洋（Free and Open Indo-Pacific）」https://www.mofa.go.jp/mofaj/files/000430631.pdf, 2023年 5 月30日アクセス。

古賀慶「ASEAN アーキテクチャにおける『信頼醸成』」『国際安全保障』第50巻第 3 号，2022年12月，14-32頁。

首相官邸「第二百十一回国会における岸田内閣総理大臣姿勢方針演説」2023年，https://www.kantei.go.jp/jp/101_kishida/statement/2023/0123shiseihoshin.html, 2023年 5 月30日アクセス。

内閣府「国家安全保障戦略について」2013年，https：//www.cas.go.jp/jp/siryou/131217anzenhoshou/nss-j.pdf, 2023年 5 月30日アクセス。

防衛省「国家安全保障戦略について（令和 4 年12月16日・国家安全保障会議決定・閣議決定）」2022年，https://www.mod.go.jp/j/policy/agenda/guideline/pdf/security_strategy.pdf, 2023年 5 月30日アクセス。

ASEAN 日本政府代表部「ASEAN と日本：友好協力50周年から未来に向けて」2023年，https://www.asean.emb-japan.go.jp/files/100450766.pdf, 2023年 5 月30日アクセス。

【古賀慶】

第Ⅲ部────国際社会の平和と安全

第 9 章

［国　連］

日本と国連

" 国連安全保障理事会に改革は必要か，また日本は常任理事国になるべきか "

　　1956年12月18日の国連加盟後，日本は国際協調主義のもと，国連を多国間外交や国際貢献の場として重視してきました。2023年の時点で，日本の拠出額は国連通常予算，PKO 予算ともに第 3 位です。安全保障理事会の非常任理事国にも最多の12回選ばれましたが，決議の採択には拒否権をもつ常任理事国の同意が必須です。2022年 2 月24日のロシアによるウクライナ侵攻後，安全保障理事会の正統性を問う声もあるなか，日本の関与はいかにあるべきでしょうか。

【キーワード】国連安全保障理事会，国連改革，拒否権，国際公共益，人間の安全
　　　　　　　保障

はじめに

　本章では，日本外交にとって国連がどのような位置を占めるのかについて考える。**国連安全保障理事会**（以下，安保理）改革と，日本の常任理事国入りに焦点を当て，日本が国際の平和と安全にいかに関与することが妥当かを検討する。

　国連は2025年に創設80周年，日本は2026年に国連加盟70周年を迎える。2022年 2 月24日のロシアによるウクライナ侵攻を経た現在，国連，とくに安保理の正統性が厳しく問われている。このことを踏まえ，考える必要があるのは，日本が国連という国際組織といかなる関係を構築すべきかである。

　そこで，本章では，安保理の特徴と課題を把握したうえで，日本の国連政策の変遷を概観する。そのうえで，日本が国連についてどのような外交を展開すべきなのか，日本国内の世論調査結果なども活用しつつ考察してみよう。

　国連加盟国は何度も**国連改革**に取り組んできた。そのたびに，安保理改革が焦点となった。しかし，常任理事国の構成が変わるような変更は生じていない。それでも本章が日本の安保理常任理事国入りを論点にする理由は，このテーマが，日本が国連にとってどのような加盟国であるべきか・ありうるかという根本的な問いでもあるからだ。安保理常任理事国になることが日本外交にとって最適なのだろうか。もしそうでないならば，どのような外交を展開するべきなのだろうか。

1　安保理をめぐる国際政治

　国連は加盟国で構成される国家間機構である。国連の主要な活動内容は加盟国が安保理と総会で決定する。なかでも，安保理は国連の「迅速且つ有効な行動を確保するために」，加盟国は「国際の平和及び安全の維持に関する主要な責任を安全保障理事会に負わせる」こと，「安全保障理事会がこの責任に基く義務を果すに当って加盟国に代って行動することに同意する」こととされている（国連憲章第24条1項）。安保理が国連の主要な目的である国際の平和と安全を維持するうえで一義的責任を負っているのだ。とくに，紛争の解決において，安保理の優位性は明確である。国連憲章第2条4項は，加盟国に対し，武力の行使またはその威嚇を禁じている。その例外として，憲章第7章にもとづく集団安全保障の実行について，正統性を与え，具体的内容を決定できるのは基本的に安保理のみである。この点は，日本の外交を考えるうえで，また，外交・国際政治全般を学ぶ際に，安全保障・核問題・人道問題・人権などさまざまなイシューで関わってくるポイントである。

　安保理は，構成国数の少なさという点からみても，大国間協調を基礎とした政治的組織である。総会が全加盟国で構成されるのに対し，安保理を構成するのは常任理事国5か国と，2年任期で地域的配分のもとで総会が選出する10か国の非常任理事国である。2023年の時点で193を数える国連加盟国のうち，安保理メンバーは15か国にすぎない。なかでも，常任理事国5か国（米国，英国，フランス，ロシア，中国：Permanent 5，P5）は**拒否権**を有し，絶大な権限を有している。拒否権とは，手続きに関する内容以外の決議案について，常任理事

国のうち1か国でも反対票を投じれば否決される仕組みである。

　安保理が，このような，一見すると不平等な構成になっているのはなぜだろうか。理由の1つはかつての国際連盟の経験である。第一次世界大戦後，国際平和の追求を目的として設立された国際連盟は，米国の不参加，ソ連の除名，日本・ドイツの脱退など，主要国抜きの運営を余儀なくされた。そして，連盟は基本的に全会一致を原則としていたため，意思決定が遅れ，また内容も玉虫色のものになってしまうという弊害もあった。第二次世界大戦後は，これらを避けるべく，安保理常任理事国に拒否権を与えることで，大国が国連に確実に関与し続ける仕組みを確保しようとしたのである。

　安保理の機能・構成について，これまでさまざまな改革案が登場しては消えてきた。むろん，国連改革は安保理を含む機構全体のことを指すのであり，国連改革イコール安保理改革ではない。それでも，1997年にはラザリ国連総会議長が常任理事を5か国，非常任理事国を4か国拡大することを提案した（ラザリ案）。

　2005年は，国連創設60周年を前に，安保理改革は百花繚乱といった状況であった。アナン事務総長（当時）が，自身の設置したハイレベルパネルの報告書をもとに，3つの安保理改革案を提示した。すなわち，①常任理事国を6，非常任理事国を3拡大するA案，②従来の非常任を1，新しい非常任（任期を4年に伸ばし再選も可）を8拡大するB案，③A，Bをもとにしつつも新しいもの，であった。事務総長案以外にも，日本，ドイツ，インド，ブラジルのG4案，G4への対抗軸としてのコンセンサスグループ（UFC）案，アフリカ

図9-1　2005年に提示された主な改革案

G4案			UFC案			AU案		
常任理事国	11か国	現5＋6〈アフリカ枠2〉	常任理事国	5か国	（現状維持）	常任理事国	11か国	現5＋6〈アフリカ枠2〉
非常任理事国	14か国	現10＋4〈アフリカ枠1〉	非常任理事国	20か国	現10＋10〈アフリカ枠3〉	非常任理事国	15か国	現10＋5〈アフリカ枠2〉
拒否権	新常任理事国は当面拒否権を行使しない		拒否権	全常任理事国が行使を抑制		拒否権	新常任理事国にも付与	

出典：外務省HP。

連合の AU 案が提示されるなど，さまざまな案が浮上した。G 4 案をみてもわかるとおり，日本としては，常任理事国の拡大を求めつつも，拒否権については「当面」行使しないという条件を付すことにより自国の常任理事国入りを目指す政策をとった。しかし，いずれの案も安保理の投票に付されることはなかった。

　実際に国連創設後，安保理の構成について変更が行われたのは，1965年の憲章改正により非常任理事国数を 6 から10へ拡大したのみである。なぜ安保理改革が進まないのか。まず，P 5 が自分たちの権限を制約する・弱体化させるような変更に同意することは難しい。仮に P 5 が同意したとしても，安保理の構成の変更については，アジア，アフリカ，欧州といった各地域グループ内での国家間関係に起因するさまざまな駆け引きが行われるだろう。たとえば，中国・韓国は日本の常任理事国入りに否定的である。ドイツに対してはイタリアが，インドに対してはパキスタンが，ブラジルに対してはアルゼンチンなどが否定的とみられる。常任理事国入りは「各地域の盟主」を決めることに等しいからだ。さらに，アフリカから何か国，どこを加えるべきなのか決めることも容易でない。

　このように，国連はまさに国際政治のアリーナ（闘技場）であるとともに，議論・交渉のプロセスを通して規範や基準を作っていく秩序形成の舞台でもある。日本がそのなかでどのような理念をもって政策を実行するのかは，安保理改革を含め，非常に重要な論点である。

2　日本外交にとって国連とは

2-1　数字からみる日本と国連の現状

　それでは，日本と国連の関係について概観していこう。政府が，2022年12月16日，10年ぶりに改定した「国家安全保障戦略」（内閣官房 HP）は，以下のとおり記述している。

　　国連は，紛争対処，人道支援，平和構築，人権の擁護・促進，気候変動，食料危機，自然災害，難民問題等の幅広い分野で役割を果たしており，国連及び国連をめぐ

る各国との協力を強化し，多国間協力を一層進める。同時に，国連安保理常任理事国が紛争当事者の場合には国連安保理が十分に機能しないなど，国連に内在する限界が顕在化していることを踏まえ，国連安保理の改革を含めた国連の機能強化に向けた取組を主導する。

　世論はどうだろうか。内閣府の2022年世論調査によれば，日本の安保理常任理事国入りについても賛成が多数派である。かつ，この傾向は2021年9月調査時とほぼ同様である。

　冒頭でも述べたとおり，日本政府の財政的貢献は大きく，長年にわたり米国

図9-2　国連安全保障理事会の常任理事国入りについての賛否

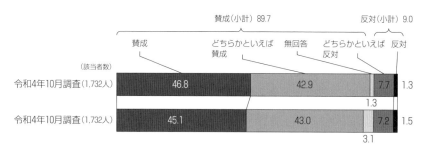

出典：「内閣府世論調査　令和4年10月」概要版。

表9-1　主要国の国連通常予算分担率　（単位：%）

順位(注)	国名	2019から2021年	2022から2024年
1	米国	22	22
2	中国	12.005	15.254
3	日本	8.564	8.033
4	ドイツ	6.09	6.111
5	英国	4.567	4.375

表9-2　主要国の国連PKO予算分担率　（単位：%）

順位(注)	国名	2021年	2022年	2023から2024年
1	米国	27.8908	26.9493	26.9493
2	中国	15.2195	18.6857	18.6857
3	日本	8.564	8.033	8.033
4	ドイツ	6.09	6.111	6.111
5	英国	5.7899	5.3592	5.3592

注：国連PKO予算に関し，安保理常任理事国は，国際の平和と安全に特別の責任を有する国として，通常予算分担率から割り増しされ，逆に途上国はその所得水準に応じて割り引かれている。日本の2022年のPKO予算分担率は，通常予算分担率と同じ8.033%。
出典：外務省HP「国連外交　日本の分担金・拠出金」。

に次ぐ第 2 位であった。しかし，国連通常予算は2020年から，PKO 予算は2016年から日本と中国が入れ替わった。日本は，2022年の通常予算では約 2 億3,076万米ドル，PKO 予算（2022-23年）では約 5 億1,833万米ドルを分担した（外務省 2023）。

　人的貢献をみてみると，2021年12月末時点で国連機関に勤務する専門職以上の邦人職員は956人であり，過去最多であった（外務省 2023）。しかし，全体の2.4％に過ぎず，加盟国の人口や分担率を反映した国連事務局の「国籍別の望ましい職員数」も下回っている。

　PKO 要員（制服組）についてはミッションごとに要員提供国の構成がことなるため，「望ましい数」というものは存在しない。それでも，日本が提供しているのは2023年 5 月末時点で南スーダン PKO（UNMISS）の司令部要員 4 名（男性 3 名，女性 1 名）のみで，PKO への要員提供国123か国のうち104位である（The United Nations 2023）。昨今，南アジアとアフリカの国々が PKO 要員提供国の上位を占める一方，欧米諸国は非常に抑制的である。これは，カネ・ノウハウを出す先進国と人を出す途上国という「国際分業」ともいえる。そのようななか，安保理常任理事国の中国が2000年代後半から1000人規模で要員を派遣し，2023年 5 月末時点では10位の2,273人を提供している点は注目に値する。日本の安保理常任理事国入りを考える場合，このような現状が妥当なのか，憲法や国内政治だけでなく，国際公共益の確保・促進という観点からも検討が必要だろう。

2－2　日本の国連政策の変遷

　次に，日本の国連政策がどのように行われてきたか概観してみよう。

　そもそも，日本の国連加盟は1956年であった。日本が1951年のサンフランシスコ講和条約で国際社会への復帰を果たすとともに，国連への加盟申請を盛り込んだものの，ソ連の拒否権行使に阻まれた経緯もまた，冷戦期の米ソ対立，国際政治を反映していたといえよう。日本の国連加盟は，日ソ共同宣言の成立を待たねばならなかったのである（白川 2009）。

　加盟まもなく1958年に非常任理事国となった日本は，岸信介政権で外交政策の主軸の 1 つとして「国連中心主義」を掲げ，レバノン危機やラオス問題に関

し重要な役割を果たした（村上 2016）。日米同盟というもう１つの，そして最も重要な外交の軸が二国間の安全保障政策とすれば，国連中心主義は多国間の安全保障政策であり，それを展開する重要な場が安保理であった。

　冷戦後，1991年の湾岸戦争時に日本は多国籍軍の派遣に多大な財政的貢献をしながらも，国際的なインパクトに欠けたという自己認識から，政治的影響力の拡大と国連を通じた国際協力への人的貢献を志向する。1992年の国際平和協力法（PKO法）成立とカンボジアPKOへの自衛隊派遣はそのあらわれの１つといえよう。

　日本が1990年代から現在に至るまで日本の安全保障にとって最重要課題の１つとなっている北朝鮮の核・ミサイル問題では，たとえ日本が安保理の非常任理事国であっても，常任理事国の拒否権の前ではときに無力であることを痛感することとなった。北朝鮮に対する具体的な制裁を盛り込んだ安保理決議の採択は中国の反対により実現せず，法的拘束力をもたない議長声明となる場面が国内でも報道された。

　2000年代前半には，米国同時多発テロ事件，その後のアフガニスタン戦争，イラク戦争など，日本が日米同盟と国連における多国間協力との間での外交手腕を問われる出来事が相次いだ。おりしも，1990年代半ばからの国連による紛争対応に批判や幻滅感が募っていたこととも相まって，安保理の正統性も議論の的となった。先に述べた2005年の安保理改革を求める機運は，国連創設60周年だけでなく，加盟国にとって国連が果たして「使える」組織なのか，再度考える機会でもあったのだ。

　日本は2023–25年に12回目の非常任理事国に選出された。他方，非常任理事国の枠は地域ごとに割り当てられており，アジア・太平洋は２か国である。すでに他のアジア諸国が立候補の意思を示していることから，日本政府は次の立候補を2032年とする見通しである（読売新聞 2023）。現在，日本の国連政策は，国際公共益の追求と，日本としての国益追求いう２つの側面がある。前者としては，平和維持・平和構築や核軍縮（詳しくは第**10・11**章以降を参照），概念構築を通した知的貢献（**人間の安全保障**，法の支配，持続可能な開発目標〔SDGs〕など）があげられる。後者としては，北朝鮮問題への対処などがあげられよう。

3　日本は安保理常任理事国になるべきか

それでは，日本ははたして安保理の常任理事国になるべきなのだろうか。

3-1　賛成する見解

常任理事国になるべきだという意見でまずあげられるのは，日本が国際社会でより大きな役割を果たすべきであるし，その資格がある，という考えである。もちろん，安保理常任理事国入りのみによって日本の国際貢献が実現するわけではない。しかし，12回の非常任理事国経験をもち，国連に対する財政的貢献も大きく，唯一の戦争被爆国である日本が常任理事国として果たしうる役割は小さくない，との意見は一定の説得力をもっている。

第二の賛成意見は，安保理の決定に日本，ひいてはアジア諸国の国益を反映させることは重要であり，そのために常任理事国になるべきである，という考えである。いずれの意見も，安保理という国際政治の中枢に常に身を置くことが死活的に重要という立場である。拒否権の有無については見解にバリエーションがあるだろう。

先にあげた2022年10月の世論調査（複数回答可）をみても，日本が常任理事国になることに賛成する理由として，「世界における日本の地位からすると，世界の平和構築のために積極的に参画していくべきだ」という回答が22.4%，

図 9-3　日本の常任理事国入りに賛成する理由

（日本が安保理の常任理事国に加わることに「賛成」，「どちらかといえば賛成」と答えた者に）

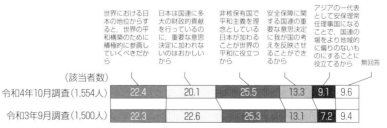

（該当者数）	世界における日本の地位からすると、世界の平和構築のために積極的に参画していくべきだから	日本は国連に多大の財政的貢献を行っているのに、重要な意思決定に加われないのはおかしいから	非核保有国で平和主義を理念としている日本が加わることが世界の平和に役立つから	安全保障に関する国連の重要な意思決定に我が国の考えを反映させることができるから	アジアの一代表として安保理常任理事国になることで、国連の場をより地域的に偏りのないものにすることに役立てるから	無回答
令和4年10月調査（1,554人）	22.4	20.1	25.5	13.3	9.1	9.6
令和3年9月調査（1,500人）	22.3	22.6	25.3	13.1	7.2	9.4

出典：「内閣府世論調査　令和 4 年10月」概要版（2023年 2 月 3 日）。

「非核保有国で平和主義を理念としている日本が加わることが世界の平和に役立つ」が25.5%と，第一の理由をあげる声は多い。また，「日本は国連に多大の財政的貢献を行っているのに，重要な意思決定に加われないのはおかしい」という回答が20.1%，「安全保障に関する国連の重要な意思決定に我が国の考えを反映させることができる」が13.3%であり，第二，第三の理由も一定程度の説得力をもっていることがわかる。さらには，「アジアの一代表として安保理常任理事国になることで，国連の場をより地域的に偏りのないものにすることに役立てるから」という回答も9.1%あり，グローバルな国連におけるリージョナルな立ち位置を重視する見解もみられる。

3-2　反対する見解

　他方，日本が安保理の常任理事国になることには反対という考えもある。理由としては，たとえば，日本が常任理事国になっても独自の外交を展開できるとはいえない，という見方があげられる。日米同盟を結んでいる米国と行動をともにする結果，日本独自の外交を展開することは実質的に難しい，という認識である。たとえば，ドリフテは1994年から始まった安保理改革作業部会を事例として，日本が独自の外交を展開できなかったと指摘している。その理由として，とくにドイツがときには米国をも批判し，独自案を他の加盟国に提示して議論を展開したのに対し，日本が米国に遠慮してあいまいな態度をとっていたことをあげている（ドリフテ 2000）。これに対して，たとえば北岡は国連大使

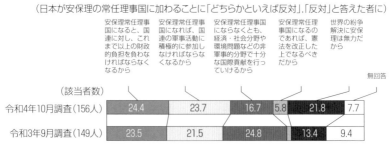

図9-4　日本の常任理事国入りに反対する理由

（日本が安保理の常任理事国に加わることに「どちらかといえば反対」，「反対」と答えた者に）

	安保理常任理事国になると，国連に対し，これまで以上の財政的負担を負わなければならなくなるから	安保理常任理事国になれば，国連の軍事活動に積極的に参加しなければならなくなるから	安保理常任理事国にならなくとも，経済・社会分野や環境問題などの非軍事的分野で十分な国際貢献を行っていけるから	安保理常任理事国になるのであれば，憲法を改正した上でなるべきだから	世界の紛争解決に安保理は無力だから	無回答
令和4年10月調査(156人)	24.4	23.7	16.7	5.8	21.8	7.7
令和3年9月調査(149人)	23.5	21.5	24.8	13.4		9.4

出典：「内閣府世論調査　令和4年10月」概要版。

の経験から，日本が必ずしも米国の「第 2 の票」になるわけではないとしている（北岡 2007）。安保理においては決議案の作成プロセスが最も重要であり，その過程で展開する外交のバリエーションには幅がありうるからだ。

　第二の反対意見は，日本の負担が増えるというものである。とくに PKO への自衛隊派遣など，人的貢献と絡めて議論されることが多い。常任理事国になるには，財政面だけでなく，軍事面でも一層の関与を求められるのではないか，という懸念である。

　世論調査では，「安保理常任理事国になれば，国連の軍事活動に積極的に参加しなければならなくなる」という回答が24.4％，「安保理常任理事国になると，国連に対し，これまで以上の財政的負担を負わなければならなくなる」が23.7％と，安保理常任理事国入りと日本の負担増大とを関連づける意見が最も多い。「安保理常任理事国にならなくとも，経済・社会分野や環境問題などの非軍事的分野で十分な国際貢献を行っていける」という回答が16.7％，「安保理常任理事国になるのであれば，憲法を改正した上でなるべきだ」が5.8％である点も，安保理常任理事国になることと軍事的貢献とを関連づけているあらわれといえる。

　なお，注目すべき意見として，「世界の紛争解決に安保理は無力だ」という回答が21.8％であり，前年の13.4％よりも増加している。安保理の正統性や影響力そのものに懐疑的な考えもあるのだ。

おわりに

　日本外交の論点として，国連との関係は常に政策レベルで検討されてきた課題であった。その過程は，日本外交が国際公共益と国益をどのようなバランスで追求すべきかを問うものでもあった。そこで問われるべきは，日本が国際関係においていかなる立ち位置にあり，どのような役割を果たしうるのかという点である。大芝によれば，2000年代半ばの安保理改革をめぐる議論で，日本が常任理事国になるべきであるとか，なれる資格があるとの議論は多く展開されたが，他方，なることができるのか，という点での議論は少なかった（大芝 2016）。これは日本の国連加盟以来，残念ながら欠けてきた視点ではないか。

日本は，国家中心の伝統的な安全保障観だけでなく，人間個々人の安全保障を追求する「人間の安全保障」を外交理念の柱としてきた。開発協力や紛争後の国家・社会再建においても地道な活動を続けている。他方，唯一の戦争被爆国でありながら，核兵器禁止条約には署名していない。日本の常任理事国入りの是非を議論することは，国際社会における日本の理想像だけでなく，現在のありのままの姿を再認識する機会でもあるといえる。

　「国家安全保障戦略」（内閣官房HP）は，「人類が過去一世紀近くにわたって築き上げてきた武力の行使の一般的禁止という国際社会の大原則が，国際社会の平和及び安全の維持に関する主要な責任を有する（中略）常任理事国により，あからさまな形で破られた。」として，国連憲章体制の危機を指摘している。私たちが検討すべきは，国際秩序を維持することのできる安保理のかたちと，その枠組みにおいて日本に何ができるかである。

📖 文献紹介

① 小林義久『国連安保理とウクライナ侵攻』筑摩書房，2022年。
　　著者は現職のジャーナリスト。2022年2月のロシアによるウクライナ侵略直前から国連安保理で展開した外交を主題としながらも，グローバル・イシューに対峙する安保理をリアルな観点から論じている。戦後の国際秩序から，核兵器，中国の台頭，テロリズム，ひいては台湾有事シミュレーションに至るまで，安保理のあり方が国際社会の抱える諸問題といかに表裏一体であるか理解できる。

② 竹内俊隆・神余隆博編『国連安保理改革を考える―正統性，実効性，代表性からの新たな視座』東信堂，2021年。
　　安保理がなぜ現在の姿なのか，加盟国の立場からはどのようにみえているのか。安保理改革の論点を整理するとともに，多角的な検証に挑んだ労作。政治のアリーナとしての国連安保理に身を置いた元実務家と，国連安保理を分析対象としてきた研究者双方の観点が盛り込まれている。人権保障や経済制裁，投票行動など具体的論点を通して安保理のあり方を論じている。英国，米国，フランス（P3）やアフリカといった加盟国の視点は，日本にとっての安保理改革を考えるうえでも示唆深い。

③ 北岡伸一『国連の政治力学―日本はどこにいるのか』中央公論新社，2007年。
　　著者は日本外交史家であり，2004年4月から2006年9月まで，特命全権大使・日本政府国連代表部次席代表として勤務した。国連を国際政治の場ととらえる視点が重要であるという認識のもと，安保理改革が活性化した2005年の動きを分析してい

る。著者は，日本国内の無条件な国連礼賛も国連軽視も排すべきとし，日本が安保
理内の外交に継続して関与することが最重要と論じる。

［参考文献］
植木安弘『国際連合―その役割と機能』日本評論社，2018年。
大芝亮「戦後70年と日本の国連外交」『国連研究』第17号，2016年6月，77-92頁。
外務省「国連外交」http://www.mofa.go.jp/mofaj/gaiko/un.html，2023年8月11日アクセス。
外務省「安保理改革の経緯と現状」2022年，http://www.mofa.go.jp/mofaj/gaiko/un_kaikaku/
　　kaikaku 2 .html，2023年8月11日アクセス。
外務省『令和5年版外交青書』2023年，https：//www.mofa.go.jp/mofaj/files/100523089.
　　pdf，2024年2月20日アクセス。
北岡伸一『国連の政治力学―日本はどこにいるのか』中央公論新社，2007年。
白川義和『国連安保理と日本』中央公論新社，2009年。
瀬岡直「国際連合における拒否権の本質的制約―ウクライナ情勢におけるロシアの拒否権
　　をめぐって」『国連研究』第24号，2023年6月，103-130頁。
ドリフテ，ラインハルト，吉田康彦訳『国連安保理と日本―常任理事国入り問題の軌跡』
　　岩波書店，2000年。
内閣府大臣官房政府広報室「外交に関する世論調査（令和4年10月調査）」2023年，https://
　　survey.gov-online.go.jp/r04/r04-gaiko/index.html，2023年8月11日アクセス。
内閣官房「国家安全保障戦略について」https://www.cas.go.jp/jp/siryou/221216
　　anzenhoshou.html，2023年8月11日アクセス。
村上友章「冷戦終結後の安全保障理事会と日本―『失われた20年』の国連外交」『国際安全
　　保障』第43巻第4号，2016年3月，8-22頁。
山田哲也『国際機構論入門（改訂版）』東京大学出版会，2023年。
読売新聞「32年出馬　苦渋の決断　日本　不在長期化　外交痛手　非常任理事国」2023年
　　5月23日。
The United Nations "Monthly Summary of Military and Police Contributions to United
　　Nations Operations," 2023, https://peacekeeping.un.org/sites/default/files/00-front_
　　page_msr_may_2023.pdf，2023年8月11日アクセス。

［井上実佳］

平和維持／平和構築をめぐる論争の構図

" 日本は紛争地の平和維持や平和構築のために,
自衛隊を積極的に海外に派遣すべきか "

　世界各地で起こる武力紛争に際し，多国籍軍や国連平和維持活動（PKO）が派遣され，現地の平和維持や平和構築のための活動がなされることがあります。このような活動に自衛隊を積極的に派遣するべきか否かについて，日本国内ではさまざまな議論が戦わされてきました。平和維持／平和構築における武力の役割をめぐって国際社会全体で試行錯誤が続くなか，自衛隊の海外派遣の是非をどのように考えればよいのでしょうか。

【キーワード】多国籍軍，PKO，国際協調，国際的評価，政策効果

はじめに

　武力のせいで平和が壊れることもある一方で，武力によって平和がつくられることもある。このすっきりとは割り切れないジレンマこそ，戦争と平和について考える際の最も根本的な難問の 1 つだといってよいだろう。本章で扱う「自衛隊による平和維持／平和構築」は，まさに，そのようなテーマである。

　ここで平和維持とは，武力紛争終了後の平和な状態を持続させることであり，紛争当事者の間に入って停戦を第三者として監視すること（停戦監視・兵力引き離し）が典型例である。平和構築とは，そのような平和な状態を定着させることで，紛争の再発を防止し永続的な平和を目指す，より長期的な試みである。これらの活動には，国連安保理の許可を得た**多国籍軍**や PKO があたることが多いが，国連の統括しない有志連合などが行うこともある。自衛隊は，多国籍軍が展開したイラクや PKO が展開したカンボジアや南スーダンなどに

これまで派遣されてきた（庄司 2015；本多 2017；上杉・藤重 2018；井上ほか 2020；加藤 2023）。

　なお，かつての PKO は，停戦合意の存在・受け入れ同意の存在・中立性という原則を有し，停戦監視と兵力引き離しを主たる任務としていたが，今日では，その機能が拡大している。選挙支援や治安部門の改革などの平和構築の任務が PKO に与えられるようになってきたが，これには中央政府の統治能力を向上させることで紛争再発を防ぐねらいがある。また，停戦合意や和平合意の進展を阻害する当事者については，他の当事者と等しく扱う必要はないとの見解が強まり，中立（neutral）という表現が不偏（impartial）に改められるようになり（UN Document, A/55/305-S/2000-809 ［21 August, 2000]），内戦においてはすべての紛争当事者の特定が必ずしも容易ではないことから，主たる紛争の当事者の合意や同意が基本原則とされるようになった（UN DPKO/DFS ［18 January, 2008]）。そして，上記の原則を堅持しつつも文民の保護のためには武器使用が認められるという，「強力な（robust）PKO」が志向されるようになっている（UN Document, A/55/305-S/2000-809 ［21 August, 2000]；UN DPKO/DFS ［18 January, 2008]）。

1　自衛隊による平和維持／平和構築

　日本において，自衛隊の海外派遣をめぐる議論が活性化する契機となったのは，1990年の湾岸危機であった。湾岸危機に際しての国連平和協力法案は廃案になったものの，国際平和協力法（1992年），テロ対策特別措置法（2001年），イラク復興支援特別措置法（2003年），安全保障の法的基盤の再構築に関する懇談会（いわゆる安保法制懇）報告書（2008年，2014年），そして平和安全法制（いわゆる安保法制）（2015年）と報告書や法律が積み重ねられるにつれ，徐々に海外派遣に積極的な方向に変化してきた。冷戦期には，多国籍軍にも PKO にも関わることのなかった自衛隊であるが，多国籍軍への協力と PKO への参加の範囲が次第に大きくなっていったのである（日本政府は，多国籍軍について参加は認められず協力のみが認められるが，国連 PKO への参加は認められるとしてきた。参議院「国際平和協力等に関する特別委員会」議事録 1992年 4 月28日）。本節では，多国籍

軍と PKO とに分けて，どのような点が議論されてきたのかを素描しておこう（田中 1997；中村・嘉治 2015）。

1-1　多国籍軍をめぐる論点

　まず，多国籍軍の活動に対して自衛隊を派遣することができるか否かについて，派遣できるとする立場と憲法 9 条違反のため派遣できないとする立場とがある。前者は，さらに，多国籍軍に参加できるとする立場と，武力行使と一体化しない範囲で協力（後方支援など）のみできるとする立場とに分かれる。現在の日本政府は，協力のみ可能という理解を示している。一方，後者は，参加も協力も認められないとする立場である（図10-1）。

　現在の政府の理解は，湾岸戦争時の多国籍軍への派遣を念頭に置いた国連平和協力法案が廃案になった後，「9・11」後のアフガニスタンやイラクへの派遣を目指したテロ対策特別措置法（2001年）やイラク復興支援特別措置法（2003年）で立法化された。安保法制懇報告書（2014年）は，さらに踏み込んで参加も可能であると提言をしたが，同年の閣議決定では棚上げされ，安保法制（2015年）をめぐる議論においても言及されることはなかった。ただし，安保法制では，従来は特別措置法（時限法）による立法化であったのが，国際平和支援法という恒久法として新たに制定された。また，国連の統括しない有志連合などの活動について，国際連携平和安全活動という概念が国際平和協力法内に新たに設けられ，これに参加できることとなった。この 2 点においては，安保法制を通して，いくぶん積極的な方向に動いたといえる。

1-2　PKO をめぐる論点

　まず，PKO の活動に対して自衛隊を派遣することができるか否かについて，憲法 9 条違反のため派遣できないとする立場と，派遣できるとする立場とがある。後者は，さらに，強力な PKO にも参加できるとする立場と，伝統的 PKO のみに参加できるとする立場がある。現在の日本政府は，伝統的 PKO にのみ参加可能という理解を示している（図10-2）。

　これは，国際平和協力法（1992年）で立法化された。その際，いわゆる「PKO 五原則」，すなわち，①停戦合意，②紛争当事者の受け入れ同意，③中立性と

図10- 1　多国籍軍をめぐる論点

出所：筆者作成。

図10- 2　PKO をめぐる論点

出所：筆者作成。

いった当時の国連における三原則に加え，④三原則のいずれかが満たされない場合は撤収，⑤武器使用は自衛に限る，といった原則が設定された。武器使用は，PKO 要員の生命・身体の防護（正当防衛や緊急避難）に限るとされ，任務遂行の妨害を排除するための武器使用は認められず，自衛隊の拠点から離れた場所で文民や他国の部隊等が襲われた場合に救援すること（駆けつけ警護）もできないとされた。

その後，安保法制懇報告書（2014年）は，強力な PKO への参加を念頭に，PKO 五原則の停戦合意や受け入れ同意について，「全ての紛争当事者の同意」ではなく「主たる紛争当事者の同意」へと変更するよう提言をしたが，多国籍軍への関与をめぐる取り扱いと同様に同年の閣議決定では棚上げされ，安保法制（2015年）をめぐる議論においても言及されることはなかった。一方，安保法制では，任務遂行のための武器使用や駆けつけ警護が新たに認められるなど，いくぶん積極的な方向に動いた面もあった。

1-3　積極派と消極派

以上のように，多国籍軍についても PKO についても「できる」ことが増えてきている。もっとも，「できる」ことと「すべき」こととは必ずしも重なら

ない。本章では，これより「多国籍軍への参加を認めるべきか」，「PKO への参加の度合いを高めるべきか」の 2 点について，どのような主張があるのかをみていこう。

　まず，多国籍軍への協力と伝統的 PKO への参加という現状に対して，「まだ足りない」と考えている人々がいる。このような人々を「積極派」と呼ぶことにしよう。一方，「もう十分」，あるいは「すでにやりすぎ」だと考えている人々もいる。両者には現状への評価に質的な差異があるが，紙幅の制約があるなか煩雑さを避けるため，ここではまとめて「消極派」と呼ぼう。

　以下，積極派と消極派の論拠について確認していく。「積極派は国際協調に熱心だが，消極派は一国平和主義的」といったような両者の対照がしばしば強調されるが，それは本当なのだろうか。むしろ，それぞれの論拠を整理していくと，国際協調と国際的評価を重視する点で共通していることがみえてくる。

2　海外派遣積極派の論拠

　積極派の論拠としては，少なくとも以下の 2 点を指摘できる。国際協調が必要とされる活動に自衛隊が加わることで国際社会のために役立とうとする面と，自衛隊派遣という目にみえやすい貢献をすることで国際的な評価を得ようとする面である。

2-1　国際協調の重視

　積極派は，国際協調の重要性を論拠としてあげることが多い。「国際社会全体が対応しなければならないような深刻な事案の発生が増えている……国連 PKO を例にとれば……近年，軍事力が求められる運用場面がより多様化し，復興支援，人道支援，海賊対処等に広がるとともに，世界のどの地域で発生する事象であっても，より迅速かつ切れ目なく総合的な視点からのアプローチが必要となっている。こうした国連を中心とした紛争対処，平和構築や復興支援の重要性はますます増大しており，国際社会の協力が一層求められている」（安保法制懇報告書 2014）といったように，国際協調の必要性が強調される。

　その際には，しばしば憲法前文や98条の国際協調主義に言及される（安保法

制懇報告書 2014）。憲法 9 条を理由に自衛隊の海外派遣に慎重な姿勢が示されることが多いが，同じく憲法に拠り所を求めるかたちで積極的な見解を導き出しているわけである。

2－2　国際的評価の重視

積極派が国際的な評価を重視するのは，「湾岸戦争のトラウマ」ともいうべき教訓に由来する。イラクのクウェートへの侵略に対する集団安全保障措置としてなされた湾岸戦争への協力を求められた日本は，増税をして総額130億ドルの財政支援を行った。しかし，戦後にクウェート政府が感謝の意を表明した広告のなかに日本の名はなく，これは自衛隊派遣という目にみえやすい貢献をしなかったためだと一部で受け止められた。実際，国際平和協力法案提出当時の外相は，湾岸戦争の際の資金協力が国際的に評価されなかったことが法案提出の理由の 1 つであると国会の答弁で明言している（衆議院「国際平和協力等に関する特別委員会」議事録 1991年10月 1 日）。

もっとも，国際社会全体というよりは，米国からの評価をとくに気にかけている節もある。この点については，米国の意向に応じて海外の活動に参加することには比較的積極的でありながら国連 PKO への参加には消極的である日本政府の傾向を問題視する見解（北岡 2010）や，日本においては，国連の集団安全保障措置への取り組み強化の是非が，米国からの要請に応えるべきか否かという論点に容易に転換しうるため，国連の集団安全保障を正面から論じにくいという指摘（山田 2014）がある。

3　海外派遣消極派の論拠

消極派の論拠としては，少なくとも以下の 2 点を指摘できる。国際協調が必要とされる活動に武力をできる限り使わずして加わることで国際社会のために役立とうとする面と，戦前の日本に回帰するのではないかという懸念から専守防衛を維持することで国際的な評価を得ようとする面である。

3-1　国際協調の重視

　消極的な姿勢を示す人々とて，国際協調に関心を払っていないわけではなく，「武力にできる限り頼らない平和維持・平和構築」が模索されてきた点に注意が必要である。実際，国連平和協力法案の廃案直後，自民・公明・民社の3党が，PKOに参加するために自衛隊とは別の新しい組織を作るという点で合意していた時期がある。この合意は政策に結実しなかったが，その後もいくつかの構想が示されてきた。

　たとえば，自衛隊とは別組織としてPKO待機部隊（国連版の警察機動隊組織）を常設するという提案がなされている。平和維持や平和構築には，人を殺すことを想定する軍隊とは違った性質の特別な訓練が必要だとの理解が，その背景にある。そして，そのような警察的な組織を日本のみならず各国が設けることによって，国際社会全体が市民社会のルールに従うようになる効果も期待されている（坂本1997）。また，自衛隊のなかに民生協力部門を設け，「人間の安全保障活動部隊」としてPKOにおける地雷除去等の任務にあたる構想も示されている。ここでも，やはり平和維持や平和構築においては，戦闘が任務の軍隊よりも専門の訓練を受けた部隊のほうが優位性をもつという認識が提言の背景にある（前田2015）。

3-2　国際的評価の重視

　いま1つは，専守防衛を維持することで国際的な評価を得ようとする面である。大きな堤防も蟻の一穴から崩れることがあるように，たとえ国際協力のためであっても，ひとたび自衛隊を海外に派遣してしまえば，戦前の旧日本軍のような侵略行為が将来行われるようにならないとも限らず，諸外国に不安を与えかねないという懸念（「蟻の一穴」論）である。それゆえ，憲法9条による制約が尊重され，自衛隊は最低限度の自衛のためにのみ用いられるべきである（専守防衛）とされる。

　こうした主張が一定の説得力をもつ背景には，自衛隊の海外派遣を主導してきた政権が，しばしば復古主義的な姿勢をみせてきたことがある（遠藤2015）。とくに，旧日本軍の侵略責任を否定するかのような言動がとられることへの懸念は強く，平和維持や平和構築に際しての部隊派遣の必要性を一般的

に認めながらも，こと自衛隊の海外派遣については慎重な態度が示されることもある（坂本 1997）。

おわりに

　以上のとおり，平和維持や平和構築のために「何かしなければならない」ということは積極派と消極派の間で共有されているものの，その「何か」については，過去の歴史や現行憲法への評価の違いから結論を異にしている。四半世紀にわたり未解決のまま残されている論点であるが，国際協調や国際的評価など重視している観点は同じなだけに，より実質的な対話の可能性を見出せないだろうか。もし積極派の立場をとるのであれば，消極派の戦前回帰への不安を払拭するような案を考えてみたり，消極派の立場をとるのであれば，積極派の湾岸戦争のトラウマを払拭するような案を考えてみたりしてほしい。

　もっとも，積極派・消極派の双方に共通して欠けがちな点も指摘できる。**政策効果**（ここでは，現地の平和維持や平和定着に対する効果と定義する）をめぐる議論である。自衛隊の海外派遣に積極的な立場をとるのであれば，その論拠として，十分な政策効果が期待できるという見通しが示されなければならないが，一般的に多国籍軍や PKO 派遣の政策効果が自明ではない以上，この予測は容易ではない。政策効果がどの程度あるのかについては研究者の間でも意見が割れており（Fortna 2004; Doyle and Sambanis 2006 ; Martin-Brûlé 2017など），国際社会の関与によりかえって現地の状況が悪化することもあるといった教訓を積み重ねながら試行錯誤を繰り返しているのが実情なのである（石田 2011）。にもかかわらず，日本では政策効果に関する議論は，四半世紀の間ほとんどみられず，あたかもそれが自明であるかのように扱われてきたといわざるをえない（中村・嘉治 2015）。さらにいえば，積極派は，自衛隊派遣に際しての政策効果の見通しを語らないばかりか，派遣がなされた後の検証さえも十分に行ってきたとはいい難い（藤原 2010）。消極派にしても，ひとたび派遣がなされれば，諦観の念が強くなるのだろうか，政策効果を問い直すことで積極派と議論しようといった姿勢はほとんど見受けられない。たとえば，国際平和協力法に反対していた人々は少なからず存在したが，自衛隊がカンボジアに派遣された後，

議論がなされることは，ほとんどなくなった（坂本 1997）。この未開拓のままの潜在的な論点についても意識しながら，議論を展開してみてはどうだろうか。

　武力のせいで平和が壊れることもある一方で，武力によって平和がつくられることもある。こうした根本的なジレンマをはらんだ難問に，容易に出せる答などあろうはずがない。本章の整理を手がかりに，未解決の論点と未開拓の論点を考え続けてほしい。

📖 文献紹介

① 藤原帰一・大芝亮・山田哲也編『平和構築・入門』有斐閣，2011年。
　　平和維持や平和構築に関する基本的な概念の解説書。具体的な事例とひもづいた解説がなされる東大作『平和構築―アフガン，東ティモールの現場から』岩波書店，2009年や，国際社会とはどのような構造の社会なのかという問題意識から平和構築の諸課題を整理する篠田英朗『平和構築入門―その思想と方法を問いなおす』筑摩書房，2013年，「国際平和協力」という日本語独自の概念を扱いながらも自衛隊海外派遣にとどまらない論点を提示する山下光『国際平和協力』創元社，2022年ともども，まずは，この問題に関する国際社会の取り組みを把握してほしい。

② 「安全保障の法的基盤の再構築に関する懇談会」（安保法制懇）報告書，2014年。
　　自衛隊の海外派遣に積極的な立場からの考察。報告書全文を首相官邸ウェブサイト（http://www.kantei.go.jp/jp/singi/anzenhosyou 2 /）よりダウンロードすることができるので，立論の根拠について確かめてみよう。そのうえで，安保法制懇委員の手になる北岡伸一『グローバルプレイヤーとしての日本』NTT 出版，2010年，第 1・2 章や，細谷雄一『安保論争』筑摩書房，2016年を読み進めれば，立論の背景や問題意識についても考えを深めることができるだろう。

③ 長谷部恭男編『検証・安保法案―どこが憲法違反か』有斐閣，2015年。
　　自衛隊の海外派遣に消極的な立場からの考察。安保法制懇報告書やそれをもとにした安保法制に対して，憲法違反であるとの指摘がなされている。ただし，違憲であるとの意見で一致をみている集団的自衛権の行使容認とは異なり，PKO に関する論点の一部については，執筆者の間でも意見が分かれている。本章では触れなかった法的な論点の詳細についても確認してみてほしい。また，前田哲男「九条の軍隊の可能性」遠藤誠治編『日米安保と自衛隊』岩波書店，2015年，271-298頁などの消極的な立場からの自衛隊を用いた構想もあわせて読みたい。

[参考文献]

石田淳「弱者の保護と強者の処罰―《保護する責任》と《移行期の正義》が語られる時代」『年報政治学』2011-I号，113-132頁。

井上実佳・川口智恵・田中（坂部）有佳子・山本慎一編著『国際平和活動の理論と実践―南スーダンにおける試練』法律文化社，2020年。

上杉勇司・藤重博美編著『国際平和協力入門―国際社会への貢献と日本の課題』ミネルヴァ書房，2018年。

遠藤誠治「パワーシフトと日米安保体制」遠藤誠治編『日米安保と自衛隊』岩波書店，2015年，1-21頁。

加藤博章『自衛隊海外派遣』筑摩書房，2023年。

北岡伸一『グローバルプレイヤーとしての日本』NTT出版, 2010年。

坂本義和『相対化の時代』岩波書店，1997年。

篠田英朗『平和構築入門―その思想と方法を問いなおす』筑摩書房，2013年。

庄司貴由『自衛隊海外派遣と日本外交―冷戦後における人的貢献の模索』日本経済評論社，2015年。

田中明彦『安全保障―戦後50年の模索』読売新聞社，1997年。

中村長史「未完の九条＝憲章構想―集団安全保障をめぐる2つのトラウマを超えて」川名晋史・佐藤史郎編『安全保障の位相角』法律文化社，2018年。

中村長史・嘉治美佐子「人道の時代の日本外交―『平和政策』論争の見取り図」『国際社会科学』64輯，2015年，57-72頁。

東大作『平和構築―アフガン，東ティモールの現場から』岩波書店，2009年。

藤原帰一『新編 平和のリアリズム』岩波書店，2010年。

細谷雄一『安保論争』筑摩書房，2016年。

本多倫彬『平和構築の模索―「自衛隊PKO派遣」の挑戦と帰結』内外出版，2017年。

前田哲男「九条の軍隊の可能性」遠藤誠治編『日米安保と自衛隊』岩波書店，2015年。

山下光『国際平和協力』創元社，2022年。

山田哲也「不可視化される国連」遠藤誠治・遠藤乾編『安全保障とは何か』岩波書店，2014年，199-222頁。

Doyle, Michael and Nicholas Sambanis, *Making War and Building Peace*, Princeton University Press, 2006.

Fortna, Virginia Page, *Peace Time: Cease-Fire Agreements and the Durability of Peace*, Princeton University Press, 2004.

Martin-Brûlé, Sarah-Myriam, *Evaluating Peacekeeping Missions: A Typology of Success and Failure in International Interventions*, Routledge, 2017.

【中村長史】

第**11**章　　　[核軍縮]

核兵器禁止条約をめぐる日本外交の選択

"日本は核兵器禁止条約に署名すべきか"

> 2021年1月，核兵器の開発や使用などを禁止する核兵器禁止条約が発効しました。しかし，「唯一の戦争被爆国」である日本は，核兵器のない世界の実現を目指しているにもかかわらず，同条約に署名すらしていません。いったい，なぜなのでしょうか？　この章を通じて，日本政府が核兵器禁止条約に署名すべきかどうかについて考えてみましょう。

【キーワード】核兵器禁止条約，唯一の戦争被爆国，核の傘，核兵器の非人道性，
　　　　　　　核兵器をめぐる安全保障，核兵器不拡散条約

はじめに

　2017年7月7日に国連で採択され，2021年1月22日に発効した**核兵器禁止条約**（Treaty on the Prohibition of Nuclear Weapons）は，核兵器の使用によってもたらされる「破壊的で非人道的な結末を深く憂慮し」て，「いかなる場合にも核兵器が再び使用されないことを保証する唯一の方法として，核兵器を完全に廃絶することが必要である」との認識に立っている（前文2項）。そのうえで，同条約の締約国に対して，核兵器の開発，実験，製造，取得，移譲，使用，使用の威嚇などを禁止している（第1条）。この核兵器に関する禁止事項は，核兵器の軍事的および政治的意義を低くする効果をもつと期待できることから，核兵器のない世界の実現に向けて，重要な一歩である。2024年1月現在，核兵器禁止条約には93か国・地域が署名し，そのうちの70か国・地域が批准している。

　しかしながら，核兵器を保有する国々やその同盟国は，核兵器禁止条約に批准はもとより，署名すらしていない。日本も同条約への署名に背を向けたまま

である。いったい，なぜだろうか。日本は1945年8月6日に広島で，9日には長崎において，核兵器の使用による非人道的結末を経験した。いまもなお，放射線による被害の影響で苦しんでいる人たちがいる。この惨禍を二度と繰り返してはいけないという認識のもと，日本政府は「唯一の戦争被爆国」として核兵器廃絶を目指している。そうであるならば，なぜ日本政府は核兵器禁止条約に署名していないのだろうか。

　また，核兵器禁止条約は「hibakusha」と表記することで，被爆者の存在に言及している。すなわち，「核兵器の使用による被害者（被爆者）」の「容認しがたい苦しみに留意し」ているのである（前文6項）。とすれば，日本政府が核兵器禁止条約に署名しないこと，それは，被爆者たちの「容認しがたい苦しみ」に心を寄せていない，ということを意味するのだろうか。

　まず，本章は日本の核軍縮外交のスタンスを確認することからはじめる。日本は，核兵器のない世界を目指す一方で，同盟国である米国の「**核の傘**(nuclear umbrella)」に自国の安全を依存している。はたして，この日本の核軍縮外交のスタンスは矛盾しているのだろうか。次に，核兵器禁止条約をめぐる日本外交の選択について考える。日本は，どのような理由で，核兵器禁止条約に署名していないのだろうか。最後に，日本は核兵器禁止条約に署名すべきかどうかについて考えてみよう。

1　日本の核軍縮外交のスタンス

1-1　核兵器のない世界を目指す日本，核兵器に安全を依存する日本

　いまの日本の核軍縮外交のスタンスは，外務省の軍縮不拡散・科学部が編集する『日本の軍縮・不拡散外交（第7版）』において，以下のように述べられている。

> 日本には，唯一の戦争被爆国として，核兵器の使用によりもたらされる惨禍は決して繰り返されるべきではないこと，核兵器を廃絶していくべきことを，世界の人々に強く訴えていく使命がある（外務省軍縮不拡散・科学部編 2016）

　すなわち，日本は「唯一の戦争被爆国」という認識のもとで，核兵器のない

世界を目指すというものである。しかも，核兵器の廃絶を訴えることは日本の「使命」としている。それゆえ日本は，国際社会に対して，核兵器廃絶への強い意志と決意を表明しているといえよう。

　ところが，核兵器のない世界を目指す日本には，もう1つの顔がある。すなわち，「核兵器のない世界の実現に至る道のりにおいて，換言すれば，現実に核兵器が存在する間」，日本の安全保障を確保するためには「核抑止力を含む米国の拡大抑止が不可欠である」としている（外務省軍縮不拡散・科学部編2016）。

　このように，日本は唯一の戦争被爆国として核兵器のない世界を目指す一方で，核兵器が存在するかぎりにおいて，米国が提供する核の傘に自国の安全を依存しているのである。このスタンスは非人道性の論理と安全保障の論理にもとづいている。以下，それぞれの論理を確認していこう。

1-2　非人道性の論理

　核兵器は，熱線・爆風・放射線の相乗的効果により，壊滅的な結末を引き起こす。すなわち，核兵器は戦闘員と民間人を区別せずに，また老若男女を問わずに，無差別に多くの人びとを殺傷する。それだけではない。たとえ生き残ったとしても，放射線の影響で多くの人を苦しめる。たとえば，2022年3月現在，被爆者健康手帳所持者に限定したとしても，約12万もの人びとがいわゆる「原爆症」にいまも苦しんでいる（厚生労働省ウェブサイト）。

　このように，核兵器は無差別性と残虐性という点で，非人道的な結末をもたらす。この**核兵器の非人道性**を重視すれば，次のような現実認識にもとづいて政策目標がかかげられることになる。すなわち，

〈非人道性の論理〉
現実認識＝核兵器の使用は非人道的な結末をもたらすものである。
政策目標＝核兵器が使用されないためには，核兵器のない世界を実現すべきである。

　この章では，上記の現実認識と政策目標の内容を〈非人道性の論理〉としておこう。日本は，この〈非人道性の論理〉にもとづいて，唯一の戦争被爆国として，核兵器のない世界を実現していく，という政策をとっているのである。

　ここで，核兵器の非人道性に対する日本政府の見解をもう少し詳しくみておこう。日本政府は，核兵器の非人道性について，「唯一の戦争被爆国という日本国民全てが共有すべき歴史的体験を有する日本として，国際社会で大いに議論される以前から重視してきている」と述べている（外務省軍縮不拡散・科学部編 2016）。そして，「核兵器の非人道性を，核兵器のない世界に向けて国際社会を『結束』させる触媒と位置づけるべきであるという考え方」のもとで，「核兵器の非人道性は，いかなる核軍縮アプローチをとる際にも考慮され，あらゆる核軍縮・不拡散の取組を根本的に支える原動力であるべき」とする（外務省軍縮不拡散・科学部編 2016）。さらに，「核兵器の非人道性についての正しい認識を世代と国境を越えて『広げていく』べきであ」り，「核兵器の非人道的影響に関する科学的知見を一層『深めていく』べき」とも考えている（外務省軍縮不拡散・科学部編 2016）。

　ただし，「核軍縮の進展には，核兵器国と非核兵器国の協力が必要である。その意味で，核兵器の非人道性への認識は国際社会を結束させる『触媒』であるべきで，分断させてはならない」（外務省軍縮不拡散・科学部編2016）とも述べている。つまり，核兵器の非人道性を考慮することは当然であるとしても，それのみを重視して核軍縮を進展させることはできない，ということである。

1 - 3　安全保障の論理

　日本は，既述したように，核兵器の脅威に対処すべく，米国が提供する核の傘に自国の安全を依存している。現在，とりわけ北朝鮮や中国による核兵器の脅威は，日本の安全保障にとってはもちろんのこと，国際社会の平和と安全にとってきわめて重要な問題である。たとえば，北朝鮮はこれまでに 6 回の核実験を実施しており，核兵器の小型化・弾頭化を図ってきた。また，北朝鮮は発射実験を繰り返すことで，ミサイルの能力向上にも努めている。

　このような**核兵器**をめぐる**安全保障**の問題を重視すれば，次のような現実認識にもとづいて政策目標がかかげられることになる。すなわち，

〈安全保障の論理〉
現実認識＝核兵器の使用とその威嚇という脅威にさらされている。

政策目標＝核兵器が使用されないためには，自国の安全を核の傘に依存すべきである。

　この章では，上記の現実認識と政策目標の内容を〈安全保障の論理〉としておこう。日本は，この〈安全保障の論理〉にもとづくことで，核兵器の脅威に対処するために，米国が提供する核の傘に自国の安全を依存する，という政策をとっているのである。

1‒4　矛盾しているのか，していないのか

　それでは，核軍縮に関する日本外交のスタンスは矛盾しているのだろうか。〈非人道性の論理〉は核兵器の不存在を求めているのに対して，〈安全保障の論理〉は核兵器の存在を求めている。そのため，一見すると，日本の核軍縮外交のスタンスは矛盾しているように思われる。

　しかし大切なのは，〈非人道性の論理〉と〈安全保障の論理〉をつなぐ論理とはいかなるものか，という点だ。日本政府は「現実に核兵器が存在する間，核抑止力を含む米国の拡大抑止が不可欠である」（外務省軍縮不拡散・科学部編2016〔傍点は引用者〕）と述べている。それゆえ，「核兵器のない世界に向けた軍縮・不拡散外交は，日本の安全保障政策と整合する形で進めなければならないことは言うまでもない」（外務省軍縮不拡散・科学部編2016〔傍点は引用者〕）と考えている。つまり，自国の安全を損なうのであれば，日本政府は国際社会において核軍縮措置を推し進めない，ということだ。逆にいえば，日本政府が核の傘から脱却して核軍縮措置を強く推し進めていくのは，安全保障上の脅威がなくなった場合である，ということになろう。つまり，〈安全保障の論理〉を最重視してはいるものの，〈非人道性の論理〉にもとづく核兵器廃絶という政策目標の実現を断念しているわけではない。

　現時点における本当の矛盾は，核兵器のない世界を目指すといいながら，その実現を目指さないという行動であろう。そして，未来における本当の矛盾は，安全保障上の脅威がなくなった状況であるにもかかわらず，核の傘から脱却せずに，核軍縮措置を強く推し進めない，という行動となろう。

　核軍縮に対する日本外交のスタンス自体は論理的には矛盾していない。日本

政府が「日本が核軍縮を追求することと，当面米国の核抑止に依存しつつ国の安全保障の確保という最重要の責務を果たしていくことはなんら矛盾するものではない」（外務省軍縮不拡散・科学部編 2016）と述べていることは，至極当然のことである。また，水本和実がすでに喝破しているように，「日本が米国の核抑止力に依存していることと，核廃絶を提唱することは，矛盾と捉えがちであるが，核廃絶とは核抑止力への依存が不必要な国際社会を目指すことと捉えれば，何ら矛盾することはない」（水本 2002）。〈非人道性の論理〉であれ〈安全保障の論理〉であれ，ともに核兵器が使用されない状況を作り出そうとしていることを見逃してはならない。

　とはいえ，日本政府が〈非人道性の論理〉よりも〈安全保障の論理〉を優先していることは明らかである。だが，〈非人道性の論理〉を完全に切り捨てて，核兵器のない世界の実現をあきらめているわけでもない。たとえば，核兵器の非人道性を伝えるために，海外で原爆展を開催・支援などを行ったりしている。日本の核軍縮外交は，政策の最終決定において〈安全保障の論理〉を優先するものの，その決定過程において〈非人道性の論理〉と〈安全保障の論理〉のはざまで深く考え悩む続けることになる，といえよう。

2　核兵器禁止条約をめぐる日本外交：なぜ署名しないのか

　ここで，日本の核軍縮外交のスタンスを踏まえたうえで，核兵器禁止条約をめぐる日本外交の選択について考えてみよう。日本はなぜ核兵器禁止条約を署名していないのだろうか。主に 2 つの理由がある。

2-1　署名しない 1 つめの理由

　まず，安全保障上の理由である。日本政府は「北朝鮮の核・ミサイル開発は，日本及び国際社会の平和と安定に対するこれまでにない，重大かつ差し迫った脅威です。北朝鮮のように核兵器の使用をほのめかす相手に対しては通常兵器だけでは抑止を効かせることは困難であるため，日米同盟の下で核兵器を有する米国の抑止力を維持することが必要です」と述べている（外務省 2018）。このような状況のもと，日本は核兵器禁止条約に署名すれば，米国が提供する核

の傘に自国の安全を頼ることはできなくなる。同条約は「核兵器その他の核爆発装置を使用し、又はこれを使用するとの威嚇を行うこと」を禁止している（第1条d）からである。

　核の傘を閉じてしまうことは、日本が北朝鮮や中国による安全保障上の脅威に対して、無防備にさらされることにほかならない。日本政府は、核軍縮外交を展開していくためには核兵器の非人道性と安全保障の双方を考慮しなければならないが、「核兵器禁止条約では、安全保障の観点が踏まえられていません。核兵器を直ちに違法化する条約に参加すれば、米国による核抑止力の正当性を損ない、国民の生命・財産を危険に晒（さら）すことを容認することになりかねず、日本の安全保障にとっての問題を惹起（じゃっき）します」と懸念している（外務省 2018）。

　要するに、核兵器禁止条約は〈安全保障の論理〉を考慮しておらず、その結果として、日本の安全確保を困難にせしめると考えられているのだ。なお、繰り返しになるが、核の傘が不要な状況となった場合に、核兵器禁止条約に日本政府が賛同しないのであれば、日本の核軍縮外交のスタンスには矛盾がみられる、ということになろう。

2-2　署名しない2つめの理由

　次に、政治的理由である。核兵器禁止条約は同条約を拒む核保有国と同条約を推進する非核保有国との間で分断をもたらすと同時に、核保有国の同盟国である非核保有国と核兵器禁止条約を推進する非核保有国との間にも分断を生じさせている、と日本政府は捉えている。実際、「核兵器禁止条約は、現実に核兵器を保有する核兵器国のみならず、日本と同様に核の脅威に晒（さら）されている非核兵器国からも支持を得られておらず、核軍縮に取り組む国際社会に分断をもたらしている点も懸念されます」と述べている（外務省 2018）。この核兵器禁止条約による国際社会の政治的分断は、同条約と**核兵器不拡散条約**（Treaty on the Non-Proliferation of Nuclear Weapons：NPT）の関係性をめぐる見解の相違から生じている。

　核兵器禁止条約の反対国は、日本政府と同じく、同条約がNPTを軸とする核不拡散体制を弱め、ひいてはNPT締約国の間に分断をもたらすという見解

をもつ。たとえば米露英仏中の 5 か国は，軍事的安全保障をめぐる問題を考慮していない核兵器禁止条約は NPT 体制を脅かすだけでなく，将来の NPT 再検討会議におけるコンセンサスの決定に否定的な影響を与えうる，と批判している（U.S. Department of State 2016）。

　これに対して，核兵器禁止条約の支持国は，同条約が NPT を補完・強化するとの見解をもつ。たとえば，オーストリアやメキシコなどは，核兵器禁止条約が核軍縮の交渉に関する義務を定めた NPT の第 6 条の効果的な履行につながるとともに，NPT 体制を強化すると指摘している（NPT/CONF.2020/PC.III/WP.46, para 30, 1 May 2019）。実際，核兵器禁止条約の前文18項では，「核軍備の縮小及び不拡散に関する制度の基礎である核兵器の不拡散に関する条約の完全かつ効果的な実施が，国際の平和及び安全の促進において不可欠な役割を果たす」と述べられている。さらに，前文の19項では包括的核実験禁止条約（Comprehensive Nuclear-Test-Ban Treaty）とその検証制度が NPT 体制のなかできわめて重要であること，前文20項においては非核兵器地帯の設置が核不拡散体制を強化するとしている。それゆえ川崎哲は，核兵器禁止条約は NPT 体制を補完することで，核兵器の軍縮・不拡散を強化すると指摘している（川崎 2018）。

　この核兵器禁止条約をめぐる政治的分断を生じさせたのは非核保有国なのであろうか，それとも核保有国なのであろうか。核保有国はその責任が同条約を推進する非核保有国にあると主張している。なぜなら，非核保有国は軍事的安全保障をめぐる問題を考慮せずに同条約を成立させたと考えているからである。ただ，同条約が成立したもう 1 つの背景として，NPT 体制下で核軍縮が進まない状況に対して，NPT の核保有国とその核の傘に自国の安全を依存している非核保有国への「異議申し立て」という点があったことを看過してはならない（黒澤 2018）。中満泉は，核兵器禁止条約を支持する国々の間には「NPT 6 条を補完するものがない状態が続くと，核軍縮は進んでいかない」という認識があったと述べている（中満 2019）。

おわりに

　最後に，日本政府が核兵器禁止条約を署名すべきかどうかについて，考えてみよう。

　〈非人道性の論理〉を最重視して「署名すべき」と考えた人たちに問いかけたい。日本政府は核兵器禁止条約に署名すれば，当然のことながら，米国が差し掛ける核の傘に自国の安全を頼ることはできなくなる。はたして，核兵器禁止条約に署名することで，北朝鮮や中国による安全保障上の脅威を払しょくできるのだろうか。この点について，核軍縮を推し進めていくためには，核兵器の非人道的側面を重視するだけでなく，軍事的安全保障の側面も重視しなければならないと考えることは間違っているのだろうか。間違っているとすれば，それはなぜなのか。あらためて，考えてみよう。

　そして，〈安全保障の論理〉を最重視して「署名すべきでない」と考えた人たちにも問いかけたい。日本政府は唯一の戦争被爆国として，「核兵器禁止条約が目指す核兵器廃絶という目標を共有して」いるだけでなく，「核兵器保有国や核兵器禁止条約支持国を含む国際社会における橋渡し役を果たし，現実的かつ実践的な取組を粘り強く進めていく」と考えている（外務省 2018）。とすれば，たとえ署名しないとしても，核兵器禁止条約に関する「橋渡し役」として，日本政府に何かできるのだろうか。たとえば，核兵器禁止条約の第8条5項は，たとえ締約国でなくても，締約国の会合に「オブザーバー」として出席できると定めている。日本政府は，オブザーバーとして，核兵器禁止条約をめぐる政治的分断の解消に努めるという核軍縮外交を展開できないのだろうか。できないとすれば，それはいったいなぜなのか。また，同条約の第6条1項は，核兵器の使用や核実験の被害者に対する援助のほか，汚染された地域を修復するための援助の提供も定めている。日本政府は，唯一の戦争被爆国として，〈非人道性の論理〉にもとづきながら援助することはできないのであろうか。いま一度，考えてほしい。

📖 文献紹介

① 黒澤満編『軍縮問題入門〔第 4 版〕』東信堂，2012年。

　　核軍縮・不拡散に関する基礎知識を学ぶことができる。第 5 版が刊行される予定。同書で基礎知識を学んだあとは，秋山信将編『NPT ─核のグローバル・ガバナンス』岩波書店，2015年をはじめに，広島市立大学広島平和研究所監修，吉川元・水本和実編『なぜ核はなくならないのか II─「核なき世界」への視座と展望』法律文化社，2016年や秋山信将・高橋杉雄編『「核の忘却」の終わり─核兵器復権の時代』勁草書房，2019年を読んで，核兵器をめぐる動向とそれに対する国際社会や日本の対応を考えてみよう。日本の核軍縮・不拡散外交については，2016年に外務省軍縮不拡散・科学部が編集した『日本の軍縮・不拡散外交（第 7 版）』があり，外務省のウェブサイトから閲覧できるので，必ず目を通しておきたい。

② 佐野利男『核兵器禁止条約は日本を守られるか─「新しい現実」への正念場』信山社，2022年。

　　核兵器禁止条約の成立準備過程に携わった元外交官による著書。日本はなぜ同条約を署名・批准すべきではないのか，その理由を知ることができる。対して，日本が核兵器禁止条約を署名・批准すべきとする理由については，川崎哲『新版 核兵器を禁止する─条約が世界を変える』岩波書店，2018年，同『核兵器禁止から廃絶へ』岩波書店，2021年を読んでおきたい。そのほか，核兵器禁止条約については，山口響監修『核兵器禁止条約の時代─核抑止論をのりこえる』法律文化社，2019年などがある。

③ こうの史代『夕凪の街 桜の国』双葉社，2004年。

　　2016年にヒットしたアニメ映画『この世界の片隅に』の原作者・こうの史代による漫画。本書は「夕凪の街」と「桜の国」という 2 つのストーリーで構成されている。「夕凪の街」は1955年の広島で展開される被爆者のストーリー。主人公である平野皆実の悲恋と死を取り扱っている。核兵器の非人道性を自分事のように感じることができよう。これに対して「桜の国」は，現代の東京で展開される被爆者二世のストーリー。主人公の石川七波は平野皆実の姪にあたる。つまり，「桜の国」は「夕凪の街」の続編となっている。被爆という記憶をどのように継承していけばいいのかについて，あらためて考えさせられる。

［参考文献］

外務省『平成30年版外交青書』2018年，https://www.mofa.go.jp/mofaj/fp/pp/page25_001612.html，2023年 7 月27日アクセス。

外務省軍縮不拡散・科学部編『日本の軍縮・不拡散外交（第 7 版）』2016年，http://www.mofa.go.jp/mofaj/files/000145531.pdf，2023年 7 月27日アクセス。

川崎哲『新版 核兵器を禁止する─条約が世界を変える』岩波書店，2018年。

黒澤満「核兵器禁止条約の意義と課題」『大阪女学院大学紀要』第14号，2018年，15-32頁。

厚生労働省「被爆者とは」https://www.mhlw.go.jp/stf/newpage_13405.html， 2023年12月22日アクセス。

中満泉「国連事務次長が語る核軍縮」山口響監修『核兵器禁止条約の時代―核抑止論をのりこえる』法律文化社，2019年，102-113頁。

水本和実「日本の非核・核軍縮政策」広島平和研究所編『21世紀の核軍縮―広島からの発信』法律文化社，2002年，367-388頁。

U.S. Department of State, "Joint Statement From the Nuclear-Weapons States at the 2016 Washington, DC P 5 Conference", 2016. https://2009-2017.state.gov/r/pa/prs/ps/2016/09/261994.htm，2023年12月22日アクセス。

【佐藤史郎】

第**12**章 ［経済安全保障］

経済安全保障をめぐる相克

" 日本は経済安全保障政策を強化すべきか，それとも抑制すべきか "

> 　グローバルな経済的相互依存の深化は多くの国に利益をもたらす一方，依存関係を梃子にして外交的な圧力がかかるリスクも懸念されるようになっています。多くの国が経済安全保障のための政策を強化することでこうしたリスクを低減させる取り組みを進めていますが，そのために経済活動や学術研究に一定の規制がかかることへの反発も生じており，同志国間の摩擦も大きくなっています。こうしたなか，日本は（また，各国は）経済安全保障の確立を目指した取り組みを強化するべきでしょうか。それとも経済活動や学術研究の自由を最優先に考えるべきなのでしょうか。

【キーワード】経済的威圧，（経済の）武器化，エコノミック・ステイトクラフト，デカップリング，サプライチェーンリスク，ディリスキング

はじめに

　2022年8月，岸田文雄内閣のもとで「経済施策を一体的に講ずることによる安全保障の確保の推進に関する法律（経済安全保障推進法）」が施行された。この法律は，「国際情勢の複雑化や，社会経済構造の変化等に伴い」，「経済活動に関して行われる国家及び国民の安全を害する行為を未然に防ぐ」ことで，日本の安全保障を確保することを目指した法律である。重要な点は，ここでいう経済安全保障という言葉が，経済的な利益の保護だけを意味しているのではないということである。そうではなく，経済的な手段（いわゆる経済的威圧など）を通じて，より広義の国益や国際秩序の安定が脅かされる事態を回避することが目的である。その国益には，各国の軍事的な安全保障や学問の自由と発展，経済活動の自由，政治体制から，国際ルールや国家間関係の安定まで，さまざ

131

まなものが含まれる。

　経済的な依存関係が「武器化（weaponization）」（Farrell and Newman 2019）
しているともいわれる今日，経済安全保障に対する関心は日本のみならず世界
的に高まっているが，そこには共通して「経済安全保障はただではない」こと
の問題が存在する。国家の安全保障を維持するためには経済活動や学術研究の
自由を制約する必要が生じる場合がある。その結果として，各国政府は安全保
障を優先すべきか，それとも経済や学問の自由を優先すべきかという政策的ジ
レンマを抱えることになるのである。では，国家の安全保障や国際秩序の安定
という目的を実現するために，経済や学術研究の自由を制約することはどこま
で許容されうるのだろうか。逆に自由の制約を伴う経済安全保障政策は抑制的
であるべきなのだろうか。本章ではこの問題について考えるために，今日の経
済安全保障を取り巻く国際環境の変化と日本の対応について検討する。

1　経済安全保障をめぐる諸問題の国際化

1-1　経済安全保障の今日的な背景

　経済安全保障を脅かす今日の国際情勢とはどのようなものなのだろうか。1
つは，構造的な変化として，国家間の経済的な相互依存関係がかつてないほど
に深まってきていることがある。他国の資源や生産能力に依存せずに経済活動
を行うことのできる国はほとんどないといってよい。多くの国が食料や鉱物資
源，エネルギー資源といった国民生活の基盤となる品目を少なからず他国から
の輸入に依存しており，その供給が止まることで国家の経済に悪影響が生じ
る。また，工業製品の原料供給，製造，配送，消費に至る流れ（サプライチェー
ン）もグローバル化しており，1つの商品をどこかの国が単独で製造し，消費
することもほとんどない。iPhone 1つとっても，どの国の製品なのかは判然
としない。

　さらに，現代の産業や軍事を支える科学知や先端技術の研究開発の体制もグ
ローバル化している。こうした活動は知識や人材が，いわゆる同志国から懸念
国と呼ばれる国々までも含めて自由に相互交流することによって支えられてき
た。各国はこれまでにも，輸出管理レジームを通じて，国家の安全保障や国際

秩序の安定を脅かすような重要技術の移転を規制することに注力してきた。しかし現在の技術競争で注目される，人工知能（AI）や量子情報科学，合成生物学といったいわゆる新興技術は，国家間関係に多大な影響を及ぼすことが予想されるものの現段階では軍事・民生面での用途や社会的影響が必ずしも明確ではなく，こうした技術をどのように管理するかという問題も生じている。

　もう 1 つは，問題が先鋭化したより直接的な背景として，相互依存の進んだ経済関係を梃子にして他国に影響力を行使するケースがあらためて注目を集めるようになったことが挙げられる。こうしたアプローチは**エコノミック・ステイトクラフト**（economic statecraft）と呼ばれる。経済安全保障は他国によるエコノミック・ステイトクラフトの影響をいかに回避するかということに着眼した政策であるとも言い換えられよう。

　もっとも，国家間の経済関係が深化することによってリスクが生じることの問題は今に始まったものではない。たとえば，1970 年代に 2 度発生したオイルショックは，中東の産油国が石油という資源を梃子に，先進国に行動変容を迫った重要な例である。日本でもこうした出来事をきっかけにして，総合安全保障の概念が検討されるようになるなど，安全保障の射程を広げようとする動きにつながった。また，過去には国際ルールに違反した国々に対して国連安保理決議等を根拠に経済制裁が実施されてきた例も多数ある。これもまた，特定の国家間に成立している経済関係を梃子にして，他国の行動に影響を与えようとするアプローチの一例である。

1–2　大国間競争下の経済安全保障

　経済安全保障という問題に注目が集まる直接のきっかけとなったのは，米中対立の深刻化であった。2000 年代に入って中国の急速な台頭に期待と懸念の目が向けられるようになるなか，米国のオバマ政権は発足当初，中国を現行の国際秩序の一員とすることを目指す関与戦略を進めてきた。しかし，その取り組みが十全に進められる前に，合法，非合法なものも含む中国の経済的威圧が，自由で公正な取引や法の支配といった国際社会が重んじる価値を毀損しているのではないかという懸念が高まった。不法な技術情報の窃取や学術活動を通じた成果の詐取，情報流出の抜け穴となりうるリスクの高い通信機器の輸出な

ど，さまざまな側面で今日の国際ルールに反するとみなされる行為が問題視されるようになったのである。と同時に，日本や米国では，中国の軍事的な拡張志向は経済的・技術的資源の移転に伴う軍事力の増大が脅威に直結するとみなされることにもつながったし，一帯一路政策を通じて途上国に影響力を行使するケースが増えたことも，中国の経済的威圧への警戒を高めることとなった。

　もう1点重要なのは，中国だけが経済安全保障の懸念をもたらしているわけではないということである。なかでも，2022年2月に発生したロシアのウクライナ侵攻は，各国の経済安全保障に大きな影響を与えた。欧州諸国をはじめとするさまざまな国がガス・石油の供給をロシアに依存しており，戦争をめぐって生じたロシアとの関係悪化に伴ってエネルギー安全保障上の問題を抱えることになったためである。また，ロシアとウクライナは大規模な小麦生産地帯として知られており，両国の戦争によって小麦の流通が滞ったことは，各国に食料安全保障の問題を自覚させることにもつながった。

　もっとも，他国による意図的な経済的威圧だけでなく，偶発的な問題の発生によって依存リスクが顕在化することもある。新型コロナウイルス感染症（COVID-19）の世界的な流行によって，医薬品の供給途絶がもたらす国家へのリスクにも関心が集まったし，ウイルスの国境を超えた伝播を阻止しようとした結果としてサプライチェーンが機能不全に陥ったことも，各国の経済安全保障に対する関心を高めた。

1-3　米国の対応

　こうした状況に対応するために，米国は対外投資規制の制度改正や情報漏洩・操作等のリスクを孕む通信機器に関する利用・取引規制，人権上問題のあるサプライチェーンの管理，半導体に代表される重要産業の国内回帰，重要鉱物の対外依存度の低下，人の移動に関する規制など，さまざまな取り組みを積み重ねることで，経済安全保障上のリスクの低減を進めようとしてきた。と同時に，今日の経済安全保障をめぐる諸課題の多くが技術覇権をめぐる競争という性質を強めつつあることを背景に，米国はAIや量子情報科学などをはじめとする新興技術，そして半導体や情報通信といった基幹産業に関わる重要技術の発展と保護のための取り組みにも力を入れてきた。

　バイデン政権が発表した『国家安全保障戦略』（White House 2022）では中国を「唯一の競争相手」と位置づけており，オバマ政権末期以来の対中競争戦略は政権の性質にかかわらず引き継がれるものとなっている。そうしたなかで米国が進めようとしてきたのが，中国との「**デカップリング（decoupling）**」であった。デカップリングとは，国家間の相互依存関係の深化をリスクとみなし，経済的結びつきを切り離そうとする考え方である。グローバル化が進んだ生産・開発の体制を国内回帰させ，また，同志国間の協力によって**サプライチェーンリスク**を低減させていくことも，デカップリングを進めるにあたって重要な施策となる。しかしそれは，市場原理によって進んだヒト・モノ・カネの移動＝グローバリゼーションそれ自体を厳しく管理しようとする考え方でもあり，そこから利益を得てきた国や企業からの反発も大きい。

2　日本を取り巻く経済安全保障上の課題

　日本もこうした国際情勢に対応するかたちで，海外からの経済活動によって国家の安全が脅かされるケースに対処するための制度整備を積み重ねてきた。たとえば，改正外為法（2019年）を通じて外国からの投資を規制するためのルールを設けたことや，重要土地利用規制法（2021年）によって国家の安全を脅かすような土地利用に制限を設けたことはその一例である。また，５Ｇ製品をめぐる米中対立の激化に歩調を合わせるかたちで，政府機関がリスクの高い通信機器の利用を控えるといった取り組みも行われた。

　経済安全保障の観点から個別に進められたきたこうした取り組みが，まとまった政策となっていく大きなきっかけのひとつとなったのは，2020年12月に自民党の政務調査会が発表した「『経済安全保障戦略策定』に向けて」（自由民主党 2020）であった。この報告書は，日本が「戦略的自律性」の確保と「戦略的不可欠性」の獲得という２つの方針を軸に，自国の経済安全保障を高めていくことを提言したものである。ここでいう戦略的自律性とは，国民生活や経済社会活動において重要なインフラを強化し，いかなる環境下においても他国に過度に依存しない状況を作り出すことを目指すものである。これに対して戦略的不可欠性は，日本が世界において欠かせない役割を果たすことのできる領域

を拡大することを意味する。

　この提言をもとに，岸田内閣は2021年10月に経済安全保障担当大臣ポストを設置し，さらにその所信表明演説において日本の経済安全保障を推進するための法案を策定する方針を発表するなど，経済安全保障への政府としての対応を統一的に進めていく動きを加速させていった。その結果として成立したのが，冒頭で触れた経済安全保障推進法である。

　経済安全保障推進法は，①重要物資の安定的な供給の確保（いわゆるサプライチェーンの強化），②基幹インフラ役務の安定的な提供の確保，③先端技術開発，④特許出願の非公開の4項目を柱としたものとなっている。もっとも，これらは今日の経済安全保障において注目を集めている課題の一部にすぎず，このほかにも経済安全保障の観点から取り組むべきとされている課題にはセキュリティクリアランス制度の創設や投資規制，人の移動規制，学術研究に対する外国からの悪影響の排除（リサーチインテグリティ／リサーチセキュリティの問題），重要な土地の買収・利用規制，データ管理などが含まれるようになっている。

　科学技術競争への対応という点では，とりわけ経済安全保障を目的とした先端技術開発への取り組みに大きな予算が付いたことは重要である。政府による経済安全保障重要技術育成プログラム（K Program）は，経済安全保障推進法に規定された先端技術の開発という項目を具体化したものである。このプログラムは民間の研究開発資源を広く集約するとともに，「マルチユース」の技術開発を進めることを掲げている。マルチユースとは科学技術の「多義性」に着目し，ある技術が「公的利用」と「民間利用」の双方にまたがって活用されることを視野に入れた研究開発を進めることを目指すコンセプトである。K Programには5000億円規模の予算が確保され，海洋，宇宙・航空，サイバー，バイオなどをはじめとする技術領域への予算配分が進んでいる。

3 経済安全保障をめぐる国内外の摩擦

3-1　同志国間の摩擦

　経済安全保障の重要性は国内外に浸透しつつあるが，すべてのアクターがこ

うした規制に諸手をあげて賛成しているわけではない。国際レベルでは，米国や日本だけでなく，欧州や韓国も経済安全保障への対応を同様に進めている。その背景には中国の経済的威圧やロシアの侵略が現行の国際秩序や各国の国益を脅かしているとの共通認識があることは確かであろう。しかし，中国の経済的台頭に伴い，多くの国の経済活動が中国の人材や製品に依存して進められるようになっており，サプライチェーンから中国を除外することで大きな経済的損失を被る産業部門もある。そうしたなかで，先行して対中規制を強める米国と，中国との経済関係に配慮しようとする欧州，日本，韓国といった国々との間には，対応に差が生じている。2023年5月に開催されたG7広島サミットにおいて，中国経済とのデカップリングを目指すのではなく，欧州が掲げる**ディリスキング**（derisking）＝中国との付き合いを維持しつつリスク低減を目指す方針が成果文書に取り入れられたのは，こうした同志国間の摩擦を調整しようとした結果であるといえよう（ただし，中国はデカップリングもディリスキングも言葉の問題に過ぎず，同様に自国に対する攻撃的な施策とみなしている）。

　米国が中国を念頭において進める政策が，懸念国だけでなく，同志国にも悪影響を与えるケースも生じている。たとえば，米国の半導体製造能力を強化することを狙ったCHIPS法（2022年7月）は，中国への半導体依存を低下させることを狙う点で経済安全保障上の重要な取り組みではあったが，同時にその他の同志国の半導体競争力に悪影響を与える産業政策的な措置であるとして，欧州をはじめとする多くの国から懸念が寄せられた。さらに，続けて可決したインフレ抑制法（2022年8月）が規定する北米産EVへの補助金強化は，バッテリーに必要な重要な重要鉱物資源の中国への依存から脱却することが1つの目的となっている一方で，欧州，韓国，日本といった大規模自動車産業を抱える同志国にはそれが貿易障壁として作用することが懸念され，とりわけ米欧のあいだでは大きな外交問題となった。米国によるこれらの立法は，WTOの掲げる自由貿易原則に反するものとして批判の対象となり，さらには米欧間で半導体やEVをめぐる補助金競争にもつながるなど，同志国間の摩擦も大きくなっている。

　グローバル・サウスと呼ばれる諸国との関係も問題となっている。中国が一帯一路構想を展開し，グローバル・サウスとの連携を進めようとするのに対し

て，G7をはじめとする先進国もまたこれらの国々との関係強化に注力し始めている。しかし，各国間の経済的結びつきは必ずしも一様ではなく，さらに脅威認識の「程度」が必ずしも一致しているわけではない。また，現行の国際秩序から必ずしも十分な利益を得ている国ばかりではなく，ときには安全保障上のリスクを抱えながらも中国との関係に基づいて自国の経済発展を優先するケースもみられる。そうしたなかで，先進国が推進する経済安全保障の取り組みをどこまでグローバル・サウスと共有することができるのかということも懸案事項となっている。

3-2　日本における利害対立：安全保障と人々の自由

　日本国内にも，経済安全保障の推進をめぐる課題が数多く残されている。日本と中国の政治的関係が悪化することはこれまでに何度もあったが，そうしたなかでも市場の結びつきは強く維持されてきた（政冷経熱）。日本の経済界には中国を主たる取引先としている企業も数多く存在しており，対中デカップリングを強硬に進めようとする動きに前向きであるばかりではない。

　また，経済安全保障の重要性は総論として官民に共有されているとしても，その実行のために必要な能力を誰がもち，だれがそのコストを負担しうるのかという問題もある。米中対立が深刻化して以来，多くの大企業は経済安全保障問題への対応を進めてきたことが指摘されるが（IOG 2023），日本が輸出管理体制の強化を加速させて以来問題となってきたのは，中小企業の意識や対応能力をいかに高めるかという点でもあった。しかし今日，中小企業では経済安全保障上のリスクが十分に認識されておらず，また，サプライチェーン管理の取り組みが遅れている可能性も指摘されている（岡崎ほか 2023）。経済安全保障への対応は国際情勢の変化や先端技術の動向把握など，高度なインテリジェンスを必要とするものでもあり，とりわけ小規模事業体には大きな経営負担を強いるものとなりうる。

　経済安全保障に資する先端技術開発への投資についても課題が残る。科学知や技術の用途が一意に決定されないことは今日の技術管理において常識となっているが，K Program が「マルチユース」を掲げることの問題の1つは，「公的利用」の範疇に防衛生産・技術基盤の強化が含まれることである。経済安全

保障の観点から日本の防衛産業基盤を維持することには確かに戦略的な妥当性
がある。しかし，大学などの学術研究機関による軍事・安全保障分野への関与
の問題については，依然として肯定的なコンセンサスがはっきりと形成されて
いるわけではないのである。

おわりに

　米中対立はなかば構造化しており，経済安全保障をめぐる問題に短期的な解
決の糸口はみえていない。だとすれば，日本は経済安全保障をめぐるさまざま
な価値にどのような優先順位をつけて対応していけばよいのだろうか。

　一方で，外国からの悪影響を排除することを目指して一連の政策を強化する
ことは，経済安全保障を確立していくにあたって不可欠の取り組みであるとい
えよう。さらに，こうした施策を同志国間の協調によって展開していくこと
は，現行の国際秩序を維持することとにも重なってくる。他方，そのために国
内的な規制が強化されることになれば，企業の経済活動や学術セクターの研究
活動に一定の制約がかかることを意味するし，そのための制度作りや履行にあ
たってのコストも膨大なものとなる。その結果として生じる経済や科学技術を
めぐる活動の停滞は，結局のところ国益の縮小という問題に帰結するかもしれ
ない。こうした利害に配慮するためには，中国との関係を一定程度維持してい
くという選択肢も視野に入ってくることになるが，それはいかなる経済安全保
障上のリスクをどこまで受容するのかという判断にもつながってくる。

　グローバルな相互依存関係が深化した今日の国際関係においては，日本だけ
でなく，多くの国が同様のジレンマを抱えている。そうしたなかで，いかにし
て諸価値のバランスをとるかが政策形成における中心的な論点のひとつとなる
であろう。

📖 文献紹介

① 佐橋亮『米中対立—アメリカの戦略転換と分断される世界』中央公論新社，2021年。
　　経済安全保障の問題を理解しようとする際に，今日の米中対立の構造とそれを規
　　定する要因を理解することは不可欠である。本書は，米国と中国がいかにして対立

的関係に至ったのかを，冷戦終焉以降の米中関係と両国の内政的な動きを追うことで明らかにする。また，米中以外の関係国に生じた影響にも触れており，問題の背景を総合的に埋解するための第一歩として有益な書籍。

② 薬師寺泰蔵『テクノヘゲモニー—国は技術で興り，滅びる』中央公論社，1989年。

　　今日の経済安全保障をめぐる米中対立は，しばしば技術覇権をめぐる対立ともいわれる。本書はヘゲモニー＝覇権の概念を手掛かりに，パックスブリタニカ以降の技術をめぐる国際政治を描き出す。古い書籍ではあるが，出版時に日本が直面した外交課題＝冷戦末期の日本の経済的台頭とそれに伴って生じた米国との対立という問題を踏まえて書かれており，米中対立下の経済安全保障から一歩離れて，問題を相対化する手助けとなる一冊。

③ クリス・ミラー，千葉敏生訳『半導体戦争—世界最重要テクノロジーをめぐる国家間の攻防』ダイヤモンド社，2023年。

　　半導体は，今日の経済安全保障をめぐる摩擦において最も重要な争点のひとつとなっている。本書は半導体をめぐる冷戦期から現在までの政治史を紐解きながら，今日の半導体摩擦をめぐる問題の所在を明らかにしている。本書の中では日米半導体摩擦の問題についても多くの紙幅が割かれており，今日の米中対立と比較するための知見を与えてくれるものにもなっている。

[参考文献]

岡崎友里江・齊藤孝祐・土屋貴裕・佐橋亮「サプライチェーン及び技術ノウハウ管理をめぐるアンケート調査」RIETI ディスカッションペーパー，2023年3月，https://www.rieti.go.jp/jp/publications/nts/23j013.html，2023年11月1日アクセス。

公益財団法人国際文化会館地経学研究所（IOG）「経済安全保障に関する第2回日本企業100社アンケートの結果を発表」2023年，https://apinitiative.org/2023/02/06/43564/，2023年11月1日アクセス。

自由民主党政務調査会新国際秩序創造戦略本部「『経済安全保障戦略策定』に向けて」2020年。

Farrell, Henry and Abraham L. Newman, "Weaponized Interdependence: How Global Economic Networks Shape State Coercion," *International Security*, 44 (1), 2019, pp. 42–79.

White House, *National Security Strategy*, October 2022.

【齊藤孝祐】

第**13**章　　　[宇宙政策]

宇宙の安全保障

" 宇宙における安全保障のために，どのような政策をとるべきか "

　　近年，宇宙の安全保障をめぐる議論が活発になっています。日本の防衛・安全保障関連の政策文書でも宇宙が取り上げられ，自衛隊の宇宙作戦能力の強化や宇宙を通じた日米同盟の強化などがうたわれています。では，宇宙の安全保障とは具体的に何を意味するのでしょうか。また，そこでは何が問題になっているのでしょうか。

【キーワード】宇宙，安全保障，グローバル・コモンズ，宇宙デブリ

はじめに

　2019年，米国のトランプ大統領は「宇宙は世界で最も新しい戦闘領域だ」と表現し，宇宙軍の設立を宣言した。宇宙軍は，陸軍，海軍，空軍，海兵隊および沿岸警備隊と並ぶ第6の軍種として新設された。米国における新たな軍種の設立は1947年の空軍創設以来のことである。日本でも**宇宙**をめぐる**安全保障**の議論が活発になっている。たとえば，2022年に閣議決定された『国家防衛戦略』（内閣官房 2022a）では，宇宙作戦能力の強化を目指し航空自衛隊を航空宇宙自衛隊に改称する方針が示された。また，2023年の日米安全保障協議委員会（2＋2）では，日本の衛星等に対する攻撃が，米国による日本の防衛義務を定めた日米安全保障条約第5条の対象になりうることが確認されている（外務省 2023）。宇宙を通じた日米同盟強化の動きも進む。

　2023年に内閣府宇宙開発戦略本部が策定した『宇宙安全保障構想』では，宇宙の安全保障を2つの概念で整理している。1つが「宇宙からの安全保障（security from space）」で，もう1つが「宇宙における安全保障（security in space)」である。前者は安全保障のために衛星等から得られる情報の利用拡大を目指し，後者は宇宙空間の安定的な利用の確保を目的とする。これらは，それぞれ「安全保障のための宇宙」と「宇宙空間の安全保障」と言い換えることもできよう（鈴木 2020）。では，宇宙空間を安定的に利用することが，なぜ安全保障の問題になるのだろうか。一般的に安全保障は，国家が獲得・保有する価値を脅威から守ることを意味するが，宇宙では何を，誰から守るのだろうか。そして，それは従来の防衛や安全保障とはどのように異なるのか。

　本章では，従来の安全保障空間との対比も交えながら，宇宙の安全保障における目的（何をめぐる誰の問題なのか）や手段（何からどのように守るのか）について確認する。ここでは，国家主体の脅威への対応を中心に，2つの政策アプローチ（抑止・対抗型と対話型）を並べ，宇宙における安全保障をめぐる論点について考えてみたい。

1　何を，なぜ，誰が守るのか

1-1　何を守るのか

　まず宇宙の位置づけについて確認しておこう。宇宙は，国家の排他的な領域主権が排除され，一定の条件下で各国の自由な活動が認められる地球規模の共有地（グローバル・コモンズ）としての性質を有している。「宇宙の憲法」といわれている宇宙条約は，その正式名称を「月その他の天体を含む宇宙空間の探査及び利用における国家活動を律する原則に関する条約」という。そこでは，地球周回軌道を含む宇宙空間が国家による取得の対象とならないことを明文化している。では，軌道上の人工衛星（衛星）はどのような扱いになるのだろうか。この点，同じく宇宙条約では，衛星等の打上げ国がそれを登録することで，当該国が管轄権および管理の権限を保持することをうたっている。あわせて，各国は企業等の非政府団体が行う活動も含め自国の宇宙活動にかかる国際的な責任も有している。宇宙における活動の責任を国家に一元集中する体系は，宇宙条約の特徴である（青木 2015）。

　つまり，宇宙はすべての国が自由にアクセスできる開放性を有しつつ，各国が管轄権を有する衛星が分散的に周回する空間である。そこでは従来のような

固定的な領土や領海，領空ではなく，軌道を周回する衛星等を中心とした各国の宇宙システムが点在する領域が形成されている。

1-2　なぜ，誰が守るのか

では，なぜ宇宙システムを守るのか。理由は大きく2つある。1つは宇宙の軍事的価値の高まりである。宇宙の軍事利用の起源は米ソ冷戦に求めることができるが，そこから軍事利用を目的とした宇宙開発が進み，今日では戦場にいる一兵士も衛星通信やGPSのような宇宙インフラを多用するようになった。宇宙システムは地上の軍事的能力を向上させるための増強財（enabler）としての役割を果たしている（鈴木 2020）。軍事作戦において宇宙はなくてはならない価値を提供するようになった。

もう1つは，宇宙の社会経済的価値の高まりである。宇宙利用の拡大は，宇宙システムの普及・一般化に特徴づけられるが，これは軍事に限った話ではない。商業分野でも宇宙の開発利用が進んでいる。たとえば，衛星通信・放送サービスや位置情報提供サービス，宇宙から地表面を観測する地球観測（リモートセンシング）衛星については1980年代から商業利用が加速した。いまや私たちは日常的にこれらのサービスを利用している。外出前に確認する天気予報やスマートフォンの地図アプリ，衛星インターネットサービスなどがその一例である。さらに，近年では軍民の衛星の性能差が縮小したことで，軍や情報機関が民間企業の顧客となり，通信サービスや地球観測サービスを利用する機会も増えている。宇宙の商業利用の拡大は，単に宇宙インフラに対する社会経済的な依存が深まることにとどまらず，民間企業の提供するサービスが軍事目的の宇宙インフラの一部を構成することも意味している。

このように，今日の世界では軍事や社会経済のインフラとして宇宙システムが機能し，国家の安全保障や社会経済発展のなかで基盤的な役割を果たしている。宇宙システムの軍事・社会経済的価値の高まりは，それに対する依存と同義であり，これを脅威から守ることが各国にとって重要な責務となっている。ゆえに，各国は宇宙システムの安定的な利用の確保を防衛・安全保障政策のなかで位置づけるようになった。先述の政策文書にも，このようなトレンドが反映されている。

2　何から守るのか

　では，何が宇宙の安定的な利用を脅かすのか。ここでは主に2つの脅威が想定できよう。1つが国家主体からの脅威である。主要各国は有事を想定して，宇宙インフラに対する攻撃・妨害能力の獲得・拡大に取り組んでいる。たとえば，中国が2007年，インドは2019年，ロシアも2021年にミサイルを用いた衛星攻撃実験を行っている（ちなみに米国もかつて同様の実験を行っていた）。このような動きを踏まえ，米国防総省が2020年に発表した *Defense Space Strategy*（U.S. Department of Defense 2020）は「中国やロシアは地域的な軍事衝突における米国の介入を抑止し，そして対抗するために宇宙の武器化を行っている」との脅威認識を示した。また，宇宙インフラに対する攻撃については，ミサイル等による物理的な攻撃に加え，レーザーや高出力マイクロ波，妨害電波やサイバー攻撃といった非物理的な攻撃も想定される（Bingen, Johnson and Young 2023）。さらに，近年では安全保障上重要な軍事衛星と同一軌道に入り，当該衛星を監視することでその能力を把握するようなストーカー衛星の存在も指摘されている（青木 2021）。

　もう1つは，**宇宙デブリ**のような非主体的な脅威である。宇宙デブリとは軌道上に存在する機能していない人工物（衛星の破片等）を指す。これは衛星破壊実験や衛星同士の衝突事故等，国家の宇宙活動の結果として生じる。宇宙デブリは国家主体の意図とは無関係に軌道上を汚染し，宇宙空間の安定的な利用を妨げる。ここで問題となるのは，デブリと衛星等の衝突リスクである。具体的には，軌道上を弾丸の10倍以上の速さで周回する宇宙デブリが衛星等に衝突して損傷を与え，さらに衝突によって生じた新たなデブリが，別な衛星の脅威となる連鎖反応が問題視されている。一定の大きさ以上のデブリはカタログ化され追跡監視されており，宇宙航空研究開発機構によると，直径10cm以上の物体で約2万個，1cm以上は50-70万個，1mm以上は1億個を超える物体が地球を周回しているという。広大なイメージの宇宙だが，衛星はそれぞれの機能や性能，目的に応じて最適化された特定の軌道に投入されている。このため，各国・企業が特定の軌道を共有せざるをえない状況が生じているのだ。近

年，各国の宇宙活動の高まりを受け，特定軌道における衛星数が急速に増加した。混雑する軌道では，宇宙デブリとの衝突リスクが高まり，衝突がもたらす連鎖反応とその影響も深刻になっている。

3 どのように守るのか

　宇宙における安全保障とは，グローバル・コモンズとしての軌道を共有し，各国の軍事・社会経済上の重要な役割を担う宇宙システムを，敵対的な国家主体や宇宙デブリのような非主体的な脅威から守ることである。それは，従来のように固定的で排他的な領土・領海・領空の防衛ではなく，軌道を分散的に周回する軍民衛星を中心とした，宇宙システムそれぞれの安定利用を考える営みであるといえよう。では，そのような状況下で宇宙の安全保障はどのように確保されるのか。ここでは宇宙の特徴を踏まえつつ，とくに国家主体の脅威を中心に，その位置づけに応じた2つの政策アプローチについて論じる。

3-1 宇宙の特徴
　宇宙における安全保障の問題を考えるうえで，まずは3つの特徴を理解しておく必要がある。1つめは，攻撃側が抱えるジレンマの問題である。宇宙システムの軍事・社会経済的な利用拡大は，武力紛争時にこれを攻撃することの意義を高めている。加えて，宇宙システムは攻撃や妨害の影響を受けやすく，また，それらが誰によるものなのかという攻撃者の特定も宇宙では難しい（鈴木2017）。宇宙システムは攻撃対象としての値打ちが高いのである。一方で，宇宙システムを攻撃することによって生じるデブリは，直接的な脅威として攻撃側に跳ね返ってくる。つまり，軍事的な優位性を目的に衛星への物理攻撃を行った場合，そこで生じた無数のデブリが軌道を汚染し，逆に自らの宇宙利用を妨げる存在となる。攻撃の結果として自らの宇宙利用環境が悪化してしまう状況は，宇宙特有の「ジレンマ」として位置づけることができよう。

　2つめは，影響の広範性の問題である。従来の紛争では，影響範囲は特定の国家・領域に限定されており，関係国以外は事態の傍観が可能であった。しかし，宇宙の場合はそうはいかない。軌道上における紛争は宇宙デブリという脅

威を生み出す可能性があり，その影響範囲は軌道全域に及ぶ。このとき，当該軌道で宇宙活動を行うすべての国家や企業が脅威にさらされるため，いずれの国も紛争に対して無関係ではなくなるのである。

　3つめは，対象の広域性の問題である。衛星が投入される軌道が限定されているとはいえ，1国のみで重要な宇宙システムすべてを監視し続けるにはコストがかかる。たとえば，地球を周回する衛星を地上から監視するにしても，地上観測では観測地点の上空を通過する間しか衛星等の周辺状況を監視することしかできないし，軌道上に監視衛星を配置したとしてもその観測範囲には限界がある。このように広域な宇宙においては，単独で脅威に対応するよりも多国間での連携・協調が求められる。

3-2　抑止・対抗型のアプローチ

　抑止・対抗型のアプローチでは，特定の敵対主体が想定され，競争的な対応が図られる。抑止とは自らにとって好ましくない相手の行動や対応を思いとどまらせることをいう。ここでは攻撃にかかる意図やコスト，そして攻撃の結果として得られる利益が重要なポイントとなる。抑止には2種類のアプローチがある。抑止側の反撃によって耐えがたい打撃を加えると威嚇し，攻撃側のコスト計算に働きかけることによって攻撃を断念させる「懲罰的抑止」と，特定の攻撃的行動を物理的に阻止する能力を示し，攻撃側の目標達成可能性に関する計算に働きかける「拒否的抑止」である（高橋 2011）。日本の外交・安全保障に関する政策文書において，国家主体の脅威に対する安全保障の問題は抑止の観点から論じられることが多い。先述の『国家防衛戦略』（内閣官房 2022a）では，宇宙の安定利用の確保が国民生活と防衛の双方にとって「死活的に重要」であるとし，抑止・対抗型のアプローチを中心とした防衛政策を方針づけている。ここでは，宇宙システムに対する攻撃や妨害の可能性を踏まえ，宇宙空間を監視するとともに，攻撃や妨害による影響を抑制し，仮に被害を受けたとしても早期にその機能を回復することで，宇宙システムの安定利用を確保するための取り組みが掲げられている。衛星の防護強化や複数運用，代替衛星の即応展開などがその具体例である。宇宙システムは脆弱だが，可能な限りその強靱性を高めることが重要視されている。これは抑止論における拒否的抑止の概念であ

る。また，同戦略では，宇宙領域における相手方の利用を妨害または無力化するための能力拡充にも触れている。さらに，『国家安全保障戦略』（内閣官房2022b）では，宇宙分野での協力を通じた日米同盟の抑止力と対処力の強化も強調されている。

3 - 3　対話による緊張緩和を重視するアプローチ

　他方で，対話による緊張緩和を重視するアプローチとは，どのようなものなのだろうか。これは脅威をグループ内に包摂（内部化）し，グループのなかでそのコントロールを目指すものである。ここでは，信頼醸成や透明性の確保といった手段を講じることで，脅威の顕在化を予防する協調的なアプローチが採用される。このアプローチは抑止・対抗型のアプローチに比べると地味にみえるかもしれない。しかし，宇宙の安全保障における特徴を踏まえると，その政策的意義は決して低いものではない。なぜか。1つの理由は，宇宙におけるそもそもの攻撃コストが通常兵器のそれよりも高いということにある。宇宙では攻撃の結果として無数のデブリが発生し，これにより当該軌道で宇宙活動を行うすべての国が脅威にさらされる。宇宙システムへの攻撃能力を保持する国は，それぞれが宇宙システムに依存している場合が多い。だからこそ，各国ともデブリという脅威の創出につながる攻撃に対しては抑制的にならざるをえない。

　また，影響の広範性による国際的な評判や道義性の問題も重要である。宇宙における紛争の帰結として，当該軌道で活動を行うすべての国や企業が脅威にさらされるのであれば，紛争はそれぞれにとって耐え難いものとなるはずである。これにより各国が紛争回避に共通の利益や期待を見出し，紛争を予防するための枠組みを模索することはありえないシナリオではない。

　各国における宇宙システムの利用拡大は，当該システムを攻撃することの有効性を高めるが，同時に宇宙の安全保障のジレンマや影響の広範性が，攻撃側のコストや結果の判断に影響を与え，紛争を抑制することも考えられる。そこに宇宙における安全保障をめぐる協調的な枠組みの可能性が生まれる。ただし，このような枠組みは一朝一夕に構築されるわけではなく，信頼醸成の積み重ねの結果として生み出されるものである。ここでは，必ずしも法的拘束力をもたない「緩やかな協議体」における対話の蓄積も，緊張緩和のための重要な

アプローチになろう（鈴木 2003）。

　「緩やかな協議体」に関して，1つの例をあげよう。日本はこれまでアジア・太平洋地域宇宙機関会議（Asia-Pacific Regional Space Agency Forum: APRSAF）といった地域的な宇宙協力枠組みを主導し，気候変動や防災，環境問題といった地域の課題解決に向けた協力関係を構築している。この枠組みは当初，宇宙機関レベルの地域フォーラムとして設立された。しかし，徐々にその性質を変化させ，2019年には宇宙空間の安定利用に向けた宇宙政策コミュニティの形成と発展もビジョンとして掲げられるようになった（APRSAF 2019）。この枠組みは依然として宇宙機関間のフォーラムの側面が強く，安全保障的な脅威を内部化する枠組みには至っていない。しかし，逆にこのような実務的な枠組みを基盤として，脅威の抑制に資する機能的な取り組みが生み出される可能性もある。脅威の内部化というアプローチを踏まえ，あらためてこれら既存の枠組みの価値を再評価することも重要であろう。

　また，脅威を内部化する取り組みは，宇宙デブリに対しても有効である。宇宙デブリはその発生起源を特定の国家に求めることができたとしても，ひとたび軌道上を周回し始めれば人間の意図とは切り離され，非主体的な脅威として存在することになる。このような脅威に対しては，影響の広範性や対象の広域性を踏まえた，多国間の管理的なアプローチが必要となる。たとえば，軌道上のデブリを監視し，その情報を各国や非国家主体との間で共有する宇宙状況把握（Space Situational Awareness: SSA）の取り組みや，国連における衛星の設計・製造から運用，運用終了後におけるデブリ低減のための推奨行動を示したガイドラインの策定等がその一例である。最近では，宇宙デブリ低減も含む包括的な宇宙活動に関する長期持続可能性ガイドラインが国連で採択される等，国際的なルールやガイドラインについての議論が進んでいる。脅威を内部化した協調的なアプローチは，これらの議論を推進することにも寄与するはずである。

おわりに

　本章では，宇宙における安全保障の問題について，従来の安全保障空間との違いを意識しながら，具体的な政策のあり方について検討した。

　では，そこで得られた結論とは何か。それは重層的な政策の必要性である。宇宙の安全保障をめぐる最近の議論では，抑止・対抗型のアプローチに注目が集まることが多い。『宇宙安全保障構想』(内閣府 2023) でも，対話型のアプローチとして国際規範やルール形成への主体的貢献が掲げられているが，抑止・対抗型のアプローチに比して議論の抽象度が高い。これを具体化するための手段や目標の検討が求められるだろう。脅威を内部化し，各国の利益や期待の共通化と信頼醸成を図る対話型のアプローチの政策的意義は，低くないはずである。

　さらに重要なポイントは，これらのアプローチは両立できる点にある。抑止・対抗型のアプローチは引き続き重要である。なぜなら，脅威を内部化して対話による緊張緩和を目指すアプローチは，宇宙デブリによって生じる問題を前提にしているが，昨今では宇宙デブリの発生が少ない攻撃手段も確立しつつある。その場合にはこの問題が解消または軽減し，対話型アプローチの価値は低下してしまうだろう。しかし，少なくとも主要国が物理的手段による衛星破壊能力を獲得していることは事実であり，短期的にはこれらの脅威を前提にした防衛・安全保障政策が求められる。このとき，それぞれのアプローチを相互補完的に位置づけた，重層的な外交政策を採用することが，宇宙の安全保障のために重要となろう。

📖 文献紹介

① 鈴木一人『宇宙開発と国際政治』岩波書店，2011年。
　　本書は，各国が宇宙開発を行う意図と目的について，そして宇宙開発が国際政治に与える影響について論じたものである。筆者は，国際政治の観点から分析枠組みや政策軸を設定することで，多元的な各国の宇宙開発政策を整理し，包括的な議論を展開している。本書の分析を通して，私たちは各国の宇宙開発と国際政治における「力学」とその展開を理解することが可能となる。宇宙開発政策を学ぶうえでの必読書である。

② 福島康仁『宇宙と安全保障—軍事利用の潮流とガバナンスの模索』千倉書房，2020年。
　　本書は，宇宙と安全保障の問題について「安全保障のための宇宙」と「宇宙のための安全保障」という2つの枠組みで整理する。前者は宇宙開発の進展が地上の安全保障や軍事作戦に与えた影響と変化について論じ，後者は宇宙空間における秩序形成の問題を論じている。本書の分析を通して，私たちは宇宙の軍事利用の展開とガバナンスの未来についての視座を得る。

③　大貫剛『ゼロからわかる宇宙防衛―宇宙開発とミリタリーの深～い関係』イカロス
出版, 2019年。

　　本書は宇宙の軍事利用について解説する入門書である。衛星やロケットの基礎知
識から軍事衛星の種類, 主要国の軍事宇宙開発まで, 平易なことばで分かりやすく
解説されている。これを読むことで, 宇宙システムがどのように軍事利用されてい
るか, 大まかなイメージを掴むことができるだろう。

［参考文献］

青木節子「宇宙活動の基本ルール」小塚荘一郎・佐藤雅彦編『宇宙ビジネスのための宇宙
　　法入門』有斐閣, 2015年, 27-100頁。

青木節子『中国が宇宙を支配する日―宇宙安保の現代史』新潮社, 2021年。

アジア・太平洋地域宇宙機関会議（APRSAF）「APRSAF 名古屋ビジョン」2019年,
　　https://www.aprsaf.org/jp/annual_meetings/aprsaf26/pdf/outcome_documents/
　　Nagoya_Vision.pdf, 2023年1月3日アクセス。

外務省「日米安全保障協議委員会（2＋2）共同発表（仮訳）」2023年, https://www.
　　mofa.go.jp/mofaj/files/100444893.pdf, 2024年1月3日アクセス。

国立研究開発法人宇宙航空研究開発機構「スペースデブリに関してよくある質問（FAQ）」
　　2023年, https://www.kenkai.jaxa.jp/research/debris/deb-faq.html, 2023年9月29日ア
　　クセス。

鈴木一人「安全保障の空間的変容」『国際問題』No. 658, 2017年1-2月, 4-13頁。

鈴木一人「宇宙と安全保障」一般財団法人鹿島平和研究所「サイバー・宇宙・環境と安全
　　保障」集中研究会その2, 2020年, http://kiip.or.jp/taskforce/anzen.html, 2023年9月
　　29日アクセス。

鈴木早苗「緩やかな協議体における議長国制度の意義― APEC とサミットを事例として」
　　『国際政治』第132号, 2003年2月, 138-152頁。

高橋杉雄「米国による拡大抑止の実体」公益財団法人世界平和研究所編, 北岡伸一・渡邉昭
　　夫監修『日米同盟とは何か』中央公論新社, 2011年, 43-65頁。

内閣官房『国家防衛戦略』2022年 a。

内閣官房『国家安全保障戦略』2022年 b。

内閣府『宇宙安全保障構想』2023年。

Bingen, Kari A., Kaitlyn Johnson and Makena Young, *Space Threat Assessment 2023*,
　　Center for Strategic & International Studies, 2023.

U. S. Department of Defense, *Defense Space Strategy Summary*, 2020.

【渡邊康宏】

第Ⅳ部―――国際協力

日本外交と緊急援助

" 日本は海外の被災者をどのように救援すべきなのか "

世界各地で武力紛争や自然災害の被災者が救援を求め，国際社会は，このような被災者のために支援を実施してきました。日本政府もまた，世界各地の人道危機に対して資金や物資を提供し，援助職員を派遣してきました。それでは，今後，日本政府は，緊急援助をどのように進めていくべきでしょうか。非軍事的な貢献にとどめるべきでしょうか。それとも，非軍事的な貢献だけでなく，自衛隊を活用した貢献も実施するべきでしょうか。

【キーワード】緊急援助，国際緊急援助隊，自衛隊，国際貢献，国連平和維持活動

はじめに

テレビやインターネットは，毎日のように，世界各地の武力紛争や自然災害の惨状を報じ，世界各地に被災者の疲弊した眼差しを伝えている。被災者の顔を前にして，私たちは，自分の生活がいかに豊かで安定したものであるのかを実感する一方，被災者の境遇がいかに貧しく不安定なものであるのかを理解することになる。同じ人間なのに，この境遇の違いは何なのか。そのような疑問がよぎる。

そのような疑問を抱いた人々のなかには，世界の被災者のためにささやかな募金をする人もいるであろうし，ボランティアとして被災者の支援に参加する人もいるであろう。さらには，政府に働きかけて，海外の被災者を助けるために資金や物資を提供するように求める人もいるであろうし，海外に軍隊を派遣したりすることを求める人も出てくる。そのような要求が世論のうねりとなり，政府による**緊急援助**を後押しすることになる。

政府は，国家の目標を達成するために外交手段を用いるのであるが，緊急援助を通じた国際協力も，国家の目標の1つである。ここからは，日本政府による緊急援助に焦点を当てて論じていくことにする。緊急援助は，武力紛争や自然災害などの緊急事態に対して行われる援助であり，そのような緊急事態が収束したあとに実施される政府開発援助については，次の第**15**章を参照しよう。

1　日本による緊急援助の取り組み

　日本による緊急援助は，資金と物資の提供と人員の派遣というかたちで行われている。以下，資金の拠出，物資の提供，人員の派遣の順序で考えていくことにしよう（表15-1）。

1-1　緊急資金援助
　資金の提供は，緊急無償資金協力と呼ばれ，武力紛争や自然災害の被災国や国際機構・国際赤十字などに対して行われる。たとえば，2008年5月の中国・四川大地震（M7.9）では，日本政府は，国際赤十字・赤新月社連盟を通じて，総額170万ドル（約1億9100万円）を提供し，その資金は，被災者救援のための食糧，毛布，調理用品の購入に充てられることになった。また，日本政府は，中国政府に対して，2億円（血液透析機材，浄水器，医薬品，テントなど）を拠出し，中国政府からのテントなどの救援物資の要請を受けて，さらに4790万円（テント）の追加支援を実施した（外務省 2017）。

1-2　緊急援助物資
　物資の提供は，自然災害の被災国の要請にもとづいて実施されるものである。国際協力機構（Japan International Cooperation Agency: JICA）は，テント，スリーピングパッド，毛布，ポリタンク，プラスチックシート，浄水器の6点を，シンガポール，アメリカのマイアミ，アラブ首長国連邦のドバイ，パラオのコロール，マーシャルのマジュロに常備している（国際協力機構 2023）。2008年の四川大地震では，JICAは，約6000万円相当の緊急援助物資（テント，毛布，プラスチックシート，スリーピングパッド，ポリタンク，浄水器，簡易水槽，発電

表14-1　日本の緊急援助体制

日本の緊急援助体制	資金援助	外務省が実施 武力紛争・自然災害・人為的災害を対象とする	
	物的援助	国際協力機構（JICA）が実施 自然災害と人為的災害（武力紛争を除く）を対象とする	
	人的援助	国際緊急援助隊（JDR） 国際協力機構（JICA）が実施（外務省の指示による） 自然災害と人為的災害（武力紛争を除く）を対象とする	救助チーム（捜索・救助）
			医療チーム（救急医療・公衆衛生）
			専門家チーム（災害応急対策・災害復旧）
			感染症対策チーム（感染症対策）
			自衛隊部隊（輸送・防疫・医療）

出所：国際協力機構・国際緊急援助ウェブサイト（http://www.jica.go.jp/jdr/index.html）を参考に筆者作成。

機）を中国政府に提供することになった（国際協力機構 2017a）。

1-3　国際緊急援助隊

　国際緊急援助隊は，国際緊急援助隊の派遣に関する法律（1987年〜）にもとづいて実施される日本の緊急援助活動である（1992年の同法改正により自衛隊の参加が認められた）。日本は，災害対応の豊富な経験と技術をもっており，それを海外の災害支援に活かすために誕生したのが，国際緊急援助隊である。現在では，救助チーム，医療チーム，専門家チーム，感染症対策チーム，自衛隊部隊（後述）の５つのチームを組みあわせて派遣している。

　たとえば，2015年のネパール地震（M7.8）に対して，JICA は，70名の隊員と救助犬４頭からなる救助チームを派遣し，首都カトマンズの生存者確認のための捜索活動を実施した。また，医療チームの第一次先遣隊（46名），第二次先遣隊（34名）が，カトマンズの病院での手術支援，バラビセ村での医療活動などを実施し，約３週間の滞在で987人を診療し，22件の手術を実施している（国際協力機構 2017b）。さらに，JICA は，2003年２月に発生した重症急性呼吸器症候群（SARS）に対処するために，中国とベトナムに感染症の専門家チームを派遣し，SARS の発生状況についての情報収集・分析，患者の治療方針と感染防御体制を助言・指導し，感染防御機材を提供した（国際協力機構 2017c）。

2　自衛隊による緊急援助

　日本政府は，資金や物資の提供だけでなく，援助職員を派遣することで緊急援助を実施してきた。このような支援だけでなく，自衛隊を被災地に派遣し，緊急援助に従事させてきた。このような自衛隊の海外派遣に対しては，**国際貢献**を果たすために積極的な派遣を求める意見と，自衛隊の海外派遣に消極的な意見との間で論争がある。前者は，日本国憲法前文（国際協調主義）の重要性を強調し，後者は，憲法 9 条（平和主義）の遵守を求めている。

　国際貢献のための自衛隊の派遣はすでに実績があるため，これについてみていくことによって，今後の自衛隊の緊急援助のあり方を考えてみよう。以下，自衛隊による緊急援助について， 4 つの国際的な活動をみていくことにする。

2-1　国際平和協力活動

　第 1 は，国際平和協力法（1992年〜）にもとづく緊急援助であり，武力紛争を対象として実施される。1991年の湾岸戦争を受けて，米国政府が，日本政府に人的貢献をするように促したことから，海部俊樹政権（自民党）は，国際平和協力法案を急きょ取りまとめ，国会に提出することになった。しかし，自衛隊の海外派遣に反対する社会党などの反発によって法案は廃案となった。その後，宮澤喜一政権（自民党）は，1992年に社会党の反対を受けながらも，公明党と民社党の協力を得て同法案を成立させている。当時は，このような国際協力を目的とした自衛隊の派遣に対して，保守・革新陣営の対立が先鋭化していたのである。

　国際平和協力法において自衛隊の活動として予定しているものは，**国連平和維持活動**（国連 PKO），国際連携平和安全活動，人道的な国際救援活動，国際的な選挙監視活動である（2015年改正に伴って，国際連携平和安全活動が対象に含まれた）。これらの活動は，武力の威嚇や行使に当たるものであってはならず，外国軍による武力の威嚇や行使と一体化するものであってもならない。また，いわゆる参加 5 原則（停戦の合意，参加への同意，中立の厳守，撤収の自由，最低限度の武器使用）を満たさなければならないとされている。

　このような自衛隊の国際平和協力業務のなかで，緊急援助の任務を担うの
は，国際平和維持活動，国際連携平和維持活動，人道的な国際救援活動であ
り，その具体的な任務には，医療，捜索救助，物資配給，施設設備の設置など
による被災者に対する支援があげられる。

　国連平和維持活動のなかで，このような緊急援助の任務が自衛隊に与えられ
たのは，国連ハイチ安定化ミッションなどである。ハイチの平和維持活動にお
いては，国連世界食糧計画のために資材置場の整地，フォークリフトの輸送，
コンテナの移動，避難民キャンプの造成・補修作業などの支援を実施している
（防衛省 2010）。

　人道的な国際救援活動としては，1994年のルワンダ難民救援が最も大規模に
行われた活動であった。社会党は，国際平和協力法案に反対していたにもかか
わらず，社会党の村山富市政権（自民党・社会党・新党さきがけ三党連立政権）が，
国際平和協力法にもとづいてルワンダ難民救援のためにザイール（現在のコン
ゴ民主共和国）に自衛隊を派遣した。この事態に対して『朝日新聞』は，自衛
隊とは別に国際協力組織を設置しようとしていた社会党の変節を批判する一
方，『読売新聞』や『日本経済新聞』などは，実際的な選択として，このよう
な国際的貢献を評価することになった（庄司 2015）。

　日本政府は，国連難民高等弁務官事務所の要請を受けて，ザイールに設置さ
れた難民キャンプに260人の陸上自衛官を派遣し，医療，防疫，給水活動を
行った。医療活動としては，自衛隊医官がゴマ市内のゴマ病院において外来部
門を担当し，世界保健機関の協力を得ながら，難民キャンプの非政府組織の診
療所から送られてきた難民患者を診療した。1日平均30人以上，のべ2100人の
外来患者を診療し，約70件の手術を実施した。また，防疫活動としては，国連
難民高等弁務官事務所と世界保健機関との調整にもとづいて，キブンバ難民
キャンプでのトイレなどの消毒や，シラミ駆除のための薬剤の難民キャンプへ
の輸送を行っている。給水活動としては，1日平均約1200トン，合計7万トン
を提供した（内閣府国際平和協力本部 1995）。

2-2　国際緊急援助活動

　第二は，国際緊急援助法（1992年〜）にもとづく国際緊急援助隊（前述）によ

る緊急援助であり，自然災害と人為的災害（武力紛争を除く）を対象にして実施される。自衛隊は，国内での災害派遣の経験を活用し，応急治療，防疫活動などの医療活動，ヘリコプターなどによる物資，患者，要員などの輸送活動，浄水装置を活用した給水活動などを行っている。

　たとえば，2004年12月のスマトラ島沖地震津波（M9.1）に対しては，自衛隊はタイに海上派遣部隊を送り，インドネシアには統合連絡事務所を設置し，医療・航空援助部隊，海上派遣部隊，空輸部隊を展開した。タイでは，プーケット島沖において捜索救援活動を実施し，57人の遺体をタイ当局に引き渡した。インドネシアでは，航空自衛隊の輸送機がバンダ・アチェなどに援助物資を輸送し，陸上自衛隊と海上自衛隊のヘリコプターなどが，アチェ州における地域間の援助物資の輸送や復旧工事に使用する重機の輸送を実施した。また，自衛隊は国際移住機関と協力して，バンダ・アチェ地区において医療活動と防疫活動を行い，スマトラ島西岸のバンガ・テノム地区において麻疹ワクチンによる予防接種を行った。インドネシア全体では，6013人が診療を受け，2277人が予防接種の恩恵を受けられた（防衛省 2005）。

2-3　テロ対策特別措置法にもとづく活動

　第三は，テロ対策特別措置法（2001〜07年）による緊急援助である。米国政府が，2001年9月の米国同時多発テロ事件に対抗するために，アフガニスタンに侵攻したことを受けて，小泉純一郎政権（自民党・公明党・保守党連立政権）が同法案を提出した。これは，米軍の後方支援のために自衛隊を派遣することを目的としており，自衛隊による武力の威嚇や行使を認めず，自衛隊の活動が他国の軍隊による武力の威嚇や行使と一体化することも禁止している。この法案に対して，社民党と共産党は，自衛隊の海外派遣の拡大につながることを理由にして反対し，民主党は自衛隊の派遣について国会の事前承認を求めたが，自民党が反対して与野党協議が決裂し，与党の賛成多数で可決，成立した（鈴木ほか 2007）。

　テロ対策特別措置法は，自衛隊の任務として協力支援活動，捜索救助活動，被災民救援活動の3つをあげている。日本政府は，国連難民高等弁務官事務所の要請を受けて，被災民救援活動を実施した。海上自衛隊の護衛艦「さわぎ

第Ⅳ部　国際協力

り，掃海母艦「うらが」をパキスタンのカラチに派遣し，難民キャンプで使用されるテントや毛布などの物資を提供した（防衛省 2007）。

2‒4　イラク人道復興支援特別措置法にもとづく活動

　第四は，イラク人道復興支援特別措置法（2003〜09年）による緊急援助である。米国を中心とする連合軍は，大量破壊兵器を隠匿しているとしてイラクを占領し，日本としても国際貢献の一環として自衛隊の派遣を検討することになった。2003年に小泉純一郎政権が，イラクの人道復興支援のために非戦闘地域に自衛隊を派遣する法案を提案した。この法律もまた，自衛隊の武力の威嚇や行使，外国軍の武力の威嚇や行使との一体化を禁止するものである。一方，民主党は，自民党が非戦闘地域という概念を用いることによって，自衛隊の海外派遣と日本国憲法の整合性をとろうとしているにすぎないと反対した。与党の賛成多数で法案は可決され，自衛隊は非戦闘地域とされたサマーワで展開することになった（庄司 2015）。

　イラク人道復興支援特別措置法は，自衛隊に対して対応措置（人道復興支援活動と安全確保支援活動）と呼ばれる任務を与えている。イラク人道復興支援活動において，自衛隊が実施した活動は，医療，被災民の生活や施設・設備の復旧・整備，被災民を救援し，被害の復旧・復興のための輸送・建設・補給であった。

　陸上自衛隊は，イラクのサマーワ宿営地に約600人（のべ約5600人）の隊員を派遣し，医療，給水，公共設備の復旧整備活動を行った。医療活動では，現地のイラク人医師が多数いたために診療活動ではなく，診断方法や治療方法についての指導や助言を実施した。給水活動としては，国内の災害派遣とは異なり，被災者に対する直接の給水ではなく，サマーワ宿営地において浄水と給水車への配水が行われた。これにより，合計５万3000トン，のべ約1189万人分の水が提供された。これは，日本の政府開発援助による給水施設の設置まで継続されることになった。また，公共設備の復旧整備活動としては，学校の壁・床・電気配線などの補修，生活道路の整備や舗装，診療所施設や養護施設などの補修があげられる。このような公共施設の復旧整備を現地業者に委託し，宿営地の周辺で現地住民を雇用することで，のべ49万人，１日最大1100人の雇用を生

158

み出した（防衛省 2009；佐藤 2007）。その一方，サマーワ宿営地の周辺では迫撃砲やロケット弾の着弾があり，治安が安定しているかどうか，自衛隊の活動が武力紛争と一体化しないかどうかが問題となった。

2 – 5　国連平和維持活動の新たな展開

　国連平和維持活動において新たに争点になったのが，国連南スーダン共和国ミッションにおける自衛隊の活動であった。2012年，日本政府は，国連による自衛隊の派遣要請を受けて，約350人の派遣施設隊を南スーダンの都市ジュバに派遣した。自衛隊は，避難民支援活動として医療活動，給水活動，トイレの設置を行い，避難民保護区域の整備，道路の整備や補修なども行った。また，国連難民高等弁務官事務所と協力して，帰還民の一次収容施設建設のために，敷地を造成し，簡易木造施設を建設している（防衛省 2017）。

　2015年，第二次安倍晋三政権（自民党・公明党連立政権）は，安全保障関連法制の改定に伴い国際平和協力法を改正した。それにより，国連平和維持活動に従事する自衛隊に現地住民の安全を確保し，「駆けつけ警護」の権限を与えることが可能になった。「駆けつけ警護」とは，自衛隊が「活動関係者（国際機関職員，NGO 職員，現地邦人など）」の生命と安全を保障する活動のことである。被災者や支援者を保護することは，緊急援助の基本である。

　「駆けつけ警護」の権限は，国連南スーダン共和国ミッションに派遣されていた自衛隊に付与されたが，実際に行使されることはなかった。それは，民進党を中心とする野党が，南スーダンにおける内戦の再開や治安情勢の悪化によって，参加 5 原則を満たさない状況になっているのではないかと批判し，そのような批判も受けて自衛隊派遣施設隊が撤退することになったからである。

　これまでみてきたように，日本では，海外の被災者を支援するために自衛隊を積極的に活用しようとする党派と，自衛隊の海外派遣には消極的な党派があり，両者の対立と妥協を通じて，自衛隊による海外での緊急援助は拡大していった。自衛隊を積極的に活用すれば，海外の被災者を救済することにつながる一方，自衛隊の活動が武力紛争と一体化するおそれもある。他方，自衛隊の海外派遣に消極的であれば，海外の被災者を救済することはできず，国際協力に消極的であると批判を受けることにもなるであろう。

3　今後の日本による緊急援助

　それでは，これからの日本は，海外の被災者に対する緊急援助をどのように進めていけばいいのであろうか。資金や物資の提供だけにとどめるべきであろうか。自然災害であれば，国際緊急援助隊を通じた緊急援助を実施するべきであろうか。武力紛争であれば，国連平和維持活動などに自衛隊を派遣するべきであろうか。

　これについて日本国民は，どのように考えているのであろうか。内閣府世論調査（内閣府 2023）によれば，「人的支援を含んだ，地域情勢の安定や紛争の平和的解決に向けた取組を通じた国際平和への貢献」を，日本の果たすべき役割であると回答した人は61.2%に上った。このことから，過半数の日本国民が，国際平和に対する貢献を日本の対外政策の重要事項としてとらえていることがわかる。その一方，「難民・避難民に対する人道的な支援」が日本の対外政策にとって重要であると考える人は32.3%にとどまり，国際貢献の方法として緊急援助がそれほど重視されていないこともわかる。

　また，内閣府世論調査（内閣府 2018）では，自衛隊が「国際平和協力活動への取組（国連 PKO や国際緊急援助活動）」に今後力を入れていくべきであると回答したのは，34.8%にとどまった。また，自衛隊の国際平和協力活動に「これまで以上に積極的に取り組むべきである」と考える人は20.6%，「現状の取り組みを維持するべきである」と考える人は66.8%であり，国民の一部しか自衛隊による国際協力や緊急援助の強化を望んでいないことがわかる。

おわりに

　日本国民の多くは国際平和のための貢献を推進するべきであると考える一方で，緊急援助をその重要な手段であると考えているわけではなく，自衛隊の派遣に関しても現状維持が多くの国民の意見である。一方，昨今のウクライナ戦争を契機として，日本国民のなかにも被災者支援に関心を寄せ，国際機関や赤十字社，NGO に寄付する人も増えてきた。日本の外交政策は，日本国民の世

論に影響されると考えられることから，日本国民がどのように海外の人道危機を身近な問題として認識するのかが，今後の日本の緊急援助のあり方を決めていくことになるであろう。

📖 文献紹介

① 明石康・大島賢三監修，柳沢香枝編『大災害に立ち向かう世界と日本─災害と国際協力』佐伯印刷，2013年。

　　自然災害における国際協力に関する概説書である。この本では，スマトラ島沖地震津波，ハイチ地震，ミャンマーの台風ナルギス，ハリケーン・カトリーナ，東日本大震災などの大規模な自然災害を取り上げ，国際社会がどのように支援を実施したのかについて紹介している。また，国際社会による緊急援助の主体，原則やルール，民軍協力，調整，資金調達などの諸課題についても説明している。日本による緊急人道支援に関しては，日本政府について述べられるだけでなく，日本赤十字社やジャパン・プラットフォームについても言及している。

② 五百旗頭真監修，片山裕編『防災をめぐる国際協力のあり方─グローバル・スタンダードと現場との間で』ミネルヴァ書房，2017年。

　　自然災害に対する日本の国際協力に関する論文集である。総論として，日本による緊急援助や防災協力について論じられているほか，日本が主導する国際防災協力レジームの形成について紹介している。各論として，国際緊急援助隊の設立経緯や政策的課題，自衛隊による災害派遣と防災協力，東日本大震災における国際支援や在日米軍によるトモダチ作戦，JICAによる防災協力，国際的な防災教育について多方面から論稿が寄せられており，自然災害に対する日本の国際協力について理解を深めるのに有用な文献である。

③ 庄司貴由『自衛隊海外派遣と日本外交─冷戦後における人的貢献の模索』日本経済評論社，2015年。

　　冷戦後の自衛隊の海外派遣に関する研究書である。自衛隊の海外派遣は，国際環境の変化に対応するために検討され，保守・革新勢力の間で政治的な論争になり，そのような政治的な駆け引きのなかで徐々に拡大してきた。本書は，海部内閣における国連平和協力法案の作成過程，カンボジアからモザンビークへの国連平和維持活動の派遣に関する検討の過程，村山内閣におけるルワンダ難民救援活動の参加に関する政策過程，小泉内閣におけるイラク人道復興支援活動の政策過程などを丹念に追っている。

［参考文献］
佐藤正久「ゴラン高原からイラクへ─自衛隊指揮官の中東経験」『軍事史学』第42巻第3・

４合併号，2007年３月，308-325頁。

庄司貴由『自衛隊海外派遣と日本外交─冷戦後における人的貢献の模索』日本経済評論社，2015年。

鈴木滋・福田毅・松葉真美「テロ特措法の期限延長をめぐる論点─第168回臨時国会の審議のために」『調査と情報』第594号，2007年９月，１-12頁。

外務省「中国四川省で発生した大地震に対する緊急支援について」2017年，http://www.mofa.go.jp/mofaj/gaiko/oda/shiryo/jisseki/keitai/kinkyu/080523_1.html，2018年２月23日アクセス。

外務省「ODA（政府開発援助）」2023年，http://www.mofa.go.jp/mofaj/gaiko/oda/shiryo/jisseki/keitai/kinkyu/index.html，2024年１月15日アクセス。

国際協力機構「2008年　中国西部大地震」2017年a，https://www.jica.go.jp/jdr/activities/case_jdr/2008_01.html，2018年２月23日アクセス。

国際協力機構「2015年　ネパール地震」2017年b，https://www.jica.go.jp/jdr/activities/case_jdr/2015_02.html，2018年２月23日アクセス。

国際協力機構「2003年２月　ベトナム・中国におけるSARS」2017年c，https://www.jica.go.jp/jdr/activities/case_jdr/2003_01.html，2018年２月23日アクセス。

国際協力機構「国際緊急援助物資供与」2023年，https://www.jica.go.jp/jdr/about/supply.html，2023年５月12日アクセス。

内閣府「自衛隊・防衛問題に関する世論調査」2018年，https://survey.gov-online.go.jp/r04/r04-gaiko/gairyaku.pdf，2023年５月12日アクセス。

内閣府「外交に関する世論調査」2023年，https://survey.gov-online.go.jp/h29/h29-bouei/2-4.html，2023年５月12日アクセス。

内閣府国際平和協力本部「ルワンダ難民救援国際平和協力業務の実施の結果」1995年，http://www.pko.go.jp/pko_j/data/pdf/04/data04_05.pdf，2018年２月23日アクセス。

防衛省『防衛白書─日本の防衛〔平成17年度版〕』2005年，http://www.clearing.mod.go.jp/hakusho_data/2005/2005/html/17415300.html，2018年２月23日アクセス。

防衛省『防衛白書─日本の防衛〔平成19年度版〕』2007年，http://www.clearing.mod.go.jp/hakusho_data/2007/2007/html/j3313400.html，2018年２月23日アクセス。

防衛省「イラクにおける人道復興支援活動及び安全確保支援活動の実施に関する特別措置法に基づく対応措置の結果」2009年，http://www.mod.go.jp/j/approach/kokusai_heiwa/iraq/kokaihoudou.pdf，2018年２月23日アクセス。

防衛省『防衛白書─日本の防衛〔平成22年度〕』2010年，http://www.clearing.mod.go.jp/hakusho_data/2010/2010/html/m3312200.html，2018年２月23日アクセス。

防衛省「UNMISSにおける自衛隊の活動について」2017年，http://www.mod.go.jp/j/approach/kokusai_heiwa/s_sudan_pko/pdf/gaiyou.pdf，2018年２月23日アクセス。

【上野友也】

第**15**章　　　　　　　［政府開発援助］

政府開発援助と「国益」

" 日本の政府開発援助は「国益」に資すべきか "

　　2015年に策定された開発協力大綱に，開発協力の目的として「国益の確保に
貢献する」ことが明記されました。これをめぐっては賛否が分かれました。主
たる議論の１つとなったのが，ODA が日本の国益に直接的に資すべきか否か
という論点です。この問いに対する意見の対立を検討することによって，ODA
の基礎知識をおさえつつ，変化している援助政策をとらえていきましょう。

【キーワード】政府開発援助（ODA）大綱，開発協力大綱，国益，開発援助委員会
　　　　　　　（DAC）

はじめに

　　日本による政府開発援助（Official Development Assistance: ODA）の供与の歴
史は，アジアや太平洋地域の開発途上国を支援する国際機関，コロンボ・プラ
ンに1954年に参加したことにさかのぼる。その後，アジア地域への援助を中心
に日本の ODA 供与は着実に増加し，1989年には ODA 実績で世界第１位と
なった。だが，財政悪化などを背景に，その予算はピーク時の1997年度から半
減している。2022年の日本の ODA 実績は，米国，ドイツに次ぐ第３位である。
　　日本の ODA は世界のさまざまな課題への取り組みにこれまで貢献してきた
が，基本法がなくその目的が不明確であるとの批判もなされてきた。そこで，
1992年に「**政府開発援助（ODA）大綱**」が策定され，ODA の目的，理念，原
則が示されることとなった。2003年に一度改定された ODA 大綱は，国内的・
国際的な状況の変化を背景にさらに見直され，2015年，「**開発協力大綱**」が策
定された。

　その際，開発協力の目的として，「**国益の確保に貢献する**」という表現が大綱に盛り込まれたことについて，賛否両論が巻き起こり，ODA が日本の国益に直接的に資すべきか否かという論点が浮き彫りになった。これは，なぜ日本が ODA を他国に供与するのかという根本的な問題に関わる問いである。そこで本章では，開発協力大綱と国益との関係に焦点を絞りつつ，ODA を理解していこう。

　まず，ODA の定義や種類を確認してから，援助政策の根幹をなす開発協力大綱に国益という表現が盛り込まれたことをみる。そのうえで，ODA をめぐる対立軸を検討し，ODA は国益に資すべきかを考えていく。

1　ODA の基礎知識

1-1　定　　義

　ODA とは，開発協力のための贈与および貸付のことである。経済協力開発機構（OECD）の**開発援助委員会（DAC）**が定義を定めており，ODA は以下の 3 つの条件を満たす必要がある。

①　公的機関によって供与されるものであること。
②　開発途上国の経済開発や福祉の向上に寄与することを主たる目的としていること。
③　有償資金協力については，緩和された供与条件のもの（グラント・エレメントが 25%以上）であること（グラント・エレメントとは借款条件の緩やかさを示す指標であり，数値が大きいほど条件が緩やかである）。

　ODA の対象となる開発途上国・地域は，DAC が作成するリストに掲載されている。ただし，DAC に加盟していない中国などは，上記の ODA の定義に縛られることなく，途上国に積極的に援助を実施している。たとえば，中国はアフリカにおいて企業進出と公的支援とを区別することなく援助を増大させており，存在感を増している（平野 2013）。

1-2　種　　類

　ODA は，図15-1のとおり，開発途上国・地域を直接支援する二国間援助

図15-1　日本の政府開発援助

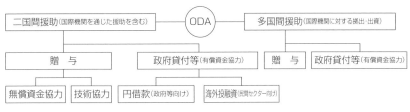

出所：外務省『2022年版開発協力白書 日本の国際協力』2023年。

と，国際機関に拠出する多国間援助とに分類できる。

　援助には，さらに，贈与と政府貸付等の2種類がある。二国間援助の贈与は，開発途上国・地域に無償で提供される協力であり，資金を贈与する無償資金協力と，開発途上国・地域の人材育成を行う技術協力とに分けられる。また，政府貸付等には，開発途上国・地域に必要な資金を貸し付ける円借款と，民間セクターの法人等に対して融資・出資を行う海外投融資がある。

　多国間援助の例としては，国連児童基金（UNICEF）や国連開発計画（UNDP）への拠出や，世界銀行への拠出・出資などがあげられる。

2　開発協力大綱

2-1　開発協力の定義

　先述のように，2015年にODA大綱が再改定され，開発協力大綱が策定された。では，「開発協力」とは何か。開発協力大綱では，以下のように定義されている。

> 　「開発協力」とは，「開発途上地域の開発を主たる目的とする政府及び政府関係機関による国際協力活動」を指すものとする。また，狭義の「開発」のみならず，平和構築やガバナンス，基本的人権の推進，人道支援等も含め，「開発」を広くとらえることとする。

　つまり，必ずしもDACのODAの定義にとらわれることなく，ODA以外の政府資金や国連平和維持活動（PKO），および民間の資金や活動との連携を

強化して，より広い枠組みでODAをとらえ直そうとしているのである。たとえば，1人当たり所得が一定の水準以上だと，DACの定義上はODAの対象国に分類されない。だが，脆弱な島国など，必要性が認められるところには援助を実施していく姿勢が，開発協力大綱では示された。

2-2　開発協力と国益

また，開発協力大綱では，開発協力の目的が以下のとおり明示されている。

　……我が国は，国際社会の平和と安定及び繁栄の確保により一層積極的に貢献することを目的として開発協力を推進する。こうした協力を通じて，我が国の平和と安全の維持，更なる繁栄の実現，安定性及び透明性が高く見通しがつきやすい国際環境の実現，普遍的価値に基づく国際秩序の維持・擁護といった国益の確保に貢献する。（傍点は引用者）

　従来のODA大綱に国益との表現は盛り込まれていなかったが，開発協力大綱では初めて明記されることになった。開発協力大綱は，2013年に閣議決定された国家安全保障戦略をふまえたものとなっており，上述の国益の表現も国家安全保障戦略で示されたものと整合的である。

　ただし，開発協力において国益を重視しようとする動きは，突如として現れたものではない。1992年のODA大綱策定にあたって，ODAの目的と国益との関係をどう整理するかは，すでに議論されていた（小島 2016）。さらに，2003年のODA大綱も，国益という表現こそ直接用いられなかったが，日本の利益や「国民の利益」に言及されており，事実上国益を重視する姿勢を看取できる。つまり，日本の対外援助は，明確には定式化されていなかったものの，基本的に自国の利益にも向けられてきた（ジェイン 2014）。開発協力大綱はこれらの潮流の延長線上にあるととらえられよう。

3　国益をめぐる対立軸

3-1　国益をめぐる論点

　このように，開発協力大綱の策定にあたって注目された点の1つが，国益と

いう表現が盛り込まれたことだった。そして，ODA と国益との関係について日本国内で意見が分かれた。以下，この点に焦点を絞り，議論を紹介していく。

　ここで着目したいのは，3 つの争点である。①日本の国益は他国の不利益を意味するのかどうか（ゼロサムかどうか），②どの程度の時間軸で考えるのか（長期的な国益，短期的な国益とは何か），③そもそも援助は日本の直接的な国益に資すべきなのか。これらを念頭に，双方の意見を検討しよう。

3-2　国益重視に対する批判

　まず，批判をみてみよう。たとえば，朝日新聞は2014年11月 5 日の社説で，「日本に好ましい国際環境を構築するといっても，過度の国益重視は平和国家としてのソフトパワーを弱める懸念がある」と指摘した。翌年 2 月11日の社説では，「戦略的な外交ツールとして活用するのは当然としても，短期的な『国益』を追求するあまり，諸外国を安易に選別していけば，これまで人道的な理念を重んじてきた日本外交の性格を変質させかねない」と述べる。

　また，2015年 1 月18日，毎日新聞の社説は，「新大綱では，途上国の貧困対策を最優先してきたこれまでの方針に代わり，経済成長の重要性が強調される。ODA を日本企業による投資の環境整備に使い，途上国の経済成長を促し，それを日本企業の利益につなげる『国益』重視の姿勢が鮮明だ。途上国の経済成長の重要性や国益の確保は否定しないが，そのために教育や貧困削減のための援助がおろそかになるようでは困る」と表明した。そのうえで，「ODAの本来の目的は，開発途上国の安定と発展に貢献することで国際社会の一員としての責任を果たすことだ」と主張した。

　NGO からも批判の声が上がる。たとえば，関西 NGO 協議会は，「新大綱では ODA が『外交の手段』であることが明確にされ，日本の短期的・直接的な国益への従属性が強調されています。……日本の ODA は，直接的な外交の手段ではなく，むしろ貧困・格差など地球規模の人道的諸課題の解決のためにあるべきです。それにより，憲法前文が謳う『国際社会での名誉ある地位』を得て，日本の国際的進路の可能性を広げる政策的基礎となるべきです」と表明した（特定非営利活動法人関西 NGO 協議会 2015）。

　また，国際協力 NGO センター（JANIC）理事長の大橋正明は，「……貧困の解消によって世界に平和と安定をもたらし，日本の平和につなげる，という長期的な視野に基づいた『国益』であるなら賛成だ。しかし，今回の大綱が指している『国益』とは，日本が経済的に利益を得るという短絡的な意味に過ぎないのではないか。目先の経済的利益を重視するあまり世界の貧困削減をおろそかにすると，かえって長期的な国益を損ねることを懸念している」とする（大橋 2015）。

　以上の批判点を整理すると，①日本の利益を優先して，本来の目的である貧しい国の経済成長がなおざりにされる可能性がある，②開発協力大綱は短期的・直接的な（主に経済的な）国益を重視しており，長期的な国益（人道的な理念を重んじてきた日本外交のソフトパワーなど）を損ねかねない，③ ODA の本来の目的は，地球規模の人道的諸課題の解決をはじめとした，直接的な国益を超えたものであるべきである，ということに集約できよう。

3-3　国益を重視する立場

　他方で，国益を明記した開発協力大綱を擁護する声も上がった。たとえば，2014年10月30日，読売新聞は社説で国益重視について肯定的な見解を示した。「平和構築支援として，途上国の海上保安や治安維持，テロ対策の能力強化などを列挙している。こうした支援は，日本の海上交通路（シーレーン）の安全確保につながり，国益に資する」と述べる。さらに，2015年2月11日の社説では「国連安全保障理事会の改革などでより多くの賛同国を得るために，ODA を有効活用したい。12年の場合，日本から途上国には ODA の約4倍の民間資金が流れている。東南アジアでは，ODA によるインフラ整備以上に民間投資を望む声が強い。政府の ODA と企業の資金を組み合わせ，相乗効果を高めることが大切だ」と主張した。

　また，経済界には国益を重視した ODA 政策をかねてより強調する意見があった。たとえば，日本経済団体連合会（経団連）は，「ODA は，途上国のみならず，わが国の国益に大きく貢献してきている。この点を新大綱に明記すべきである」と提言していた（一般社団法人日本経済団体連合会 2014）。経済同友会も，「開発協力とは，途上国・新興国の社会開発と持続的な経済成長への寄与

を目的に，その実現を通じ，日本の国益，すなわち，平和・安定・繁栄を増進するような，相互利益を創出する『長期的投資』であるべきと考える」（公益社団法人経済同友会 2014a）と主張していた。そのため，日本の国益という視点が盛り込まれたことについて「これは，『日本外交にとって最大のツール』である政府開発援助（ODA）を活用するための原点ともいえる認識であり，高く評価する」と表明した（公益社団法人経済同友会 2014b）。

　日本貿易振興機構（JETRO）の平野克己は，「そもそも日本への貢献が期待できないのであれば，公金を投入して政府が援助を行う意義を主張できず，納税者に対して説明がつかなくなる。援助に限らず政策とはすべからくそういうものであり，主権者への説明責任を負っている。援助が政府の行う政策である以上，援助を受け取る側における効果と同時に，日本にとっていかなる意味と効用があるのかを，漠然とした曖昧な言辞ではなく，はっきりと示さなくてはならない」と主張する（平野 2014）。

　国際協力機構（JICA）理事長の田中明彦は，「たしかに開発協力なのであるから，開発途上国の開発に役立たなければ意味がない。他方，ODA が日本国民の税金を使って日本として行う事業であってみれば，日本国民にも実施してよかったと思えるものでなければならないのは，これまた当然であろう」と述べた。また，「つまり大綱が述べている『国益』は，短期的直接的なものというより，長期的環境的なものである。これは，『情けは人のためならず』ということわざや『恩おくり』という言葉に表されるような普遍的な人間関係の常識を反映している」と指摘した（田中 2015）。

　これらをまとめると，①日本のみの（経済的な）利益だけではなく，相互利益を念頭に置いている，②開発協力を幅広くとらえることによって長期的に日本の安全保障に資する，③そもそも日本への貢献が期待できないのであれば，政策として納税者に対して説明がつかない，ということに整理できる。

おわりに

　国益という表現を盛り込んだ開発協力大綱には，肯定的な意見と批判的なものの両方がある。そもそも国益といったときに，それが，経済的なものを指す

のか，外交的なものか，あるいは安全保障上の利益なのか，論者によって意味合いは異なる。議論を建設的なものとするためには，国益の定義に注意しながら開発協力が国益に資すべきか否かを考えてもらいたい。

その際に前提として留意すべきは，今日の援助政策は，他の政策との関連からより広い文脈でとらえられていることである。制度的な課題も多いものの（木場・安富 2016），近年はODAと防衛省・自衛隊による能力構築支援や，PKO，そして防衛装備協力などとの連携も模索されている。たとえば，南スーダンでは平和構築への女性の参画に向けた能力構築支援が行われており，他の政策との連携が今後も推進されていくだろう。

また，2022年に改定された国家安全保障戦略には，開発途上国の経済社会開発等を目的としたODAとは別に，同志国に対して，装備品・物資の提供やインフラの整備などを行うことが盛り込まれた。これは「政府安全保障能力強化支援（OSA）」と呼ばれ，軍などを支援する新たな無償資金協力の枠組みである。こうした，ODA以外の支援の形にも気を配る必要があろう。

さらに，政府開発援助に関わるアクターも多様である。ODA政策は，政府が企画・立案を担い，独立行政法人国際協力機構（JICA）が技術協力，円借款，無償資金協力を実施することになっている。その際，企業や地方自治体，大学・研究機関，国際機関や，非政府組織（NGO）・市民社会組織（CSO）などとの連携も求められている。

このように，政府開発援助を検討する際は，政策全体における位置づけや他の政策・アクターとの関係も幅広く考慮することが必要である。

📖 文献紹介

① 下村恭民・辻一人・稲田十一・深川由起子『国際協力—その新しい潮流〔第3版〕』有斐閣，2016年。

　　開発協力大綱の策定などをふまえて改定された，国際協力の入門書の最新版であり，国際協力の全体像をつかむのに適している。国際協力の基本的なしくみや，途上国支援アプローチの変化，持続可能な開発への取り組み，国際協力の主要なアクターなどについて，体系的に学ぶことができる。

② 上杉勇司・藤重博美・吉崎知典・本多倫彬編『世界に向けたオールジャパン—平和構築・人道支援・災害救援の新しいかたち』内外出版，2016年。

　本章で扱ったとおり，開発協力を考える際には，政府開発援助のみならず，PKO
などの近接分野との連携も重要であり，かつそれを支えるアクターは多様である。
本書は，外務省，防衛省・自衛隊，JICA，民間組織などが「オールジャパン」で問
題に取り組む様子を描いている。東ティモールやイラク，ハイチ，南スーダン，
フィリピンなどでの具体的な取り組みも紹介されている。

③　外務省『開発協力白書』。
　開発協力大綱の実施状況については，『開発協力白書』において明らかにするこ
とが定められている。『開発協力白書』は，現在の開発協力の実態を知る基礎的な
資料である。実績からみた日本の政府開発援助や，日本の開発協力の取り組みなど
を，具体的に知ることができる。過去の『政府開発援助（ODA）白書』とともに外
務省のウェブサイト（http://www.mofa.go.jp/mofaj/gaiko/oda/shiryo/
hakusyo.html）に掲載されているので，一度目を通してみてほしい。

［参考文献］
一般社団法人日本経済団体連合会「新たな理念の下での国際協力の推進を求める―政府開
　　発援助（ODA）大綱改定に対する経済界の考え方」2014年，http://www.keidanren.
　　or.jp/policy/2014/046_honbun.html，2017年11月11日アクセス。
大橋正明「経済偏重では長期的国益を損なう」『国際開発ジャーナル』2015年2月号，28頁。
外務省「開発協力大綱」2015年，http://www.mofa.go.jp/mofaj/gaiko/oda/seisaku/taikou_
　　201502.html，2017年11月11日アクセス。
外務省『2022年版開発協力白書 日本の国際協力』2023年。
木場紗綾・安富淳「防衛省・自衛隊による能力構築支援の課題―『パシフィック・パートナー
　　シップ』における米軍の経験から学ぶ」『国際協力論集』第24巻第1号，2016年7月，
　　103-121頁。
公益社団法人経済同友会「ODA大綱見直しに関する意見書―日本の総力を挙げた戦略的開
　　発協力の刷新と実効性ある推進体制の整備を求める」2014年 a，https://www.doyukai.
　　or.jp/policyproposals/articles/2014/pdf/141022a.pdf，2017年11月11日アクセス。
公益社団法人経済同友会「『開発協力大綱案』についての意見（パブリック・コメント）」
　　2014年 b，https://www.doyukai.or.jp/policyproposals/articles/2014/pdf/141125a.
　　pdf，2017年11月11日アクセス。
小島誠二「開発協力大綱を読む―規範文書としてのODA大綱，政策文書としての開発協
　　力大綱」2016年，https://www.kasumigasekikai.or.jp/16-04-27-1/，2017年11月11日ア
　　クセス。
ジェイン，プルネンドラ「日本の対外援助政策と国益」『国際問題』第637号，2014年12月，
　　15-25頁。
田中明彦「開発協力が生み出す国力と国益」『外交』第31号，2015年5月，12-21頁。
特定非営利活動法人関西NGO協議会「新・開発協力大綱の閣議決定を受けて（見解）」
　　2015年，https://www.hurights.or.jp/archives/newsinbrief-ja/section 1 /2015/02/17/

　　　新・開発協力大綱 関西 NGO 協議会見解 .pdf，2017年11月11日アクセス。

内閣官房「国家安全保障戦略について」2013年，http://www.cas.go.jp/jp/siryou/131217
　　　anzenhoshou/nss-j.pdf, 2017年11月11日アクセス。

内閣官房「国家安全保障戦略について」2022年, https://www.cas.go.jp/jp/siryou/
　　　221216anzenhoshou/nss-j.pdf, 2023年 7 月25日アクセス。

平野克己『経済大国アフリカ―資源，食糧問題から開発政策まで』中央公論新社，2013年。

平野克己「援助政策を考え直す―経済学から国際政治学へ」『アジ研ポリシー・ブリーフ』
　　　第36号，2014年 4 月。

【山口航】

難民・国内避難民は弱者か，脅威か

" 私たちにはどれくらい難民・国内避難民を受け入れる覚悟があるか "

　　紛争や人権侵害，大規模な自然災害の結果，住むところを追われること
を，「強制移動」と呼びます。その結果生まれる難民や国内避難民は，多くが
衣食住を欠き，不安定な立場に置かれている弱い人々です。しかし，数の多さ
と，逃れた先の社会へ与える影響力の強さゆえに，この人々は脅威だといわれ
ることも少なくありません。突然私たちの社会へやってくる難民や国内避難
民，あなたは受け入れますか。そして共に暮らすことができますか。

【キーワード】強制移動，難民，国内避難民，庇護権，難民の庇護に関する条約（難
　　　　　　　民条約），ノン・ルフールマン，デロゲーション

はじめに

　いま住んでいるところから出て行かなければならない。そうでなければ，自
分や家族の命が危ない。持てるだけの荷物とそこで過ごした想い出を鞄に詰め
て，あるいは捨てて，ともかくも家を出る。どこに行くのか。どこまで行けば
いいのか。元気でいられるのか。帰ることはできるのか。あてはない。ただ，
いまは逃げるだけだ――これは，（願わくば多くの読者にとって）架空の話であろ
う。しかし今日，連日のように目撃する事実でもある。自らの意思に反して移
動を強いられることを，**強制移動**（forced displacement）と呼ぶ。この章が扱
うのは，強制移動である。

　強制移動の被害者として最も有名なのは**難民**（refugees）である。いま手に
入る最も新しいデータ（UNHCR 2023）によれば，その数は3500万人を超える。
これに，**国内避難民**（internally displaced persons: IDPs）という，難民に似た状

況の人々が加わる。内戦や人権侵害などを理由に，自国へ戻れば危険が待っているとして，国境を越えて逃れるのが難民である。国内避難民は，それができずに自らの国のなかをさまよう。国内避難民の数は，難民の比ではない。約6300万人，難民の倍近くである。そして，難民や国内避難民に代表される強制移動の被害者数をすべて足すと，その数は1億1000万人に迫る。日本の総人口とは1500万人ほどしか変わらない。そして，第二次世界大戦が終わって以来，世界はこのような数を経験したことはない。現代は，間違いなく「強制移動の時代」である。

　多くの場合，難民や国内避難民は弱い。住み処を奪われ，家財を置き去りにして逃れてきた人々は，不安定な現状と先行きのわからない未来のもと，衣食住を欠き，健康を損ない，時に命を落とす。戦乱の続くウクライナからヨーロッパ各国へ逃れた人々の姿を思い出してもらえれば十分だろう。だが一方で，この人々はおそれられることもある。ときに数十万人単位で逃れる難民や国内避難民は，その多さゆえに，移動先の社会に相当な衝撃をもたらす。しかもこの人たちは逃れた先に根を下ろし，その社会の一員として新しい暮らしをはじめる。難民にとって，それは失われた生活を取り戻す第一歩である。だから誰も否定することはできない。何より，逃げ込んだ先の社会とはその人たちにとって避難所（refuge）であり，一時的とはいえ安住できる場なのである。だが皮肉なことに，その安住を求める動きが，それまで住んでいた人たちの安住を脅かすことがある。こうした状況は，従来，「難民が現地の人々の仕事を奪う」という心配と結びつけられることが多かった。ところが最近では，難民が，テロリズムに代表される暴力の担い手に変貌し，移り住んだ先の安定を暴力で脅かすという，新しい事態にまで至っている。空港でのテロを画策したとして男が逮捕された2016年10月の事件は，シリアからの難民を多く受け入れてきたドイツで起きた。犯人は，同じ2016年にベルギー・ブリュッセルで起きたテロ事件で使われたものと同じ爆発物を作っていたとされる。男は，シリアからの難民だった。

　難民は弱く，難民はおそろしい──この状況を，私たちはどう理解したらよいか。近年，日本でも難民受入れをめぐる問題に注目が集まる。そこで私たちは何をどうすればよいのか。私たちは，難民や避難民を，救うのか，拒むの

か。受け入れるのか，閉じ込めるのか，追い返すのか。ここから先，日本外交という文脈から難民と国内避難民をめぐる問いを考えていくことにしよう。この人々は，弱者なのか。それとも脅威なのか。

1　人権か，主権か

1 – 1　人権の論理

いま掲げた問いを考えるうえで基本となる，2 つの見方から話を始めたい。

最初にあげるのは，難民や国内避難民は弱者であり，そうである以上，何らかの方法で助けられるべきだとする意見である。なぜなら，難民も国内避難民も私たちと同じ人間であり，人間としての価値を等しくもっているからである。人間が人間としてもつ価値のことを，尊厳（dignity）と呼ぶ。これは誰も奪うことができない。そしてこの尊厳ゆえに，人間は「権利（right）」をもつとされる。権利を，「譲り渡すことのできない神聖な」ものだとうたいあげたのは，1789年のフランス人権宣言であった。人の権利，すなわち人権（human rights）の本格的な登場である。

それから200年の間に，人権という考えは世界へ広がった。第二次世界大戦が終わって 3 年後，人権宣言は「世界」という形容詞を頭につけ，国際連合において採択される。その14条 1 項で，次のような文章があらわれる。

> すべて人は，迫害を逃れるため，他国に避難することを求め，かつ，避難する権利を有する。

強制移動が，人間の尊厳を奪うような出来事であることは，広く同意されている。そのうえで，もし紛争や人権侵害が起き，自らの命が危うくなったとき，他国に助けを求め，避難することができる。世界人権宣言はそういうのである。これを庇護権（rights of asylum）という。庇護権が「人権」として世界的に認められた以上，難民は当然，救われなければならない。国内避難民についても，「避難を求め，避難する」途中であるわけだから，難民と同じく救われることが望ましい。強制移動は人の価値を貶め，尊厳を奪う。そうした事態が起きたとき，難民や国内避難民は，他国（や自国）に助けを求め，避難する

権利をもつ。そうした権利に対し，各国や国際社会は，救援の手をさしのべなければならない。第一の考えはこのような考え方をもって，私たちにうったえかける。これを，「人権の論理」と呼んでよいだろう。

1－2　主権の論理

　これに対して，第二の意見が掲げるのは，「主権の論理」である。この意見は，難民や国内避難民が辛い状況に置かれているのを否定しない。だが，人々が助けられるのは，いつも条件つきだという。つまり，難民や国内避難民は，逃れてきた先の国の安全や秩序を脅かさない限りで，初めて受け入れられる。だから，「主権の論理」によるなら，難民や国内避難民が，勝手に避難を求め，避難することはゆきすぎである。庇護権はあくまで，逃れてきた人々を受け入れるかどうか「国家が決める」権利である。逃れてきた人々自身が決めるわけではない。このことは，世界人権宣言の3年後，**難民の庇護に関する条約（難民条約）**という国際的ルールができた際に，いっそう明確なものとなった。いや，正確にいうなら，庇護権が人間の権利であって国家の権利ではないという考えは，世界人権宣言し・か・，実は述べていない。難民保護をめぐる歴史を振り返っても，また，難民条約のような国際的ルールの多くを眺めても，世界人権宣言のいうような庇護権など，ないのである。その意味で，世界人権宣言がうたった「個人の権利としての庇護権」という考えは革命的であった。「人権」を重視し，それまでの考え方を大きく変えようとしたからである。しかし，1948年当時，そうした世界人権宣言を積極的に支えようとしたものは誰もいなかった。たしかに，世界は，「人権」の重要性を否定したわけではない。しかし，人権は「主権」に勝てない，と判断したのである。

　いまの物語に沿って話を続けると，難民や国内避難民は，国家を脅かしかねない「厄介者」となる。たとえば，1994年，アフリカの中央部ルワンダで内戦が起きたとき，隣のタンザニアには一晩で25万の人々が逃れてきた。もちろん，収容する場所も，分け与える食事や医薬品も，まったく足りなかった。そして当然，タンザニアの人々は驚いた。むしろ，恐怖したといってよいだろう。相手は25万人である。だが忘れてはならないのは，その25万の人たちは，戦いを逃れ，命や家族を守りたいためにやってきた，弱い人々なのである。こ

こで再び問いが表れる。私たちはこの25万の難民を，弱者とみればよいのか。それとも脅威なのか。

2　難民が脅威とされるとき

　弱いはずの難民や国内避難民が，なぜおそれられるのか。いくつか理由が考えられる。まずあがるのは「数」である。2人，3人であればよい。20人や100人だというなら，他人や政府の力を借りて保護できるだろう。しかし実情は違う。万人単位である。多くの人々を受け入れるにせよ，その人たちをどこに住まわせ，食べ物と水を与え，医療や教育を提供するのか。難民どうしで，あるいは受け入れ先の人々との間で，けんかや小競りあいが起きたときにはどうすればよいか。規模の大きさゆえに，受け入れ先の地域は拒み，ためらうだろう。国際法には，ノン・ルフールマン（non-refoulement）と呼ばれる原則がある。これは，受け入れた難民を，正当な理由なしに追い返してはならない，とするものである。だが一方で，もし受け入れ先の地域が不安定となり，秩序が脅かされるのなら，受け入れる国は国際的ルールを守らなくてもよい，との考えもある。これを英語でデロゲーション（derogation）と呼ぶ。ノン・ルフールマンか，デロゲーションか。これら2つは，「人権の論理」「主権の論理」に，それぞれ近い。人権こそは例外も逸脱もなく守られなければならないと考える専門家も，デロゲーションが必要だと考える専門家も（Durieux and McAdam 2004；寺谷 2003）いる。その裂け目は，まだ埋められていない。

　では，仮に「数」が問題にならなかったとしよう。強制移動はいつも万人単位とは限らないからである。しかし，そうした場合にも，難民がおそれられる場合がある。比較的昔からいわれてきたのは，冒頭にもあげた「難民や避難民が仕事を奪う」というものである。現在に至るまで，受け入れ先の国や地域を悩ませている問題であり，ヨーロッパの各国でもこれを理由に難民や避難民を追い出そうとする動きが続いてきた。一方，1990年代以降深刻になったのは，逃れてきた人々のなかに武装した者が潜む，という問題である。これは，難民や避難民が「弱者」だというイメージを逆手にとったものである。そして，逃れてきた人々のなかから武装した者を探し出すのは難しい。というのも，武装

177

はしていても，条件さえ満たすなら難民となりうるからである。そもそも難民条約は，①人種，宗教，国籍，特定の集団のメンバーであることや，政治的な意見を理由に②迫害を受けるかもしれないという十分に理由のある恐怖をもち，③自らの国の外にいて，④その国から保護してもらえなかったり，あるいは保護を求めない者を，難民だと定めている（難民条約１条Ａ項（２））。つまり，「弱者」かどうかは必ずしも問わないのである。もし，迫害を受け，保護を受けない者が自分の国を棄て，銃を抱えて逃れてきた場合，どう対処すればよいのか。この者もまた難民となる可能性をもっている。仮に，その者が銃口を向けたとしても，である。難民であるかどうかを判断することと，その者が危険であり，反撃する対象であるかどうかを判断することは，厳密にいえば，別物である。

　ところが，こうした考え方は「のんきだ」と思われかねない。逃れてきた人の姿をして，他人に害を及ぼす，気づいたときには遅い，というわけである。こうした心配は，いったん難民や避難民として他の国に逃れながら，その後時間を経て，ときには何年も経って，暴力をふるう存在に変わってしまうという状況により，さらに強くなりつつある。この人々が武装した難民と異なるのは，最初から武器を抱えて逃れてきたとは限らない，という点である。だから，難民なのかテロリストなのか見分けることができない。そのうえで，「潜在的なテロリストがいるかもしれない」ことを理由に，難民や避難民の受け入れを拒むことはゆるされるのか，という点が問題になる。「人権の論理」に立つ限り，これはゆるされない。しかし「主権の論理」に立つ場合，国の安全を理由に「やむをえない」とされるかもしれない。ドイツで男が逮捕された事件から２週間ほど後，国連で人権問題を話しあう国連総会の委員会に際して，専門家は「人の移動がテロ事件の増加につながる理由はな」く，「人の流れを制限しすぎるならかえって国の安全保障を損なう」という声明を出した（UN 2016）。しかしその後選挙で選ばれたトランプ米大統領（当時）は，国の安全を重視する名目で，むしろ人の流れを制限し，メキシコとの国境に壁を設けようとした。つまり，今日，２つの論理はあくまで対立しているわけである。そして，ここまで述べてきた状況をふまえて，私たちは外交の論点として難民・国内避難民問題を考えなければならない。

3　日本は強制移動民と向きあえるか

　一般に，日本が「難民問題」に直面したのは1975年4月にベトナム戦争が終わってからだと考えられている。「ボート・ピープル」と呼ばれた人々は，戦後の混乱を避けて自国を脱出，日本は1978年から2005年（この年に受け入れが終了する）の間，3500人あまりを受け入れた（これに海外のキャンプから逃れてきた人，合法的に出国を認められた人などを含めると，数は1万1000人を超える）。この人々は後に「インドシナ難民」と呼ばれ，国内3か所に設けられた「定住促進（救援）センター」で暮らしながら，教育や職業訓練などを受けた。そしてその後，国内各地に定住していった。

　実はこうした政策は，「難民条約があるからそれを守ろう」ということで政府がとったものではない。そもそも，ボート・ピープルがやってきた当時，日本は難民条約に入ってすらいなかった。日本における難民や避難民の受け入れは，だいたい後手後手で進んできたわけである。その背景には，日本が島国であり，陸続きの他国と比べて海が人の移動を遮りがちであったことがあるだろう。しかし，たとえば同じ島国であるイギリスと難民受け入れの割合を比較したとき，海があり島国だから受け入れが不活発だ，といえるわけではないことも，またわかる。新しい統計（出入国在留管理庁 2023；UK House of Commons Library 2023）によれば，英国では，100人が庇護を申請すると33人の割合で庇護が与えられた。日本は，3人にも満たない（数値としては2.5%）。難民や避難民に対して日本が消極的であったのは，地理的な理由というよりは，もっと別なところにありそうである。

　さらに考えなければならないのは，助けを求める人々をどう処遇するか，という問いだろう。現在難民申請者は，東南アジアか南アジア，アフリカの国々からのものが多い。では東アジアはどうか。外交と軍事の点で安定しているとはいいにくいこの地域で，万一，多くの人々が逃げなければならない状況が起きたとき，日本は，私たちは，対応できるのか。「人権の論理」によって保護をうったえる人たちには，秩序の問題が問われる。「主権の論理」によって追い返そうとする人たちには，人間の尊厳のあり方が突きつけられる。そしてい

ずれの論理をもってしても，誰が，いかなる基準と方法で，逃れてきた人たちを適切に処遇すべきかという問いは残る。近年，日本ではウクライナからの避難民を積極的に受け入れている。だが一方で，難民申請が認められず，長い期間，入国管理施設に収容され続けている人々もいる。助けを求める点でそんなに変わらないはずのこの人たちを分けるものは何か。

　もちろん，まるで何もしなかったわけではない。よくいわれるのは，難民・避難民を受け入れ，保護する国や国際機関に対して資金を援助した，というものである。人によっては，これは日本の「得意分野」だとされる（滝澤2017）。たしかに日本による財政支援は，外交を考えるにあたって強い道具であることに間違いはなく，「得意」という言葉に誤りもないだろう。しかし，お金を出すことをもって，「不得意分野」が帳消しになるわけでも，それをしなくてよいという理由にもならない。ここに，この問題をめぐる日本外交の論点が浮かび上がってくる。では，どうすればよいのか，である。

おわりに

　この章は，難民・国内避難民問題という視点から日本外交の論点を考えるはずのものであった。しかし結果として，章の最後でようやく「どうすればよいか」という問いに辿り着いた。つまり，難民・国内避難民問題は，外交以前に取り組むべき宿題をすでに多く抱えているのである。どう解決すればよいかを考える前に，私たちにとって，この人々は何者なのか。どう接し，いかに処遇すべきか。考えることで私たちの姿勢はまるで変わってくる。外交上の姿勢も同様である。あらためて，この人々に対していかなる手立てを講じればよいのか。これについては，議論が十分進んでいない。お金は出している。しかし，姿勢はまだ未熟で，知恵もたくさん出たとはいいがたい。この宿題をすることが，むしろ先ではないか――これが，この章の結論ということになる。

　そして，いまの点とは別に，やっておかなければならないことがある。それは，日本が難民や避難民とは関係ないという意識自体をひっくり返しておくことである。難民や避難民に対して日本が何をすべきかという問題は，長い間，「日本から難民や避難民は出ない」という考えをほとんど前提になされてきた。

しかし，これは幻想である。2011年の東日本大震災と福島第一原子力発電所事故は，30万以上の人々に移動を強いた。故郷へ帰ることをゆるされたのは，つい最近の話である。もし自分自身が，家を棄て故郷を棄てて見知らぬ所へ行かなければならなくなったとき，自分はどう生きていけばよいのか。そして自分はどう扱われるのか。こうした問いも，また考えなければならない。何より，それは私たちが「日常」のなかで考えるべき問いであって，その意味で外交以前の話である。しかし「日常」にとっての問題を考えずして，外交問題たる難民・避難民の問題を考えることは難しいだろう。なぜなら難民・国内避難民問題とは，国家の外交に関わる以前に，人の命と日々の暮らしに関わるからである。それがシリアの人々なのか，あるいは私たちなのかは，あまり考えなくてよい。さしあたり，以下にあげる文献を読んでみるとよい。そして読み終わったら，本を脇に置いて，いま起きていることは何かを確認し，考えてみよう。あなたにとって，難民や国内避難民は，弱者か，脅威か。そしてあなたはどう向きあうのか。

📖 文献紹介

① 墓田桂『難民問題──イスラム圏の動揺，EU の苦悩，日本の課題』中央公論新社，2016年。

概説書。新書のかたちはとっているものの，「人権の論理」と「国家の権利」という2つの立場をどう両立させていくかを考えた苦闘の本である。シリアからヨーロッパへ向かう難民が急増し，人権の論理をもって受け入れた国でテロ事件が起こるという現実を背景に書かれた一冊。そのうえで，結局私たちは問題にどう向きあうのかが問われてくる。著者は日本における国内避難民問題研究の第一人者でもある。より専門的な議論を，という読者は『国内避難民の国際的保護』勁草書房，2015年を一読されたい。

② 本間浩『個人の基本権としての庇護権』勁草書房，1985年。

「人権の論理」から，難民や避難民が保護されることの可能性と限界を論じた重厚な一冊。かつて旧西ドイツは，「主権の論理」ではなく「人権の論理」から難民を庇護していた。庇護の悪用を招き，多くの難民を「負担」することになった一方，その「壮大な実験」は「人権の論理」にもとづく庇護の意義を大きく示すことにもなった。今日ドイツを取り巻く難民の状況を理解するうえでも有益。分厚く，難しい本でもあるので，同じ著者の書いた『難民問題とは何か』岩波書店，1990年からスター

トしてみるのもよいだろう。

③ 墓田桂・杉木明子・池田丈佑・小澤藍編『難民・強制移動研究のフロンティア』現
代人文社，2014年。

　　人の強制移動という問題を，多面的に，また包括的にとらえるための一冊。難民
や国内避難民の問題は，日本外交の論点以上にグローバルな広がりをもっている。
その問題を「人権か，主権か」という対立軸を中心に考えるためには，できるだけ
多くの視点と，ケースをみる必要がある。ここにある多くの考えに触れたうえで，
あらためて「どう向きあうか」という問題を考えるとよいだろう。滝澤三郎・山田
満編『難民を知るための基礎知識』明石書店，2017年も，包括的に考えるうえで良
書である。

［参考文献］

滝澤三郎「グローバル化時代の難民・国内避難民」石井香世子編『国際社会学入門』ナカ
　　ニシヤ出版，2017年。

出入国在留管理庁「令和4年における難民認定者数等について」2023年3月24日報道発表
　　資料。

寺谷広司『国際人権の逸脱不可能性―緊急事態が照らす法・国家・個人』東京大学出版会，
　　2003年。

Durieux, Jean-Fransois and Jane McAdam, "Non-Refoulement Through Time: The
　　Case for a Derogation Clause to the Refugee Convention in Mass Influx
　　Emergencies," *International Journal of Refugee Law*, 16(1), 2004, pp. 4-24.

UK House of Commons Library, *Asylum Statistics* (Research Briefing SN01403), 2023.

United Nations High Commissioner for Refugees (UNCHR), *Global Trends: Forced
　　Displacement in 2022*, 2023.

United Nations Office of the High Commissioner for Human Rights, "Refugees and
　　terrorism: 'No evidence of risk' - New report by UN expert on counter-terrorism"
　　(News Release on 21st October, 2016).

【池田丈佑】

気候変動問題と日本の対応

**" 日本は主要な地球環境問題の１つである気候変動問題に，
どのように対応していくべきか "**

　気候変動問題は，現代社会が取り組むべき重要な課題の１つです。国際社会
が協力し，問題解決に向けて行動することが求められています。日本は，この
問題の解決に向けてどのように貢献すべきでしょうか。省エネ対策だけでよい
でしょうか。発電手段の見直しを含めた大幅な改革に踏み出すべきでしょう
か。あるいはそれほど行動しなくてよいという立場もあります。気候変動問題
は，エネルギー問題と密接に関連しつつ，私たちの社会のあり方そのものに関
わる選択を迫っているのです。

【キーワード】気候変動問題，エネルギー政策，京都議定書，パリ協定，科学的不
　　　　　　　確実性

はじめに

　人類がこれまでの歴史のなかで成し遂げてきた技術革新と，それらを応用し
た大規模な経済活動は，便利で豊かな生活の実現に寄与してきた。ところが，
人類の活動が自然界に影響を与えることが増え，その結果が人々の健康や資産
への悪影響として返ってくることがある。こうした現象を，環境問題という。
　たとえば，工場などから硫黄酸化物（SOX）や窒素酸化物（NOX）が排出さ
れることで酸性雨が発生する。フロンガスという化学的に安定して使いやすい
気体の利用は，オゾン層の破壊につながった。このような環境問題は国境を越
えて影響が広がるため，問題解決には各国の協力が不可欠とされる。各国は条
約や議定書を結び，それぞれの問題について何を規制し，どのような行動が義

務（あるいは努力義務）化されるかを決め，その履行と遵守に努めるようになってきている（亀山 2010）。実例をあげると，絶滅のおそれのある野生動植物の種の国際取引に関する条約（ワシントン条約）は，締約国に特定の動植物とそれらの加工品の輸出入を制限するよう求めている。また，オゾン層を破壊する物質に関するモントリオール議定書に基づき，先進国はフロンガスの使用を撤廃した。

　これらの環境問題のなかで，その影響が最も広範囲に及び，問題解決のためにより多くの国・人々の協力を必要とするのが，**気候変動問題**である。したがって，問題解決には多様な国々の利害調整が不可欠であり，重要な外交課題の１つとして認識されている。加えて，気候変動問題にいかに対処するかは，日本を含めた各国の**エネルギー政策**とも直結し，国内的にも大きなテーマであるといえよう。

　気候変動問題に関する初めての国際的合意である国連気候変動枠組条約が締結されたのは，1992年のことである。それから30年以上が経過し，首脳レベルを含めた国際交渉が繰り返されているが，問題解決に向けた道筋を見出すまでに至っていない。本章では，気候変動問題に関する経緯を振り返ったうえで，日本が直面する選択と，そこでの論争点を明らかにしていきたい。

1　気候変動問題の概要

　気候変動問題についての議論は，二酸化炭素（CO_2）を中心とする温室効果ガスの排出増加が，地球の気候メカニズムに大規模かつ甚大な影響を与えてしまうという指摘から始まった。石油や石炭といった化石燃料を使用することは，CO_2を大気中に排出することになる。大気中のCO_2濃度の上昇は，温室効果による地球表面の気温上昇を招く。気温上昇により南極や北極の氷が融けると，海面が上昇し，小島嶼国や海抜の低い地域が水没するかもしれない。さらに気温上昇の結果として，各地域の気圧配置や降雨パターンも影響を受け，干ばつや豪雨による被害が多発すると予想されている。

　2023年３月に出された気候変動に関する政府間パネル（IPCC）の第６次評価報告書（政策決定者向け統合報告書）によれば，世界の平均気温は産業革命前か

らすでに1.1℃上昇しており，2030年代には1.5℃上昇に到達する可能性が高いという（IPCCウェブサイト）。同報告では，平均気温の上昇を1.5℃に抑えるためには，2040年に温室効果ガスを69%削減する必要があるとされ，IPCCという専門家の集団が状況をかなり厳しく認識していることが浮き彫りとなっている。

2　気候変動問題への国際的取り組み

　気候変動問題が国際的政治課題として認識されるようになったのは，1980年代後半のことであった。冷戦終結当時のリーダーたちは，この問題についての危機感を共有し，1992年にリオデジャネイロで開かれた国連環境開発会議（地球サミット）において，気候変動枠組条約を締結した。この条約において，各国が温室効果ガスの排出削減を目指すという大枠の行動指針が合意されたのである。そして，先進国が温室効果ガス削減の具体的数値目標を掲げた初めての国際的ルールとして，京都議定書が誕生した。

　京都議定書は，1997年の12月に京都で開かれた気候変動枠組条約の第3回締約国会議（COP3）において締結された。同議定書は，2008年から2012年の約束期間に，先進各国が特定の割合で温室効果ガスの排出削減を実行するよう定めていた。各国の削減目標は，1990年の排出量との比較で表現され，EUは8%，米国は7%，そして日本は6%を目標値とした。こうした目標を達成するために，削減したポイントを市場でやり取りする「排出権取引」，先進国が途上国で削減のためのプロジェクトを実施しそのポイントを自国のものにする「クリーン開発メカニズム」，そして森林の復元や植林を削減活動とみなす「吸収源活動」など，さまざまな仕組みが1つひとつ構築されていった（高村・亀山 2002）。

　しかし，2001年に米国のブッシュ（息子）政権が京都議定書に参加しないことを表明すると，同議定書はその成立さえも危ぶまれることとなる。それは，議定書の発効条件として，55か国以上の批准に加え，削減義務を負う国のなかで55%以上（排出量ベース）の国の参加を規定していたからである。幸いにしてロシアが批准した段階で条件はクリアされ，京都議定書は2005年に発効し

た。

　それでも，京都議定書にとっての厳しい状況は続いていく。2007年ごろには中国が排出量で米国に肩を並べたといわれた。中国やインド，ブラジルを含む新興国は，京都議定書において排出削減義務を課されていない。それでも，新興国の経済成長とプラスの相関をもつ排出量は年々増加していく。米国も中国をはじめとする新興国も参加していない京都議定書，これはもはや有効な国際ルールではないのではないか。そうした批判が聞かれるようになった。その結果，京都議定書に代わる新たなルール作りが目指されることとなったのである。

3　パリ協定締結と今後の課題

　2000年代後半から2010年代前半にかけて，締約国会議での議論は停滞の時期を迎える。米国をはじめとする先進国には，途上国も責任を担うべきという根強い主張があった。一方の途上国の認識は次のようなものとなる。気候変動問題が生じているのは，これまで化石燃料を使い続けてきた先進国に責任がある。したがって，対策は先進国によって行われるべきであり，途上国にはまず経済発展を優先する権利，すなわち CO_2 を排出する権利がある，というのだ。

　こうした対立に直面しつつも，何とか合意を見出そうとする厳しい交渉が続けられた。そして2015年12月，パリで行われた第21回締約国会議（COP21）において，2020年以降の排出目標に関するパリ協定が締結された。パリ協定には，2020年以降の地球温暖化対策に，途上国も含むすべての国が参加することが明記された。目標として，世界の平均気温上昇を，産業革命から2℃未満，できれば1.5℃に抑えることが掲げられ，そのために，今世紀後半に温室効果ガスの排出量実質ゼロを目指すこととなった。これは，きわめて画期的な内容であった。

　しかし，多様な利害をもつ国々に受け入れさせるため，パリ協定そのものは各国の削減目標を規定するかたちをとっていない。参加国は自ら削減目標を立て，5年ごとに進捗を国連に報告することになる。たとえば日本は，2030年度までに，2013年度比で，温室効果ガスの排出を26%削減するという目標を掲げ

ている。こうして目標を明らかにすることによって，目標達成へのインセンティブが生じる。目標達成がかなわなければ，NGO や国際機関からの厳しい批判を招くことになるだろう。ただ，目標未達成の際のペナルティが規定されていないことは，パリ協定の限界といわざるをえない。

　気候変動問題に対する国際的交渉が進展と停滞を繰り返すなかで，世界各地での気温上昇や豪雨災害など，温室効果の影響が指摘される具体的現象，被害が報告されている。そこで近年の締約国会議では，温室効果ガス排出削減をはじめとする「緩和」に向けた対策に加え，気候変動の結果に対応するための「適応」や，すでに生じた「損失と損害（ロス・アンド・ダメージ）」への対策も議論されるようになった（UNFCCC 2022）。論点が拡散し利害が錯綜するなかで，具体的行動を導くための意思決定が求められている。

　また，気候変動対策は2015年に国連総会で決定された「持続可能な開発目標（SDGs）」の柱の1つとなっている（目標13）。気候変動枠組条約やパリ協定といった枠組を超えて，国際社会全体の課題として，この問題はあらためて位置づけられている。

4　各国の立場の相違

　気候変動問題に対する各国の態度は，将来予想される被害の大きさと，対策を行うために求められるコストの大小に大きく影響されると考えられる。被害の面についていえば，気候変動による自国領域への悪影響が大きいと考えられる国は，より積極的な対策の必要性を強調するだろう。海面上昇によって大きな被害を受けることが予想される小島嶼国は，国際社会に対策の実施を求めている。反対に米国や中国のような大陸国家は，気候変動によるリスクにさほど敏感ではないだろう。

　対策コストについていえば，それを高く見積もる国は対策に後ろ向きとなる。化石燃料の利用を減らすことにより最も打撃を受けると思われる OPEC 諸国は，対策に後ろ向きであったり，対策実施がやむをえないと認めたりした場合であっても，それによって失われる利益の補償を求めることすらある。一方，再生エネルギー産業の拡大や，電気自動車（EV）の開発で主導権を握る

など，対策に寄与することが新たな利益につながると認識された場合，各国の態度はより積極的なものになるだろう。たとえば，対策に積極的なEUへの輸出拡大を目指す場合，その高い基準に適合する製品を生み出すことが求められる。そうであるならば，輸出国が積極的な国内基準を設けるなどし，電気自動車等の国際市場において主導権を握ろうとするのは，合理的判断とも考えられる。米国のバイデン政権はパリ協定に復帰するなど気候変動対策を強化するよう舵を切ったが，その背景にはこうした経済的な利得計算が存在するのかもしれない。

　さらに，気候変動問題は他の社会的問題と相互に関連しており，それらへの各国の態度が，気候変動問題に関する対応に影響を与えることもあるだろう。たとえば先住民族の権利保護の問題と気候変動問題は，密接に関連することが知られている。先住民族のなかには自然と調和した独自の関係を築いている人々も多い。その生活スタイルが自然と共存するものであるために，気候変動に由来する自然環境の変化を直接的に受けやすいと考えられる。一方で，先住民族が伝統的に引き継いできた自然との向き合い方の知恵は，現代の気候変動問題の解決に寄与するとされる（パリ協定第7条5項）。そのため，先住民族の権利保護を重視する政権には，気候変動問題に対しても積極的であることが期待されるだろう。さらに，緩和や適応に関する対策の実施においては，その意思決定に先住民族が参加しているかが問われることとなろう。このように気候変動問題に関する各国の対応は，関連する諸問題をめぐる文脈においても評価され，各国政府はそうしたことを念頭に置きつつ，対応に当たることとなる。

5　日本の選択

　気候変動問題に対する日本の態度は，より積極的だった2000年前後から，紆余曲折を経ながら徐々に消極的なものになってきたとされている（鄭 2013）。1997年の京都議定書締結に貢献した日本は，米国の離脱後も議定書発効を目指し続けた。COP交渉が停滞した時期でも，2050年までにCO$_2$の排出量を半減することを目指して，第一次安倍晋三政権が「クール・アース50」という政策を発表するなど，積極的な態度は維持されていた。そのころの日本政府が気候

変動対策の中心に置いていたのは原子力発電だった。

　2011年3月の福島第一原発事故の影響で原発稼動が一時的ながら停止されると，気候変動対策の未来を展望することが難しくなった。2011年のCOP17では，延長が決まった京都議定書への不参加が表明された。パリ協定が締結されて以後，批准手続きの遅れにより同協定の第1回締約国会議に参加できないという結果を招くなど，日本の対応は以前より消極的なものであった。しかし，2020年に菅義偉首相が2050年に温室効果ガス排出ゼロ（カーボンニュートラル）を目指すことを表明するなど，積極的姿勢もみられるようになった。こうした高い目標を実現するために，具体的にどのような対策を実施するのか。たとえば，再生可能エネルギーへのシフトやEVの普及をいつまでにどの程度実現させるのか。そのための補助金や優遇税制といった政策はどの程度の規模になるのか。これらを含め，気候変動問題に対する日本の対応は今後も問われ続けることになるだろう。

5-1　消極的な態度

　ここでは，現在の他の先進国の状況をふまえつつ，日本がとりうる気候変動問題への態度について考えてみたい。まず第一の態度として，消極的な態度が考えられる。こうした態度は，温暖化傾向そのものを疑問視したり，気候変動を認めるとしても原因は人間活動ではないと考えたりする人々によって支持される。このような見解は，IPCCの専門家たちをはじめ，多くの気象学者から否定されてはいる。だが実際，米国のトランプ政権はこのような主張を展開したことがあり，日本でもこうした態度が支持されることは，まったくありえない選択肢ではない。すなわち，「消極的な態度」も選択可能と考えられる。そうなると日本は，パリ協定から離脱し，気候変動対策にコミットしないことになるだろう。「消極的な態度」は，気候変動問題の科学的不確実性を論拠とするが，当然そこには対策コストに関する利得計算も関係することは留意しておきたい。

5-2　積極的な態度

　「消極的な態度」の対極に，「積極的な態度」がありうるだろう。EUのなか

でも，最も積極的とされるドイツやデンマークでは，風力や太陽光エネルギーの活用が進み，気候変動対策と脱原発の両立が目指されている（シュラーズ2011）。日本でも，広い海を利用し，海洋風力発電や温度差発電，潮流発電などを展開することは可能だろう。さらに炭素税や排出権取引といった制度を整備することも考えうる。また，国際金融市場において投資を獲得するために，企業にはESG（環境・社会・ガバナンス）情報の開示が求められる。そのなかで気候変動についても，取り組んでいる項目を並べるだけでなく，気候変動対策の実践を将来の利益につなげる見通しを示すことが課題となるだろう。企業がこのような評価と期待を受けることは，欧米では定着しており，国際金融市場において日本企業が取り残されないためのあり方としても，「積極的態度」は支持されうるだろう。

5-3　限定的推進

　最後に，「限定的推進」という態度がある。こうした立場は，気候変動対策の必要性は認めるものの，対策にかかるコストを十分に考慮すべきだと考える。それによると，日本はすでに省エネ努力を行っており，一定量のエネルギー効率化に必要なコストは，これまで対策を行ってこなかった新興国に比べ高くつくという。また原子力に代わって化石燃料の代替となるべき再生可能エネルギーについても，設置コストが高く電力価格の高騰を招くとの懸念が存在する。「限定的推進」という選択は，対策にまったくコミットしないという立場ではない。仮に，パリ協定から離脱することになれば外交上のリスクがあり，国内的にも対策をまったく行わなければ，環境保護に積極的な人々からの批判を招く可能性が高い。そこで，経済の足を引っ張らない範囲で，あるいは経済界の理解を得られる範囲で気候変動対策を行うということになるだろう。負担にならない範囲で省エネを進め，原発の活用も気候変動対策の1つとして維持されることになろう。現状維持的なこうした対応は，短期的には合理性を有していると考えられるが，脱炭素化やEVの本格導入が進む国際市場から日本企業が取り残されるリスクを生じうる。また気候変動問題に関する国際交渉において，主導的役割を担えなくなっている日本の立場を固定化させることにつながりかねないことも懸念されよう。

おわりに

　気候変動問題は半世紀を超えるスパンで向きあわなければならない課題である。パリ協定の目標は，2030年から2050年へと予想を超えた速さで温室効果ガスを削減していくことである。本章で示した 3 つの代表的選択肢は，あくまで現時点でのものにすぎない。地球の気候そのものが変化を続ける一方で，エネルギー産業や自動車産業における技術革新は国際市場の変化を引き起こす。これらの影響を受け，気候変動枠組み条約締約国会議では新たな目標が示される。こうしたなかで日本政府も対応の選択に迫られていく。そこでは，気候変動の被害を食い止めるという長いスパンでみたときの合理性の実現を，いかに現代の人々の納得を得ながら進めていくか，その調和を図ることが求められているのである。

📖 文献紹介

① 深井有『気候変動とエネルギー問題―CO_2温暖化論争を超えて』中央公論新社，2011年。

　　気候変動問題には，他の環境問題と同様に，その因果メカニズムに関して科学的不確実性が存在する。気候変動のリスクを強調する IPCC は専門家集団であるが，その知見が唯一のものではない。別の見方も存在するのだ。本書では，地球の気候は太陽の活動が大きく影響しており，CO_2の排出量の影響は限定的とされる。

　　CO_2の削減ばかりに目を向けるのではなく，他の課題との優先順位を冷静に見極めることが説かれている。本書は気候変動理論について疑問を投げかけているが，決して化石燃料の継続利用を支持しているわけではなく，水素の核融合からエネルギーを得ることが提唱されている。本章の「消極的な態度」を直接的に支持するものではないが，気候変動論争を多面的にとらえるための一冊として紹介する。

② 太田宏『主要国の環境とエネルギーをめぐる比較政治―持続可能社会への選択』東信堂，2016年。

　　本書では，相互に密接に関連するエネルギー問題と気候変動問題について国際的な状況を紹介したうえで，デンマーク，ドイツ，米国，中国，そして日本の石油危機以後の基本的なエネルギー政策と温暖化対策の変化が詳述されている。各国の政策決定過程の比較を通して，再生可能エネルギーを最大限活用する政策変更は可能であり，そのことは気候変動対策に寄与するだけでなく，エネルギー安全保障政策

としても望ましいと論じられている。

　本書は，日本も気候変動対策に積極的にコミットすべきとの立場で書かれていると思われるが，国内政治と国際政治の連関という，政治学の一般的なテーマを考えるためにも有益な視座を与えてくれる。

③有馬純『精神論抜きの地球温暖化対策—パリ協定とその後』エネルギーフォーラム，2016年。

　本書では，パリ協定成立までの国際交渉過程が丹念に叙述され，なぜ合意が可能だったのか，何が決まったのかを明らかにし，パリ協定の意義を冷静に評価している。さらに，イギリスのEU離脱やトランプ大統領の誕生など，「内向き」といわれる昨今の潮流が，気候変動問題に与える影響についても論じられている。事実を積み重ねることを重視した中立的な書籍ではないだろうか。

　後半で日本の対策についても議論されており，原発の活用の有効性を明確にしつつ，気候変動対策のあり方を論じているという点で，本章でいう「限定的推進」をサポートする側面もある。パリ協定について大枠を理解するのに適した書籍である。

亀山康子『新・地球環境政策』昭和堂，2010年。
シュラーズ，M. A.『ドイツは脱原発を選んだ』岩波書店，2011年。
高村ゆかり・亀山康子『京都議定書の国際制度』信山社，2002年。
鄭方婷『京都議定書後の日本環境外交』三重大学出版会，2013年。
Intergovernmental Panel on Climate Change (IPCC), "AR 6 Synthesis Report," https://www.ipcc.ch/report/ar 6 /syr/，2023年 7 月31日アクセス。
UNFCCC, "Sharm el-Sheikh Climate Change Conference," 2022, https://unfccc.int/cop27，2023年 7 月31日アクセス。

【伊藤丈人】

第**18**章　　　[国際犯罪]

日本における人身取引と人権

"日本は「国境の壁」を低くすべきか，それとも高くすべきか"

　　私たちの社会は，グローバリゼーションという言葉で言い表されるように，ヒト，モノ，カネ，情報の移動が盛んです。日本でも多くの観光客の姿がみられ，その消費を期待するお店もたくさんあります。一方で，犯罪も国境を越えてやってくるといわれています。それでは，経済を後押しするために「国境の壁」を低くしたほうがいいのでしょうか。それとも，犯罪の防止のために「国境の壁」を高くしたほうがいいのでしょうか。ここでは「人身取引」の問題に着目して考えていきましょう。

【キーワード】国際犯罪，グローバリゼーション，人身取引，外国人技能実習制度，
　　　　　　　人権

はじめに

　国際犯罪は，国境を越えるヒト，モノ，カネ，情報の流れに便乗して行われる犯罪のことを一般的に指す。このような犯罪のグローバリゼーションによって，麻薬・薬物，テロリズム，資金洗浄（マネー・ロンダリング），サイバー犯罪，人身取引などの問題が国境を越えて拡散し，国家間の協力の枠組みを通じて対応する必要が出てきた。これは「国境の壁」を低くしてグローバリゼーションを促進するべきか，「国境の壁」を高くして犯罪を防止するべきかという対立に関連するものである。本章では人身取引について詳しくみていくが，その前に，それ以外の国際犯罪について概観しておこう。

1　国際犯罪

1-1　麻薬・薬物

　国際犯罪組織の資金源の1つが，麻薬や違法薬物である。これらの麻薬や違法薬物には，大麻，コカイン，ヘロイン，向精神薬，MDMA などの合成麻薬，覚醒剤などがあり，国際社会や日本における脅威の1つにもなっている。

　国際社会では，麻薬や薬物に関する諸条約が締結され，それにもとづいて対策がとられてきた。国連では，1946年に経済社会理事会のもとに麻薬委員会が置かれ，薬物関連条約の履行を監視し，薬物統制の強化に関する勧告などの政策を実施している。また，麻薬関連条約の事務局として，国連薬物犯罪事務所（UNODC）が設置されている（外務省 2017a）。

　日本では，麻薬・薬物を水際で食い止めるために，警察庁が税関や海上保安庁などの関係機関と連携を強化し，海外への捜査員の派遣と国際会議での情報交換を行っている（警察庁 2016）。また，薬物犯罪組織を根絶するために，資金面では麻薬特例法（1992年）にもとづいて密輸・密売やマネー・ロンダリングの取り締まりを強化し，犯罪収益を没収している。インターネットを通じた麻薬・薬物の密売に関しては，サイバー・パトロールやインターネット・ホットラインセンターを通じた通報によって情報を収集している（警察庁 2016）。

1-2　資金洗浄（マネー・ロンダリング）

　国際犯罪組織が活動するためには資金が必要であり，犯罪行為で得た資金を預ける必要もある。しかし，銀行などに資金を預ける場合には，身元の確認が求められ資金の出所がわかってしまう。そこで，たとえば銀行の口座から口座へと資金を次々に移動させていくことによって，資金の出所をわからなくする方法がとられる。これがマネー・ロンダリングである。

　国際社会は，1989年にマネー・ロンダリング対策として金融活動作業部会（FATF）を設立し，国際的基準（FATF 勧告）やその実施状況の審査（相互審査），是正の要請や懸念を表明している（外務省 2017b）。

　日本では，麻薬特例法によって，麻薬・薬物を収益源とするマネー・ロンダ

リングが初めて違法になり，金融機関に薬物犯罪収益と疑われる取引に関して届け出させる制度を設けた。また，組織的犯罪処罰法（2000年）が制定され，麻薬のみならず，組織的に行われた詐欺や人身取引等で得た収益によるマネー・ロンダリングも違法となり，テロ資金提供処罰法（2002年）によって，テロ資金を原資とするマネー・ロンダリングも違法化された。犯罪収益移転防止法（2007年）では，本人確認をするべき事業者を非金融業者と職業的専門家に拡大した（警察庁 2017）。

1-3　サイバー空間に対する脅威

　サイバー空間は，全世界の人々がインターネットを通じて日常生活を送るようになった現代において国際公共財（グローバル・コモンズ）としての性格をもつようになり，サイバー空間を通じた脅威が全世界共通の課題の1つとなってきた。

　これには，サイバー犯罪，サイバー・テロ，サイバー・インテリジェンスといった犯罪が含まれる。サイバー犯罪とは，インターネット利用者の ID やパスワードを不正取得して，インターネット・バンキングなどに不正にアクセスし，不正送金をさせるといった行為などがあげられる。サイバー・テロは，政府や企業など攻撃先のコンピュータに複数のコンピュータから大量にアクセスすることによって，処理不能の状態に置かせる DDoS（Distributed Denial of Service）攻撃などがあげられる。また，サイバー・インテリジェンスはインターネットを通じて行われる諜報活動であり，不正プログラムをメールで送付して，それに感染したコンピュータから情報を盗み取るといった標的型メール攻撃などが代表的である。

　このような犯罪に対処するために，国際社会は，サイバー犯罪に関する条約や刑事共助条約などの国際条約を締結している。サイバー犯罪に関する条約は，コンピュータ・システムへの違法なアクセスなどの行為の犯罪化，コンピュータ・データの迅速な保全に関わる刑事手続の整備，犯罪人引渡しなどに関する国際協力を規定している。また，国際刑事警察機構などの国際捜査共助の枠組みも用いられている（警察庁 2016）。

2　人身取引

　このように国際犯罪は，国境を越えるグローバリゼーションの流れによって
拡大し，個人の生命や財産を脅かすものであるが，とくに，日本は国際犯罪の
1つである人身取引について，被害者を適切に認知・支援し，加害者に対して
処罰するといったことが十分に行われていないと国際社会から批判されてい
る。グローバル化を優先して人の流れを推し進めるのか（「国境の壁」を低くす
るのか），国境管理を優先して人の流れを管理するのか（「国境の壁」を高くする
のか），そのような対立をどのように考えるべきであろうか。

2-1　定　　義

　日本政府は，2017年7月にテロ等準備罪を新設した。これを受けて国際組織
犯罪防止条約を批准し，同年8月に同条約の効力が発生することになった。こ
の国際組織犯罪防止条約の批准とともに，同条約の選択議定書である人身取引
議定書にも批准し，効力が発生することになった。
　人身取引議定書第3条では，人身取引について次のように定義している。①
人身取引の目的は，搾取であり，搾取には，性的搾取，強制労働・役務の提
供，臓器売買などが含まれる，②人身取引の手段は，暴力その他の形態の強制
力による脅迫・強制力の行使，誘拐，詐欺，権力の濫用などである，③人身取
引の行為は，人の獲得，輸送，引き渡し，蔵匿，収受である，このような行為
を人身取引という。このような行為は，被害者が同意しているか否かを問わず
人身取引とされる。

2-2　被害の実態

　人身取引は，麻薬や武器の取引のように秘密裏に行われることから，その実
態に迫ることは非常に困難である。ここでは，日本における人身取引の事例を
1つあげることを通じて，その被害の実態に迫ってみたい。2016年夏，岐阜県
で人身取引事件が発覚した。フィリピン人の女性が，日本人男性との間に生ま
れた子どもを連れて来日し，フィリピン・クラブの経営者に売り渡された事件

である。その経営者は子どもを認知するように日本人男性を説得し，女性に滞在許可が出るように斡旋し，子どもの通学と女性の就労を手助けすると言葉巧みにそそのかして，女性を研修寮と称した建物に住まわせ，低賃金でホステスとして使用していた。同様の境遇にあるフィリピン人女性が広島県にもいると判明したことから，岐阜県警察・広島県警察が合同で捜査し，フィリピン・クラブ経営者と従業員11人を出入国管理および難民認定法違反（不法就労助長）で逮捕し，フィリピン人女性と子どもを保護した（首相官邸 2016）。このような事件は，日本における人身取引の氷山の一角であると考えられる。なぜなら，このような被害者はオーバーステイであったり，加害者から心身ともに支配されていたりするケースが多く，事件が明るみに出ることは難しいからである。このことは，被害者保護と加害者処罰における 1 つの妨げとなっている。

　国際社会における人身取引の実態については，UNODC の調査が全容を理解するうえで有用であろう。これによると，性別と年齢が判明した犠牲者数は，2020年から2022年の間で， 5 万3800人であった。人身取引のうち，性的搾取の犠牲者が38.7％を占めており，強制労働が38.8％，性的搾取と強制労働の混合型が10.3％，臓器摘出などその他が12.3％であった（UNODC 2022）。また，UNODC の調査（2022年）によれば，被害者のうち42％が成人女性であり，女児が18％，成人男性が23％，男児が17％であった。とくに，人身取引の犠牲者である成人女性や女児のうち，91％が性的搾取の犠牲者であることから，女性や女児がより脆弱な立場に置かれていることがわかる（UNODC 2022）。

2 - 3　人身取引の要因

　人身取引は，グローバリゼーションの進展にともなって「プッシュ要因」と「プル要因」の両方によって拡大していると考えられる。プッシュ要因とは，人身取引の被害者が押し出されるようにして出身国を出る要因である。被害者の多くは，低賃金や失業などによる生活苦に置かれたり，被害者自身の性別，宗教，民族などを理由に差別や不平等な状況に追いやられたり，人権侵害や武力紛争によって祖国を追われたりして，出国を余儀なくされる場合がある。プル要因とは，人身取引の被害者が受入国に引きつけられるように入国する要因を意味する。受入国は生活水準が高く，性産業，家事労働，介護労働などの単

純労働を必要としている国である場合が多い。貧困や差別で苦しんでいる人は，裕福な社会で生活したいと願い，新天地を求めて受入国に入国するのである（Europol 2016）。

　しかし，このようなグローバリゼーションに伴う人の移動だけでは，人身取引の拡大は説明できない。それは，人身取引にはプッシュ-プル要因の間に国際犯罪組織が介在するからである。国際犯罪組織が合理的な組織であるならば，摘発されるリスクとそれに対する労力や利益を計算して人間を取引すると考えられる。逮捕や訴追のリスクが高くなれば，また，人間の収奪と移送にコストがかかれば，人身取引は行われないかもしれない（Europol 2016）。それゆえ，グローバル化の進展の一方で，国家による国境管理や犯罪取り締まりが人身取引の抑制につながることになる。

2-4　グローバリゼーションと国際犯罪の狭間で：国境管理の強化

　日本は，国際犯罪防止条約や人身取引議定書を批准する前から，国際社会からの人身取引対策の遅れが指摘されてきたことを受けて人身取引の対策を進めてきた。2004年4月，日本政府は「人身取引対策に関する関係省庁連絡会議」を設置し，12月には「人身取引対策行動計画」を策定した。2009年12月および2014年12月には，人身取引を取り巻く状況変化に対応するため同行動計画を改訂している。2014年12月には，内閣官房長官を議長とする「人身取引対策推進会議」が設置され，年次報告書を発表している。このようにして日本政府は，内閣府や警察庁など関連する省庁をあげて人身取引対策を講じている。ここでは，出入国在留管理庁（旧入国管理局，2019年4月に改組）による被害者保護と国境管理の厳格化についてみてみよう。

　2005年3月，入国管理局（当時）は，在留資格の「興行（エンターテイナー）」の上陸許可基準に関する法務省令を改正した。在留資格「興行」によって入国し在留する外国人のなかには，人身取引の被害者もいると指摘されてきたためであり，これにより，「興行」の在留資格で上陸しようとする外国人は，演劇や演奏などの興行による報酬が1日500万円以上である場合，国や地方公共団体が招聘する場合，レコードの録音などの芸能活動を行う場合を除いて，その興行について「外国の教育機関において当該活動に係る科目を2年以上の期間

専攻したこと」または「２年以上の外国における経験があること」という厳しい基準が設定されることになった（法務省入国管理局 2017）。その結果,「興行」で入国する外国人は半減した（法務省 2017）。このようにして, 入国管理局（当時）は在留資格の厳格化によって, 日本における人身取引の被害を抑止することになった.

　2005年７月, 入国管理局（当時）は「人身取引議定書の締結承認に伴う人身取引対策のための入管法の改正」を実施し, 以下の４つの点について変更が加えられた。①入管法のなかに人身取引の定義についての規定を置いた, ②人身取引の被害者を資格外活動・売春関係の退去強制事由から除外することで, 日本国内で被害者を保護する, ③人身取引の被害者を上陸特別許可および在留特別許可の対象にすることを明確化する, ④人身取引を行った加害者を上陸拒否・退去強制することで, 加害者の取り締まりの厳格化を図る（法務省入国管理局 2017）。

　このように人身取引の規模は, グローバリゼーションの進展におけるプッシュ−プル要因だけで説明できるものではなく, 人身取引のコストやリスクの高さも重要な要因となる。このことは, 国家による国境管理を強化することで, 人身取引を制御することが可能になることを意味している。しかし, 国境管理を強化しすぎた場合には, 自由な人間の移動や経済の活動が制約されることにもなり, その対立の解消は困難である。さらに, その論点だけで割り切れない問題もある.

　以下では, 人身取引の一形態として批判の対象となっている日本の**外国人技能実習制度**について検討し, あらためて人身取引をめぐる国境管理とそれに伴う問題について提示する.

3　外国人技能実習制度

3 - 1　グローバリゼーションと国際犯罪の対立を超えた新たな問題

　日本は, 1993年に外国人技能実習制度を設けて, 外国人研修生を受け入れることで国際協力を推進しようとしている。これは, 外国人研修生が日本の技能・技術・知識を習得し, それを通じて, 本国の経済や社会を発展させること

を目的とするものであり，労働力として活用することは目的としていない。しかし，実際には，労働のグローバリゼーションによって安価な労働力が日本に流入し，企業や経営者がその労働力を成長につなげようと，日本政府に働きかけてできた制度である。一方，日本政府は無制限な移民の流入には慎重であり，外国人技能実習制度を用いて，労働力の流れを国境で管理している状況にある。

　このようにグローバリゼーションと国境管理の狭間で誕生したのが，外国人技能実習制度である。しかし，このような国際協力を目指す外国人技能実習制度が，人身取引の一形態である強制労働につながっているのではないかと，国内外から批判を浴びているのである。米国政府は，人身取引に関する年次報告書（Trafficking in Persons Report，以下「人身取引報告書」）のなかで，次のように日本政府を非難する。「強制労働の事案は，政府が運営する技能実習制度において発生している。この制度は本来，外国人労働者の基本的な専門的技能を育成することを目的としていたが，事実上の臨時労働者事業となった。『実習』期間中，多くの移住労働者は，技能実習制度の本来の目的である技能の教授や育成が実施されない仕事に従事させられ，中には依然として強制労働の状態に置かれている者もいた」（U.S. Department of State 2017b；在日米国大使館・領事館2017）。グローバリゼーションの推進のために「国境の壁」を低くするべきか，国際犯罪の流入を食い止めるために「国境の壁」を高くするべきかという対立軸を超える新たな問題が浮上してくる。

3-2　被害の実態

　外国人技能実習による被害の実態も把握しにくいが，その被害者として公的に認定されているのが過労死による労働災害である。中国からの外国人技能実習生であった蔣暁東（チアンシアオトン）氏は，2005年12月に来日し，茨城県潮来（いたこ）市の会社で研修を受けていたが，2008年6月，就寝中に死亡した。蔣氏は死亡する直前の3か月間で，1か月に93時間から109時間の残業をしており，鹿嶋労働基準監督署から過労死として認定された。そればかりか，会社と社長は蔣氏に最低賃金を下回る時給400円の残業代しか支払っていなかったことから，労働基準監督署は，会社と社長を労働基準法違反容疑で書類送検した（『朝日新聞』2010年7月2日）。また，フィリピンから外国人技能研修生として来日したトクナン氏は，

岐阜県の鋳造会社で研修を受けて，鉄を切断し金型に薬品を塗る作業に従事していた。しかし，2014年4月に従業員寮で心疾患のため27歳で死亡した。岐阜労働基準監督署によると，トクナン氏は，1か月に78時間半から122時間半の時間外労働をしており，2016年8月に労災認定された（『朝日新聞』2016年10月15日）。このような低賃金や長時間労働を強いられている研修生の数は明確ではないが，厳しい労働条件で研修を受けている外国人が少なからずいることが推察される。

3－3　新たな外国人技能実習制度の構築

　国際社会からの非難を受けて，日本政府は外国人技能実習制度の法改正に乗り出し，2017年11月より新しい技能実習制度が始まった。実習生の管理団体が多額の手数料や保証金・違約金などを実習生に請求することが問題となってきたが，そこで日本政府は，送出国との間で政府間取り決めをし，そのような不適正な団体を排除することになった。また，日本政府は，新たに外国人技能実習機構を設立し，管理団体に報告を求め，不正行為の有無をチェックするための正式な実地検査を実施することにした。さらに管理団体や雇用主に対しては，実習生に対する労働環境などの整備を求め，これに違反した場合には，実習生の受け入れを取り消すこととした（法務省・厚労省 2017）。しかし，米国政府による2023年の人身取引報告書では，引き続き劣悪な環境で強制労働が行われていると日本を非難している。実習生が送出し機関に多額の手数料や保証金を支払わされていたり，雇用主が事前に合意した内容と異なる仕事に実習生を従事させたりするケースが後を絶たないと指摘している（U.S. Department of State 2023）。

　昨今の日本国内の労働人口不足を背景に，今後ますます受け入れが加速されることが予想される外国人技能実習生であるが，新制度がどこまで機能するのか厳しく監督していく必要がある。単に日本国内の労働力不足を補うという視点ではなく，誰のための制度なのかを根本から見直して実施していくことが求められる。

おわりに

　グローバリゼーションの進展に伴い，経済的な利益を追求するために「国境の壁」を低くすることが求められる一方，国際犯罪を抑止するためには「国境の壁」を高くすることも求められる。日本の外交政策として，どのような選択をするべきであろうか。このような選択の1つとして，グローバリゼーションによる経済的恩恵を追求して，安価な労働力を確保しつつ，国境を管理するために整備された制度が，外国人技能実習制度であった。しかし，それは，国内外から人身取引の一形態である強制労働にあたると批判を受けている。「国境の壁」を高くするべきか，低くするべきかを問うとともに考えなければならないのは，それが外国人の**人権**を保障するものであるのかどうかということであろう。

📖 文献紹介

① マルセーラ・ロアイサ，常盤未央子・岩崎由美子訳『サバイバー──池袋の路上から生還した人身取引被害者』ころから，2016年。

　　日本で人身取引の犠牲者になったコロンビア人女性が，被害の実態を克明に描いた手記である。コロンビアで毎日の生活に困窮していた主人公であるロアイサが，日本で仕事があると騙されて渡日し，池袋の路上などで売春婦としての人生を強いられるあり様が生々しく書かれている。この本を読むことによって，日本の人身売買でみられるブローカーや暴力団の役割も理解できるであろう。

② 小島優・原由利子『世界中から人身売買がなくならないのはなぜ？』合同出版，2010年。

　　学生向けの人身取引に関するテキストである。人身取引の現状，原因，解決策について，日本や世界の状況をふまえて簡潔に書かれており，人身取引の初学者にはおすすめの一冊。日本の外国人技能実習制度によって低賃金で長時間労働を強いられている実習生や過労死している実習生もいる実態が明らかにされている。また，国際斡旋結婚の現状や課題，日本人男性と外国人女性との間で生まれた子ども（ジャパニーズ・フィリピーノ・チルドレンなど）の問題など，国境を越える人身取引の多様な側面についてわかりやすく説明している。

③ 梁石日『闇の子供たち』幻冬舎，2004年。

　上記の原作をもとにした映画が阪本順治監督『闇の子供たち』(2008年)。タイにおける児童買春や臓器売買を目的とした人身取引の残酷な現状を非常に生々しく描いている。タイは東南アジアにおける人身取引のハブであり，日本人や欧米人によって安価な買春が盛んに行われている。売春をさせられ病気にかかった子どもは簡単にゴミとして捨てられるなど，子どもの命がとても軽く扱われている現状をみせる。さらに警察と売春業者との癒着など，人身取引の典型的で深刻な問題を提起している。

［参考文献］

外務省「国際組織犯罪に対する国際社会と日本の取組─麻薬・薬物犯罪」2017年 a，http://www.mofa.go.jp/mofaj/gaiko/mayaku/，2017年11月30日アクセス。

外務省「国際組織犯罪に対する国際社会と日本の取組─資金洗浄（マネーロンダリング）」2017年 b，http://www.mofa.go.jp/mofaj/gaiko/m_laundering/index.html，2017年11月30日アクセス。

警察庁『警察白書〔平成28年度版〕』2016年。

警察庁「マネー・ロンダリング対策の沿革」2017年，https://www.npa.go.jp/sosikihanzai/jafic/maneron/manetop.htm，2017年11月30日アクセス。

在日本米国大使館・領事館「2017年 人身取引報告書（日本に関する部分）」2017年，https://jp.usembassy.gov/ja/tip-2017-ja/，2017年11月30日アクセス。

首相官邸「人身取引対策に関する取組について」2016年，https://www.kantei.go.jp/jp/singi/jinsintorihiki/dai 2 /honbun.pdf，2017年11月30日アクセス。

バッドストーン，デイヴィッド，山岡真理子訳『告発・現代の人身売買─奴隷にされる女性と子ども』朝日新聞出版，2010年。

法務省「出入国管理統計表」2017年，http://www.e-stat.go.jp/SG 1 /estat/Xlsdl.do?sinfid=000001104350，2017年11月30日アクセス。

法務省・厚労省「新たな外国人技能実習制度について」2017年，http://www.mhlw.go.jp/file/06-Seisakujouhou-11800000-Shokugyounouryokukaihatsukyoku/0000188722.pdf，2018年 1 月31日アクセス。

法務省入国管理局「入管法改正の概要」2017年，http://www.immi-moj.go.jp/zinsin/torikumi03_01.html，2017年11月30日アクセス。

「外国人技能実習生，異例の過労死認定 残業122時間半」『朝日新聞』2016年10月15日（朝日新聞デジタル記事）。

「急死の中国人実習生，労災初認定『長時間労働が原因』」『朝日新聞』2010年 7 月 2 日（朝日新聞デジタル記事）。

「フィリピン人実習生の過労死認定 岐阜労基署が申請促す」『日本経済新聞』2016年10月18日。

Europol, "Situation Report: Trafficking in human beings in the EU," 2016, https://www.europol.europa.eu/sites/default/files/publications/thb_situational_report_-_europol.

pdf, 2017年11月30日アクセス。

UNODC, *Global Report on Trafficking in Persons*, 2022, https://www.unodc.org/ documents/data-and-analysis/glotip/2022/GLOTiP_2022_web.pdf, 2023年 8 月 6 日 ア クセス。

U.S. Department of State, *Trafficking in Persons Report*, 2017a, https://jp.usembassy.gov/ ja/tip-2017-ja/, 2017年11月30日アクセス。

U.S. Department of State, *Trafficking in Persons Report*, 2017b: Japan, https://www.state. gov/reports/2017-trafficking-in-persons-report/japan/, 2023年10月 9 日アクセス。

U.S. Department of State, *Trafficking in Persons Report*, 2023: Japan, https://www.state. gov/reports/2023-trafficking-in-persons-report/japan, 2023年 8 月 6 日アクセス。

【中村文子】

第Ⅴ部——国際経済と文化

「分断」リスクの時代における日本の通商政策

" 自由で開かれた国際経済秩序が揺らぐなか，
日本は今後どのような通商政策を追求すればよいのか "

　　これまで日本は，ルールにもとづく自由な通商秩序構築のための多角的な取り組みに関与しつつ，特定の国との間で経済連携の強化を目指す自由貿易協定（FTA）の締結を進めるなど，自由貿易を追求する立場をとってきました。しかし，米国で強まる自国優先主義や，米中対立の激化による両国経済の「デカップリング（分断）」の影響で通商をめぐる秩序は大きく揺れ動いています。今後，日本はどのような通商政策を追求すればよいでしょうか。

【キーワード】FTA，メガ FTA，CPTPP，RCEP，IPEF，21世紀型の貿易ルール，サプライチェーン，フレンドショアリング，経済的威圧

はじめに

　通商政策とは外国との通商（貿易）に関わる政策をいうが，具体的には，望ましい通商秩序や競争環境を構築し，それによって自国の経済利益を追求することがその目的となる。日本は長らく「関税と貿易に関する一般協定」（GATT），およびそれを引き継いだ世界貿易機関（WTO）という多国間枠組み（多角主義）を重視した通商政策を展開してきた（古城 2013）。

　ところが，WTO ドーハ・ラウンドが停滞し，多角的貿易交渉が行き詰まりをみせるなか，世界の関心は自由貿易協定（FTA）を通じた貿易ルール作りに移行した。FTA とは関税やその他貿易障壁の撤廃ないしは縮小を互いに約束しあう国際協定のことである。この FTA に「投資ルールの整備」，「ビジネス環境の整備」，「知的財産保護の強化」などを加えたより包括的な協定を経済連

携協定（EPA）とよぶこともあ
るが，これらを総称してFTA
と呼称することが多いので，本
章でもそれにならう。FTA は
2 か国間で結ばれることもあれ
ば，複数国間で結ばれることも
あるが，近年とくに注目される
のが地域を包摂する広域 FTA
（メガ FTA）である。日本が含
まれるものでは，環太平洋パー
トナーシップ協定（TPP）（米国
離脱後，TPP に関する包括的及び
先進的な協定［CPTPP］として再
署名），地域的な包括経済連携

図19- 1　インド太平洋地域の経済枠組み

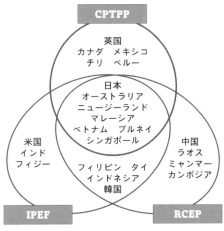

注：2023年 7 月時点での参加国。
出所：筆者作成。

協定（RCEP）がある。また FTA ではないが，米国が主導するインド太平洋経
済枠組み（IPEF）にも参加している（図19-1 参照）。

　なぜ日本は積極的に FTA を推進するのだろうか。そこで何を実現しようと
しているのだろうか。さらに，米中間の対立が激化するなかで，日本はこうし
た経済連携の枠組みをどのように活用するべきなのだろうか。本章は，「分断」
リスクの時代における日本の通商政策のあり方について検討する。

1　21世紀型の貿易ルール

1 - 1　第二のアンバンドリング

　TPP はしばしば21世紀型の貿易ルールと評された。そもそも21世紀型の貿
易とはどのようなものなのか。ここでは「第二のアンバンドリング」（Baldwin
2011）という概念を用いてその特徴を説明しよう。かつて，輸送手段に制約が
あった時代には生産地と消費地は近接していた。ところが，蒸気機関の登場に
よって流通コストが大きく低減したために，モノの生産と消費を切り分けるこ
と(＝アンバンドル化)が可能になった。これが第一のアンバンドリングである。

図19-2　20世紀型の貿易

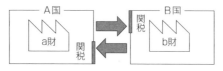

出所：筆者作成。

20世紀型の貿易はこの延長線上にある。つまり，A国内の企業が生産した財をB国の市場に輸出し，反対にB国の財をA国市場に輸出するといった図19-2のようなパターンである。ここでは各国の通商政策の重点は関税の取り扱いなど「国境措置」に置かれる。GATTが対象としてきたのも，こうした国境措置に関するルール作りであった。

　国際貿易の大きな変化は1990年代に本格化した，いわゆる「IT革命」によってもたらされた。情報通信技術の長足の進歩により，企業のコミュニケーションコストは劇的に低下した。これにより，企業は従来複数の工程を1か所に集めて生産していたものをアンバンドル化し，労働集約型の工程は途上国に移転して生産コストを削減した。これが第二のアンバンドリングである。

1-2　企業内貿易の広がり

　図19-3は，A国の多国籍企業が，国際分業を通じて最終製品を組み立て，それをB国に輸出する様子を図示したものであるが，ここでは製品が完成するまでに，すでに企業内で国境を越えた財の移転が繰り返されている。こうした取引を企業内貿易と呼ぶ。東アジアでは日本企業をはじめとする多国籍企業による国際生産ネットワークが構築され，東アジア各国が有する利点を活かして研究開発や設計，素材や部品の調達，中間財の加工，最終組み立てなど，国境をまたいだ供給連鎖（サプライチェーン）が広がっている。こうして築かれたサプライチェーンの国際化によって生じる財やサービスの複雑な流れこそ，21世紀型の貿易の特徴である。

　21世紀型の貿易においては，企業の国際分業の結びつきを妨げる各国の政策や制度はすべて「障害」とみなされる。こうした障害を除去し，企業のサプラ

図19-3　21世紀型の貿易

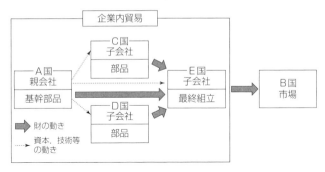

出所：筆者作成。

イチェーンの効率化を支援するためには国境措置を重視した従来の貿易ルールでは不十分である。そこではさらに，投資の保護，国内の基準・認証の統合，知的財産権の保護，人の移動の保障といった国内政策に関わる領域にまで踏み込んだ国際ルール作りが求められる。つまり21世紀型の貿易ルールでは，「国内措置」が重視されるのである。

　TPP はこうした国内措置に踏み込んだ高いレベルの自由化を目指すものであり，ここに日本が参加したことは，FTA を通じた21世紀型の貿易ルール形成を日本政府が重視していることを示している。とはいえ，冒頭に述べたように，従来，日本政府は多角主義を通じた貿易ルール形成を重視し，FTA については地域主義（リージョナリズム）につながるものとして一貫して批判的な態度を示していた。では，なぜ日本は FTA 推進に転換したのだろうか。

2　通商政策の転機：WTO から FTA へ

2-1　停滞する WTO 交渉

　FTA 推進に転じた第一の理由は，2001年に始まった WTO ドーハ・ラウンドの停滞である。先進国，新興国，途上国が参加し，多様な利害が交錯する WTO において，全会一致方式の意思決定の困難さが露呈した。それゆえ日本はグローバルな多国間枠組み以外の手段を模索する必要に迫られた。第二の理

由は，FTA ブームに乗り遅れたことによる弊害の出現である。たとえば，メキシコと FTA を締結する米国企業および EU 企業はメキシコ市場において輸入関税免税措置が適用されるが，日本製品はその適用がないためメキシコ市場において不利な競争条件が強いられる，といった事態が生じた。

　こうした状況を改善するため，日本は FTA 積極路線に転換した。2002年に最初の FTA がシンガポールとの間で発効したのを皮切りに，メキシコ，マレーシア，チリ，タイ，ASEAN などとの FTA を次々とまとめていった。また，日本のこうした動きに影響を受けた東アジア諸国も FTA 拡大に転じ，アジア太平洋地域には多種多様な FTA ネットワークが構築された。しかし，日本は農業保護のため農産品を関税撤廃の対象からは除外したために，これらの FTA は全般的に自由化率（互いに関税を撤廃しあう品目の全体に占める割合）はそれほど高くなかった。それゆえ，この時期に FTA が国内で注目されることはほとんどなかった。

　二国間 FTA の締結が進むなかで新たな問題が生じた。多様な二国間 FTA が拡大し，それが複雑に絡みあってくると，どういった取引にどの FTA を利用できるのか，FTA の利用主体である企業がわかりにくくなってきたのである（「スパゲッティ・ボウル問題」）。とくに東アジアにおいてグローバルな工程間分業を推し進める日本企業のオペレーションは，二国間 FTA ではカバーしきれない。そこで日本政府は「線」ではなく「面」としての FTA を模索するようになった。

2−2　東アジアにおけるメガ FTA 構想

　東アジアで最初にメガ FTA を提案したのは中国だった。中国は2004年に ASEAN ＋日中韓からなる東アジア自由貿易地域（EAFTA）を提案した。中国も当初は FTA に消極的であったが，2002年に日本がシンガポールと最初の FTA を締結したことで，この地域における通商ルール作りに取り残されることを懸念して方針を転換した（揚 2010）。

　中国に主導権を握られることを警戒した日本は，中国提案の EAFTA にさらにインド，オーストラリア，ニュージーランドを加え，より自由主義的な色合いの濃い東アジア包括的経済連携（CEPEA）を2006年に提案した。日中両国

のこうした動きからもわかるように，メガFTAで制定されたルールがその地域における経済秩序となるために，主要国は自らが望ましいと考えるメガFTAの構想を競いあう。また，メガFTAは特定の国家間の結びつきを強化することにもつながるため，外交・安全保障上の含意を強くもつようになる（大矢根・大西編 2016）。もちろん，二国間FTAでも外交・安全保障上の動機は決して無視できないが，メガFTAではそれがより色濃く反映される。

3　多事多難のTPP交渉

3-1　P4協定からTPPへ

　日中関係の冷却化などにより，東アジアを包摂するメガFTAの議論が停滞するなかで，米国は2008年に環太平洋地域での高いレベルの域内経済統合のための協議開始を提案した。これがTPP交渉の端緒である。この構想は，ニュージーランド，シンガポール，ブルネイ，チリの4か国が関税の完全撤廃を実行するために2005年に締結した環太平洋戦略的経済連携協定（P4協定）を土台とし，そこにサービス，投資，知的財産権，競争政策，政府調達，環境など国内措置に関わるテーマを新たに盛り込んだものだった。米国がTPP交渉を開始した背景には，アジア太平洋における21世紀型の貿易ルール作りを米国が牽引するという意思があった。この地域で影響力を増す中国を牽制するためにも，米国はきわめて高度で包括的な通商ルールの構築を目指した（ソリース 2013）。

　農産品にセンシティブ品目（完全自由化を避けたい品目）をもつ日本は，当初，TPPには関心を示さなかったが，2013年に安倍首相が米オバマ大統領との首脳会談において，一部センシティブ品目において「聖域なき関税撤廃」の例外が認められうることが確認できたとして，TPP交渉への正式参加を表明した。

　日本がTPP交渉参加を決めた背景は，経済的理由と戦略的理由から説明することができる。経済的な理由としては，第一に21世紀型の貿易の実態に即したルール形成への関与，第二に世界の成長センターであるアジア太平洋地域の市場へのアクセスの確保，第三にFTAの積極化を進める韓国への巻き返し，などがある。他方，戦略的な理由としては，第一に中国が主導する秩序形成へ

の対抗，第二に東アジアへの米国の関与継続の保証などがあげられる。とりわけ，鳩山政権の迷走によって日米関係全体が冷え切っていたため，TPP による日米市場統合によって米国の関心をつなぎとめたいとする期待が日本にはあったとされる（金 2016）。

3－2　米国の離脱と11か国での再署名

　高い水準の自由化を目指す米国と他の交渉参加国との間で対立がしばしば生じたものの，TPP をめぐる交渉は2015年10月に大筋合意に至り，2016年2月に12か国によって署名がなされた。ところが同年の米国大統領選挙において共和党候補者のトランプ氏は TPP を「最悪の協定だ」と非難し，自身が大統領に当選した場合は「脱退する」と表明していた。実際に彼は大統領就任直後の2017年1月23日に TPP からの離脱を表明する大統領令に署名したため，TPP は突如として空中分解の危機を迎えた。

　しかし，日本を含む11か国は TPP の戦略的価値，および経済的意義の大きさを再確認し，21世紀型の貿易ルールとしてこれを活用することで合意したことから，2018年に TPP の大部分を継承する新たな協定として CPTPP に署名した（宇山 2022）。

　TPP の自由化度はきわめて高く，99％の品目で関税が段階的に撤廃されることになっている。また，ルール面ではデータ流通の透明性の確保や国有企業の優遇策の縮小・撤廃などを盛り込んでおり，これらの措置は他の FTA にはない規定で，「ゴールドスタンダード」と表現される。加盟国数はしばらく11か国のままであったが，2021年に英国が加盟申請を行ったことを契機に，その後は中国や台湾，エクアドル，コスタリカ，ウルグアイ，そしてウクライナが続々と加盟を申請している。英国は2023年に加盟が正式に承認され，アジア太平洋地域以外で最初の加盟国となった。しかし，原加盟国が期待する米国の TPP への復帰は，現状ではかなり可能性が低いとみられている。

4　これからの日本の通商政策

4-1　米国の保護主義と「フレンドショアリング」の推進

　21世紀型の貿易ルール作りを先導してきた米国は，なぜ真っ先にTPPから離脱したのだろうか。その理由の1つとして2016年の大統領選挙において自由貿易が米国内の格差拡大の「主犯」として候補者に攻撃されたことがあげられる。その急先鋒がトランプ氏であり，彼は貿易自由化により米国の製造業の雇用がメキシコや中国に流出したと主張した。この主張が経済のグローバル化の恩恵を感じられず，所得の伸び悩みや減少に苦しむ人々からの支持を幅広く集めた。貿易不均衡を理由とした中国に対する追加関税措置（税率引き上げ）やTPPからの離脱，そして北米自由貿易協定（NAFTA）の再交渉などがこの文脈のもとに行われた。

　貿易自由化に消極的な姿勢はその後のバイデン政権においても継続されている。バイデン氏はトランプ氏に比べると国際協調を重視する立場をとるが，関税削減措置を含むFTAは国民の支持が得られないため，TPPへの復帰も含む新たな自由貿易協定の検討は一切行っていない。そのなかで，中国との大国間競争を有利に進めるため，インド太平洋地域における米国主導の新たな経済圏としてIPEFの発足を主導した。IPEFは中国に依存しないサプライチェーンの構築などを目的としており，これは米国が進める「信頼できる国」との経済関係の強化を目指すフレンドショアリングの一環として位置づけられている。これは，企業の生産拠点を海外に移転するオフショアリングになぞらえられた造語であり，イエレン米財務長官は繰り返しこの言葉を表明している。

　しかし，IPEFに参加する国の多くは中国との経済関係を悪化させるつもりはない。それゆえ米国が中国に対立的な姿勢を強めすぎると他の参加国は離反する可能性があるため，米国の思惑通りの「フレンド」を結集できるかは難しいとみられる。

4-2　日本はメガFTAをどのように活用するのか？

　とはいえ，とりわけ米国と関係の深い国々は，中国政府がこれまで何度とな

く用いた**経済的威圧**（貿易制限等の経済的手段を用いて相手国に行動変容を迫る外交手段）に対抗するため，戦略的物資のサプライチェーンの脱中国化を進めている。この点においては日本にとってもIPEFの利用価値は小さくない。しかしIPEFには関税削減措置がないため，米国市場への輸出を増やしたい新興国にとってそれほど魅力のある枠組みとはならないだろう。今後IPEFがどれほどの実効的な機能をもちうるのか，その道筋は不明瞭といえる。

　また，コロナ危機後においても東アジアでは製造業を中心に国境を越えたサプライチェーンは機能しており，その点ではこの地域を包含するFTAであるRCEPの重要度は大きいといえる。何より，それまでFTAがなかった日中，日韓がRCEPによってつながったことは一定の意義があろう。ただし，日中間，日韓間の関税撤廃率は80％台とそれほど高くなく，また先に述べたとおり，すでに東アジアに存在する複数のFTAを包括したものがRCEPであるため，これが発効したことで何か大きな変化が生じるというものでもない。今後，日本はRCEPをどう活用し，さらにこれをどのように変化させていくのかが問われる。

　CPTPPはゴールドスタンダードとよばれるほど「質の高いFTA」となり，まさに21世紀型の貿易ルールとよべる内容となっている。ただ，問題は米国の復帰がほぼ見込めないなかで日本は今後，CPTPPをどう活用するのか，という点にある。世界で自国優先の通商政策が拡大するなか，日本がCPTPPを旗印として自由貿易の推進を唱道する道もありえよう。その際，影響力を高めるためには加盟国の拡大が必要となるだろうが，そこで避けて通れないのが中国（と台湾）の加盟申請である。この扱いについては加盟国間で意見が一致しておらず，当面棚上げされる公算が大きい（『日本経済新聞』2023年7月17日）。

おわりに

　資源をもたず，少子高齢化で国内市場が縮小する日本にとって，これまでと同様，ルールにもとづく自由で開かれた通商秩序を維持することはきわめて重要であろう。しかし，米国では中国からの輸入拡大によって製造業を中心に雇用が減少した「チャイナ・ショック」論が注目されている。マサチューセッツ

工科大学のオーター教授らの研究は，2010年をピークとして中国からの輸入拡大がとりわけ製造業での雇用減少をもたらしたことを明らかにした（Autor et al. 2021）。

　自由貿易はそれに参加する国に全体として豊かさをもたらすが，その恩恵がすべての人に自動的に平等に分配されるわけではない。むしろ，短期的には海外との競争に敗れ，不利益を被る人々が必ず発生する。しかし，こうした人々の痛みを緩和し，新たな職に就くための教育・職業訓練の機会が準備されていれば自由貿易への不満はそれほど高まらなかったのかもしれないが，米国民の多くはそれが十分ではなかったと感じているのかもしれない。日本では自由貿易に対する否定的な態度はあまり広まっているようにはみえないが，それでもそこから得られる富が国民の幅広くに行きわたる国内政策もまた同時に追求されるべきであろう。

📖 文献紹介

① 石川幸一・馬田啓一・高橋俊樹編『メガFTA時代の新通商戦略』文眞堂，2015年。

　　本書は2000年代以降にメガFTAが構想され，そして締結に向けた交渉が始まったその背景や特徴について解説し，それらの日本企業への影響について論じる。メガFTAが必要とされる背景を描きだすため，東アジアに構築されている企業の国際生産ネットワークの実態についても丁寧に説明されている。かなり経済寄りの内容だが，それぞれのメガFTAの特徴や交渉の争点が端的にまとめられているので，メガFTAの全体像をつかみ，かつ21世紀型の貿易について理解したい人にすすめたい。

② 大矢根聡・大西裕編『FTA・TPPの政治学─貿易自由化と安全保障・社会保障』有斐閣，2016年。

　　FTA・TPP関連の書籍は経済領域のものが圧倒的に多いなか，本書は政治学（比較政治学・国際政治学）の観点から各国がFTAを追求するようになった理由を分析している。本書の特徴は，各国のFTA政策に影響を与える諸要因のなかから，従来軽視されてきた安全保障・社会保障要因を分析視角として析出し，これを用いて主要国のFTA・TPP政策を分析している点にある。

　　全般的に社会保障要因について十分に説明されなかった感もあるが，それでも主要国のFTA政策に内在する経済以外の要因を比較するうえで本書は手ごろであろう。

③ 木村福成・西脇修編著『国際通商秩序の地殻変動─米中対立・WTO・地域統合と

日本』勁草書房，2022年。

　米中対立の顕在化と両国による経済的威圧の応酬，そして米中経済の「デカップリング」などが喧伝される状況を「ルールに基づく国際通商秩序の危機」と捉え，それを乗り越える知見を国際通商政策の立場から提示することが本書の目的である。米中対立，そして新型コロナショックなどを経て，東アジアに構築された製造業の国際生産ネットワークがどのような影響を受けたのか。またCPTPPや2022年に成立したRCEPがこの地域の通商体制にどのような影響を与えるのかについて，本書の分析は有用な示唆を与えてくれる。

［参考文献］

宇山智哉「CPTPPの貿易政策上の意義」木村福成・西脇修編『国際通商秩序の地殻変動―米中対立・WTO・地域統合と日本』勁草書房，2022年，177-205頁。

大矢根聡・大西裕『FTA・TPPの政治学―貿易自由化と安全保障・社会保障』有斐閣，2016年。

金ゼンマ『日本の通商政策転換の政治経済学―FTA／TPPと国内政治』有信堂，2016年。

古城佳子「通商と金融をめぐる外交―グローバリゼーションと重層的経済外交への転換」大芝亮編『日本の外交5　対外政策課題編』岩波書店，2013年，99-118頁。

ソリース，ミレヤ「エンドゲーム―TPP交渉妥結に向けた米国の課題」『国際問題』2013年6月号，29-40頁。

楊健「中国の競争的FTA戦略―自由主義の基盤の上の現実主義」ミレヤ・ソーリス／バーバラ・スターリングス／片田さおり編『アジア太平洋のFTA競争』勁草書房，2010年，261-284頁。

Autor, David H., David Dorn, and Gordon H. Hanson, "On the Persistence of the China Shock," *NBER Working Paper*, No. 29401, 2021, http://www.nber.org/papers/w29401，2023年12月22日アクセス.

Baldwin, Richard, "Trade and Industrialisation after Globalisation's 2 nd Unbundling: How Building and Joining a Supply Chain Are Different and Why It Matters," *NBER Working Paper*, No. 17716, 2011.

【松村博行】

農業・食料をめぐる政治経済的動向と農業政策

" 日本は，食料を確保するために，
国内農業の振興と農産物の貿易自由化のどちらが必要なのだろうか "

　日本は食料純輸入国であり，食料自給率も先進国で最低クラスにあります。食料を支える日本農業は，農家の高齢化や耕作放棄の進展により，産業として衰退傾向にあるとみられています。他方で，経済のグローバル化により，海外との通商は日本経済にとっても重要な役割を担っており，農産物にも自由貿易が強く求められてきています。毎日の食料確保や日本農業の将来にとって，農産物の自由貿易は避けられないのでしょうか。

【キーワード】食料安全保障，WTO 農業協定，農業政策，食料主権，食料への権利

はじめに

　日本の農業総生産額は8.8兆円（2021年）である一方で，農産物輸入額は13.4兆円（2022年）であり，これがカロリーベース食料自給率38％という日本の食料事情を経済的に示している。国産品は総じて品質が高い，野菜などの低カロリー品目も多い，などの特性はあるものの，生鮮品のみならず，加工品や中食・外食で提供される食品総体において，いまや，毎日の食事に多くの外国産農産物・食品が用いられていることに相違はない。

　日本農業の生産現場に視点を転じると，基幹的農業従事者は122万人（2022年）と，全産業の就業人口（6723万人）に占める割合はわずか1.8％である。さらに，農業に従事する人の平均年齢も68歳以上と高齢化が著しく進展している。若手の新規就農も近年少し増加しつつあるものの，世代交代がうまくいっておらず，「高齢化・労働力不足」，「価格の低迷」，「経費の高騰」，「農地の受

け手がいない」などの要因から荒廃農地（通常の農作業では作物の栽培が客観的に不可能な農地）が増えてきている。すなわち，農業に従事しても，他産業並みの所得を得ることが難しい現状がこうした状況を招いており，もはや産業としても衰退傾向にあるといわざるをえない。ただし，農業が日本にとって不要になりつつあり，必然的に衰退しているというよりは，後述するように，これまでの政治経済的な経緯や政策的影響の結果として，衰退が引き起こされてきたという点に留意する必要があろう。

　経済全体における農業の役割に目を転じると，第一に，国民に食料を供給する産業と理解される。それに加え，第二に，農業は経済発展のメカニズムにも関連した役割を担っている。現在の資本主義経済において，多くの国民は労働者として，企業や団体，個人事業主に雇われているが，その労働者の賃金水準は，毎日の生活を営むことができるように衣食住のコストを踏まえて設定されている。食料価格水準が高ければ，当然，衣食住にかかるコストは高くなり，その分，雇い主からすれば，多く人件費を支払う必要がある。もし，人件費が少なくてすめば，コストが圧縮され，企業の収益構造において利益を伸ばすことにつながるだろう。逆に，食料価格が高いと企業のコスト負担が増え，収益も悪化しかねない。すなわち，企業の収益動向への影響という点で，産業全体から，日本農業に対して，農産物価格・食品価格を引き下げる方向へのプレッシャーが強くかけられている。

　こうした農業の役割や現状をふまえつつ，食料不足によって生存が脅かされる事態を想定した，いわゆる**食料安全保障**を前提に国内農業振興に力をいれるべきなのか，それとも，経済的効率性を重視して農産物貿易自由化を徹底すべきなのか，農業をめぐる政策的選択肢の可否について，以下を読み進めながら考えてみよう。

1　政策的帰結としての日本農業の衰退

1-1　農産物輸入の歴史

　いまや日本は生産額に匹敵するほどの農産物輸入を続けており，世界最大の農産物純輸入国である。こうした農産物輸入はいつ頃から始まったのか，ま

た，なぜこれほどまでに輸入は膨張しているのだろうか。これまでの農産物輸入の歴史を簡単にふりかえってみよう。

第二次世界大戦後，日本は深刻な食料不足に陥っていたため，米国からのエロア・ガリオア資金の提供により，大量の小麦・小麦粉，その他食料，油糧が援助物資として輸入されていた。1954年には，MSA（相互防衛援助）協定とあわせて，総額5000万ドルの余剰農産物を輸入するという余剰農産物購入協定，さらには，米国の農産物を自国通貨で決済し，その売上代金を積み立て，その一部を再軍備や産業復興に利用できる PL480法（農業貿易促進援助法）を通じて，日本は米国からの農産物輸入を拡大していった。とくに，小麦は学校給食で利用され，パン食が浸透する契機ともなっただけでなく，牛乳や畜産物など欧米型の食生活が普及しはじめ，それらを国内で生産するための配合飼料の輸入も拡大していった。

これらの背後には，直接的な戦禍を免れた米国にて発生した大量の過剰農産物の存在があり，日本における輸入拡大は，過剰農産物の処理と米国依存型の農業構造・食料消費構造の形成を組み合わせた米国の対外戦略の結果である。もちろん，農地改革による自作農の創出や食糧管理法にもとづく二重米価制度（国家が農家から高く買い取り，消費者に安く売る）の明確化など，農家の増産意欲を刺激する政策によって，国内での農産物供給量の拡大も追求された。しかし，日本の対外経済政策として，農産物・原油・原料を安価に輸入し，重化学工業の再建・工業製品を輸出する加工貿易立国化が目指されたため，米の自給は維持しつつも，農産物の輸入依存体制は以降も着々とつくられていった。実際に，農政の基本骨格といわれる農業基本法（1961年）やその後の食料・農業・農村基本法（1999年）においても，輸入と競合しない範囲に国内農業を限定する方向が示されている。

1-2　国内外からの市場開放要求

農産物輸入にとって大きな転機は，1980年代の日米経済摩擦，GATT（関税および貿易に関する一般協定）ウルグアイラウンド交渉の開始，1990年代のWTO（世界貿易機関）体制の設立といった一連の通商交渉にあった。高度経済成長期以降，日本の重化学工業化は一層進展し，自動車や半導体に代表される

工業製品の輸出攻勢は，米国との貿易不均衡を累積させ，経済構造全体に関する日米経済摩擦を引き起こしていった。日本から大量の工業製品を輸入する米国は，日本に対して農産物の自由化を個別に要求し，加えて，加盟各国が参加するGATTウルグアイラウンド交渉においても，農業保護の撤廃（関税削減，非関税障壁の撤廃，国内支持の削減，輸出補助金の削減など）が主張された。最終的には，その交渉結果が**WTO農業協定**（1995）に反映され，日本にかぎらず，輸入国にとっては農産物輸入をさらに拡大する方向に作用していった。

　こうした経緯を踏まえれば，工業製品の輸出増の犠牲として，農産物の輸入促進が図られた点は明確だが，日本農業に対する自由化要求は米国からの外圧に加え，自動車などの国内他産業からの内圧の所産でもあった。つまり，鉱工業品，農産物，サービスを問わず，保護政策の撤廃は，輸出促進を狙う工業側としては，市場アクセスの改善として直接的に恩恵を受けるとともに，安価な輸入農産物の増大や価格形成における市場メカニズムの導入は国内農産物の価格低下を引き起こすため，労働者の賃金水準への影響という点でも期待されていたのである。先進国と途上国との対立からWTOでのさらなる貿易交渉が行き詰まりをみせて以降，日本はTPP（環太平洋パートナーシップ協定）や日米貿易協定，RCEP（地域的な包括的経済連携協定）をはじめとしたFTA（自由貿易協定）やEPA（経済連携協定）の締結（⇒第**19**章）を進めており，国内農産物市場の開放は現在も進展している。

1-3　WTO農業協定の意味

　WTO農業協定は，世界標準の農産物貿易ルールとして位置づけられている。主な特徴としては，関税の引き下げと数量制限や安全基準などの関税以外のすべての国境措置の関税化といった市場アクセスの改善のほか，食料増産につながる生産刺激的な政策を中心とした国内支持の削減，輸出補助金の削減などである。要するに，この協定には，輸入を妨げる国境措置を削減し，増産に効果のある政策を廃止させ，農産物貿易を活発化させる狙いがある。

　GATTウルグアイラウンド以降，農産物の貿易自由化が交渉されてきた背景には，世界的な農産物過剰があった。自国で消費しきれない過剰農産物を国外市場にて売却してきた農産物輸出国である欧米は，輸入各国の農業保護政策

を過剰の原因とみなし，保護政策の削減を訴えてきた。しかし，輸出を有利にする輸出補助金も政府による保護政策の一種ではあるものの，この補助金は撤廃されることはなく，また，輸入国は自国農業を守るための輸入禁止・制限措置が保護政策として否定されているにもかかわらず，輸出国は輸出の禁止・制限措置が可能であった。貿易は双方向で行われるものの，この WTO 農業協定は輸出国の利害を反映しており，輸出国と輸入国は対等な立場にはないのが実情である。

　WTO は，国内法に対する優先権をもっており，諸制度の国際的整合化を推進しているため，各国の事情を考慮した自律的な国内政策の施行を妨げている。この WTO 農業協定のもと，日本は自給率が40％程度という状況にもかかわらず，自給率向上に向けた増産効果のある**農業政策**は協定違反とみなされるため，かぎられた枠組み内での政策形成に終始せざるをえない現状にある。いまや FTA や EPA による個別の複数国家間での通商交渉が主流であるものの，依然として WTO 農業協定は効力を維持している。

2　農業の成長産業化をめぐる対立軸

2−1　日本農業の課題と農業政策

　日本農業が抱える課題は大きく分けるとつぎの3点に集約される。第一に，農業人口の減少と高齢化の進展である。他産業に比べて所得水準が低いことも影響し，若年層の後継者がいないために，農家が高齢化している。第二に，農地の荒廃化である。第一の点とも連動しているが，農業生産に携わる人口の減少と高齢化により，耕作が放棄される農地だけでなく，もう何年も農地として利用できないまでに荒廃した土地が増えてきている。第三に，食料自給率の低下と農産物市場開放圧力の高まりである。農家・農地の減少は直接的に農業生産の停滞を意味し，食料自給率は低下する一方で，多くの通商交渉にみられるように，国内外から農産物輸入増大への圧力は増している。日本の農業が長年抱えているこうした課題に対して，さまざまな政策的対応が進められてきた。

　WTO 体制のもと，市場メカニズムによる農産物価格形成が徹底され，約50年間続いた米生産調整政策も廃止された（2018年）。他方，農産物価格政策の廃

止への影響緩和のために，各種の経営安定対策が実施された。また，農業競争力強化プログラム（2016年）や卸売市場法改正（2018年）を通じた流通制度の改革も実施された。こうした諸施策や規制緩和にくわえて，農地集積や輸出促進を通じて，農業の成長産業化，すなわち，企業的農業の促進が追求されてきた。

2-2　政策形成における論点

　家族経営から企業による雇用経営への移行は，これまで長年にわたって取り組まれてきた。大規模経営を育成し，そこに農地を集積させ，効率性の高い経営モデルの創出によって，日本農業を振興させていこうと試みられてきた。しかし，当然ながら，そうした政策は小規模な家族経営や兼業農家の撤退（＝離農）を促進することにもなるが，経営規模の大小，専業・兼業にかかわらず，農業の生産基盤である用排水路や農道などの保全・管理活動を地域の農家どうしの協力のもとに利用・維持してきたという地域農業の実情も踏まえ，零細農家や兼業農家を切り捨てる政策路線には反対意見も多く提起されてきた。

　実際に，2020年農業センサスでは，大規模経営体数とその借地面積の急増にもかかわらず，全国の農地面積の減少率は過去最大であることが示され，大規模経営体だけでは農業を維持できないことも明らかになってきた。

　国内での安定的な食料供給のために，輸入農産物に多く依存している現状において，食料安全保障の視点から，国内農業生産をどのように位置づけていくのかについても意見は割れてきた。いわば，「経営の効率性をめぐる担い手像」と「食料供給における国内生産の重要度」という点への見解の相違が，政策の対立軸として形成されてきたのである。以下，これらの対立軸を簡略ながら整理してみよう。

2-3　日本農業を支える担い手とは

　国家は紛争や災害などの万が一の場合にでも，国民に十分な食料を行き渡らせる責務があり，これが食料安全保障として，政策的に追求されてきている。日本の場合は，海外からの食料供給が途絶すると国内生産のみでは食料が足りない状況にあるが，その対応として，国内での食料増産を進めようとする考え

方（①）と，輸入増加自体は否とせず，輸入先の多元化を図ろうとする考え方（②）が代表的である。①では，零細農家や兼業農家を含めたすべての農家による食料増産を必要としており，輸出国利害を反映したWTO農業協定のもとでは，生産刺激的な政策，つまり自給率向上のための政策は採用できないため，WTO体制自体の是正をも主張されることになる。②では，海外からの食料供給が途絶することは現実的ではないと考え，価格が低い輸入農産物の増加は消費者にとっては経済的に望ましく，国内生産においても，大規模農家に資源を集中させ，生産性の高い農業を実現させることを主張している。

　したがって，食料自給率の向上を明確に追求するかどうかによって，日本農業を支える担い手のイメージも変わり，①にもとづけば，全農家による生産量増大が求められ，対象選別的な政策は望ましくない（③）であろうし，②にもとづけば，生産性が高い大規模層こそが農業政策の対象であり，零細・兼業農家の離農を通じて，農地を担い手，さらには，企業的農業経営体に集積させるような制度設計が望ましい（④）と考えられる。

　たとえば，経営安定対策の1つである「品目横断的経営安定対策」（2007年）は規模要件を課した農家の選別政策であったため④に相当し，その後に導入された「農業者個別所得補償制度」（2011年）は全農家対象であったため③に相当する。「経営所得安定対策」（2017年）は規模要件を課さないが，対象を認定農業者や集落営農等に絞っており，③と④の中間的な性格である。

　こうした見解の差は図示すれば，図20-1のように三極構造として整理できよう。Aの立場はWTO体制に対応しつつ，自給率の向上のために大規模層の育成を主張し，Bの立場はWTOやFTAで国際的に市場原理が全面展開する状況においても産業として自立することを主張しており，市場メカニズムが機能する環境の形成に向けた農政を求めている。Cの立場は食料自給量の確保に向けた国内生産の維持と多様な農業の共存を実現させる国際規律への柔軟な対応を主張し，企業的農業の促進に批判的である。

　従来，農業政策はAの立場に近かったが，WTO体制下への対応によりややBの立場に移行しつつも，海外からの農産物輸入が安泰ではないこと，また，大規模層の育成のみでは地域農業を支えられないという認識のもと，CやAの立場も意識した政策へと移り変わっている。

図20−1　農政をめぐる三極構造

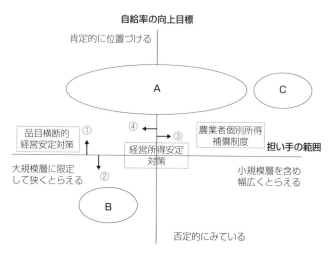

自給率の向上目標

肯定的に位置づける

A

C

品目横断的
経営安定対策　①

④

③　農業者個別所得
補償制度

経営所得安定
対策

担い手の範囲

大規模層に限定
して狭くとらえる　②

小規模層を含め
幅広くとらえる

B

否定的にみている

出所：田代洋一「東アジア共同体（an East Asian community）のなかの日本農
業―農政『改革』批判」（2006年）を参考に筆者作成。

おわりに

　食料自給率の低下は食料安全保障と結びついて国民の懸念事項となっている
が，自給率の低下は日本の工業国化，貿易立国化の所産であり，生活水準が向
上した暮らしや多様な食生活は国内農業の衰退と引き換えに，政策的に選択さ
れてきた結果でもある。当然，こうした状況のなかで，先述の通り，農業政策
においても目標やそのための施策には多くの見解差があるものの，食料安全保
障を重視する点は共通している。食料安全保障の概念は時代とともに変遷して
きており，たとえば，国家レベルの食料供給の量的確保に加え，安全性をはじ
めとする質的側面や世帯内個人の食料アクセスへの着目など，国際的には，多
様な視点が考慮され始めている。

　日本でも，従来，食料安全保障概念を「国家による食料供給」と捉えていた
ものの，近年では，1996年FAO食料サミットでの定義を踏襲し，「国民一人
一人の食料アクセス保障」にも目を向けている。

　これに対し，そうして確保される食料を，どのように，どこで，誰が生産するのかといった視点に対する懸念も多く表明されており，すべての国や民衆が自分たち自身で食料・農業政策を決定する権利が重要だと主張する**食料主権**論が国際的な小農連帯組織ビア・カンペシーナから提起されている。経済効率性にもとづく国際分業と自由貿易によって食料安全保障が達成されるとするWTO体制に対して，食料主権は，安全で栄養豊かで，各国・地域固有の食文化・食習慣を踏まえた食料を追求するオルタナティブとして広がりをみせている。

　この食料主権と相補的な概念として，国連人権理事会では，基本的人権の1つとして食料を捉える「**食料への権利**」の具体化が図られている。「食料への権利」とは，すべての人が物理的・経済的にいつでも適切な食料やその入手手段にアクセスできる権利のことであり，国家はその実現に向けた法的義務を負うことを，国際法のもとに保障するという法規範的概念である。食料主権論のようにその具体的な食料供給体制への提言などはないが，「食料への権利」は国際法体系に組み込まれた人権規約として，食料主権論の理念を多く共有している。

　いずれにせよ，世界における飢餓や栄養不良がなかなか解消されない要因の1つに，現行の食料供給体制，すなわち，WTO自由貿易体制のもとで，多国籍アグリビジネスと称される巨大企業が主導権を握る現状があると指摘されている。その際に，国家単位で食料の量的確保を重視するマクロ的な食料安全保障の視点にとどまらず，個人単位やコミュニティ単位で，自らの食料消費を想定して政策を決定できる，もしくは，政策形成に関与する権利を重視するミクロ的な食料主権，「食料への権利」の視点にたって，いま一度，わたしたちの生活を支える食・農を見つめ直す必要があるだろう。日本農業は農産物貿易の点だけでなく，国内生産振興の点でも現在もWTOの枠組みのもとにある。敷衍すれば，日本農業においても，国家戦略的な点から政策的対立軸を議論するにとどまらず，生産者自身がどのような農産物を生産したいのか，また，消費者がどのような食品を食べたいのかを自己決定できるかどうかという点も論点にしていくべきだろう。日本農業の現状を踏まえ，多様な見解が表出される農業政策に対して，世界の潮流を捉えながら，その政策的選択肢を検討するこ

とが求められている。

📖 文献紹介

①生源寺眞一『日本農業の真実』筑摩書房，2011年。

　　実際の農業政策の策定にも関与してきた著者によって，日本農業の強さと弱さの両面を現実的に整理し，国民に支えられる農業と農村のビジョンを提案した著作。本文における三極構造のうち，Ａの立場から日本農業・政策に対する見解を示しており，中道的な立ち位置にあると認識されている。農業政策のうち，とくに，農業の担い手育成のための政策とコメの生産調整をめぐる政策について，その政策的背景やその制度設計の内容などを明らかにしている。食料自給率概念を丁寧に整理し，その動向を分析的に眺めることを通じて，日本農業の長所短所をうまく浮き彫りにしている。

②本間正義『現代日本農業の政策過程』慶應義塾大学出版会，2010年。

　　自然的制約や家族経営が中心である点から農業の特殊性に配慮して農業問題を論じる見解が多いなか，そうした特殊性ではなく，他産業と同様に一般的な経済問題として，農業・農政を観察しながら，戦後日本農政の体系的分析を進めた著作である。日本農業の問題点に，兼業農家の温存を助長するという農地の転用期待，さらには，ポピュリズム的な政治決定を支える農協を指摘し，これらが農業において市場メカニズムの作用を妨げていると捉える点が特徴である。本文におけるＢの立場にある。同様の主張をもつ著作として，山下一仁『TPPが日本農業を強くする』日本経済新聞出版社，2016年もある。

③田代洋一『農業・食料問題入門』大月書店，2012年。

　　歴史的なアプローチと農業・農家に対する実態調査にもとづく現状分析のアプローチを組み合わせて，日本農業の軌跡を解説した著作であるとともに，今日の農業・食料問題として，政策論や構造問題，さらには，農協問題，都市農業問題まで幅広く取り上げている。本文では，Ｃの立場から，現状の農業政策の狙いやその背後にある政治経済的利害を析出し，批判的な見解を提示している。また，いまや，農業の生産現場と食料の消費現場が乖離しているなかで，農業への着目だけでは十分には解けない課題も増加してきているため，消費者にとってはより身近である食料問題を取り上げ，フードシステムやアグリビジネスといった現代の食料問題を検討するうえで欠かすことのできないキーワードを通じて，毎日の食卓を支える舞台裏を分析している。

〔参考文献〕

小野雅之・横山英信編『農政の展開と食料・農業市場』筑波書房，2022年。

田代洋一「東アジア共同体（an East Asian community）のなかの日本農業―農政『改革』批判」『農業経済研究』第78巻第 2 号，2006年 9 月，77-84頁。

暉峻衆三編『日本農業150年―1850〜2000年』有斐閣，2003年。

久野秀二「食料安全保障と食料主権―国際社会は何を問われているのか」『農業と経済』第77巻11号，2011年11月，48-61頁。

【池島祥文】

第21章　［資源／エネルギー］

「資源小国」日本のエネルギー外交

"「資源小国」日本にエネルギー外交の選択肢はあるのか"

　ロシアのウクライナ侵攻後，G7の一員としての立場と天然ガスの輸入のいずれを優先すべきかについて一部で議論されたように，国際的な危機が生じる度にエネルギー外交の姿が問われてきました。また，原子力発電や輸入に頼らざるをえない化石燃料ではなく，再生可能エネルギーに期待する声もあります。これらは本当に現実的な選択肢なのでしょうか。

　日本は過去も現在も，そして未来もおそらく「資源小国」です。エネルギー外交はエネルギー安全保障の対外的側面の一部でもありますが，それだけでなくより広い日本外交の一環としても考えなければなりません。具体的なエネルギー外交を検討するためには，エネルギー問題や資源問題の基本的な性格と歴史的な経緯を押さえる必要があります。

【キーワード】「資源小国」，エネルギー安全保障，エネルギー・シフト，消費国間協調，グローバル・サウス，グローバル・ガバナンス

はじめに

　現代的な生活は，さまざまなエネルギーに支えられており，日本はその大半を輸入に頼っている。2022年度のエネルギー自給率は12.6%で主要国では最も低い。

　原子力発電所の再稼働や再生可能エネルギーの導入が停滞しているからではない。福島第一原子力発電所事故前の2010年度の自給率も20.2%であった。大規模な新規増設がなければ再稼働だけでは状況は大きく変わらない。この間，太陽光を中心に再生可能エネルギー導入も進んだが，自給率では5%程度の貢献にとどまっている。再エネ導入のために電気料金に上乗せされる賦課金総額が毎年4兆円近くに達したこともあり，消費者負担は限界に近づいている（化

228

石燃料価格の高止まりもあって2023年度の賦課金は低下したが，全体として電気料金と賦課金の負担が重くのしかかっている状況は変わらない)。

　日本は，自国で賄えないエネルギーを外国から輸入される化石燃料に頼る「資源小国」であり，**エネルギー安全保障**では他国以上にその対外的な側面が重要となる。しかしながら，エネルギー問題は平時にはなかなか注目されず，危機が生じる度に日本が置かれた立場やエネルギー市場の実情を度外視した選択肢が唱えられてきた。2022年 2 月に始まったロシアのウクライナ侵攻をめぐっても，G 7 の一員としてロシアからの天然ガス輸入をやめるか，自国のエネルギー確保を優先して輸入を続けるかを問われる局面があった。

　対ロシア制裁に加わる日本だが，サハリンにもつ権益は維持して天然ガスの輸入は続け，一見すると米英両国や EU 諸国と比べるとエネルギー資源については一歩引いた姿勢である。エネルギー輸出国の米国は別としても，EU 諸国にはロシアへのエネルギー依存度が日本よりもはるかに高かった国が多い。天然ガスをみれば，ドイツは約 4 割，イタリアとフランスは約 3 割をロシアからの輸入に頼っていた一方で，日本は約 1 割にすぎない。日本は自国の経済的利益を優先しているように思えるかもしれない。それでも日本は，国際価格から割り引く形でエネルギー資源をロシアから輸入する中国やインドとは一線を画し，EU 諸国でもロシア依存脱却は中期的課題になっている。G 7 の一員としての立場とエネルギー資源の輸入は，対立するものではなく，何とか両立させるしかないものである。

　エネルギー問題を考えるためには，その全体像を掴むことが欠かせない。主要なエネルギー源や外交上の焦点は時代とともに変遷している。気候変動対策の重要性が増すなかで環境問題との連関も強調されるが，環境とエネルギーが裏表の関係にあることは昔から変わっていない。脱炭素のためのエネルギー・シフトを円滑に進めるためにも，これまでの歩みや問題の基本的な図式の理解が求められる。

　本章を通じて，エネルギー問題の基本的な性格と日本が置かれた立場，そして歴史的な経緯を押さえ，そのうえで「資源小国」に求められるエネルギー外交とは何かを考えてほしい。

1　「資源小国」日本

　日本は「資源小国」である。

　豊かな自然をもつ日本だが，自給可能な地下資源は石灰石やヨードなどごくわずかであり，石油や天然ガスなどのエネルギー資源はほぼ100％を輸入に頼っている。再生可能エネルギーはどうだろうか。20世紀前半から半ばにかけて導入が進んだ水力発電には大規模なダムが必要となり，拡大には限界があった。今世紀に入って世界的に利用が拡大した太陽光や洋上風力もほぼ同様である。すでに国土面積当たりの太陽光発電導入容量は主要国で最大水準に達し，洋上風力発電に適した遠浅の海岸は限られている。世界有数の資源量をもつ地熱を最大限活用しても，必要なエネルギーが満たされるわけではない（なお一部で期待されていたメタンハイドレードも天然ガスの一部を代替可能なだけであり，また量産化の目途は全く立っていない）。

　「量」の問題だけが日本を「資源小国」にしているわけではない。20年以上の長きにわたってサウジアラビアの石油鉱物資源大臣を務めたヤマニはしばしば次のように述べていた。「石が無くなったから石器時代が終わったわけではない」。青銅器や鉄器との競争に負けたからこそ石器時代は終わったのである（ヤーギン 1991）。かつて，日本の主要エネルギー源は国内産の石炭であったが，1960年代前半に石油へと転換する。国内産の石炭は海外産の石油に価格競争で敗れたといえる。いわゆる「エネルギー革命」である（小堀 2010）。石油や天然ガスはその重要性から潜在的には戦略商品だが，通常はあくまで市場で取引される1つの商品にすぎない。危機が生じれば「量」の確保が重要となる一方で，安定的に供給されるのであれば，安価な調達が重要となる。「価格」と「量」の双方を視野に入れたエネルギー安全保障が求められるゆえんである。

　日本がエネルギー安全保障やエネルギー・シフトについて，まずは一国単位で考えざるをえないことも押さえておく必要がある。国際送電網が整備されているヨーロッパとは異なり，日本は国内の連系線も整備が遅れており，地域単位で電力需要を調整する状況が続いている。ヨーロッパの特定の国を取り上げて日本と対比するのは誤解を招きかねない。電力の安定供給には天候に左右さ

れないベースロード電源や調整用の火力発電が必要であり，再生可能エネルギーの導入には限界がある。地域によって差はあるものの，すでに太陽光発電は時期によって需要を上回るようになっており，好天時に「出力制御」が行われることも珍しくない。電力会社間で融通するための連系線の増強や，蓄電池等の導入がそれなりに進むとしても，一定の限界がある状況は変わらない。

　以上の説明は電力を中心にしているが，電力は一次エネルギーの供給ベースで45％程度，消費ベースでは25％強である。電力はエネルギー問題のあくまで一部であり，再生可能エネルギーの導入によって解決しえない，もしくは解決が困難な問題が山積している。輸送用燃料の大半はガソリンをはじめとした化石燃料である。電力化率は今後上昇していくだろうが，国際エネルギー機関（IEA）が2021年に公表した推計によれば，2050年までに世界でエネルギー・シフトが飛躍的に進んだ場合でも現在の半分程度の天然ガス，4分の1程度の石油が消費されるという。日本が化石燃料のほぼ全量を輸入に頼る状況は今後も続いていく。

　過去も現在も未来も日本は「資源小国」であり，それを前提にエネルギー安全保障を考え，外交を展開していかなければならないのである。

2　エネルギー資源ガバナンスの国際的展開と日本外交

2-1　第二次世界大戦後のエネルギー資源ガバナンス

　世界恐慌後のブロック経済化が枢軸国との戦争を招いたという反省にもとづいて，第二次世界大戦後の国際経済秩序は設計された。通貨をめぐる問題はIMF（国際通貨基金），貿易をめぐる問題はGATT（関税および貿易に関する一般協定）で，それぞれ協調が図られた。とりわけ貿易は，数次にわたるGATTにおけるラウンド交渉の結果，広範な自由化が進められ，1995年には紛争解決機能を備えたWTO（世界貿易機関）として発展的に改組されるなど，着実に成果をあげてきた。時に揺り戻しはみられるだろうが，これまでの成果が全面的に覆るわけではない。

　これに対して，エネルギー資源ガバナンスの構築は遅れた。逆説的だが，それは国際石油資本が寡占状態を築き，市場が安定していたために国際協調の必

要がほとんどなかったからである。第二次世界大戦後，1960年代末まで，石油
は安価かつ安定的に供給されていた。それゆえ，上流部門（探鉱・開発・生産）
での利益確保のために通商政策の一環として海外資源開発が模索されることは
あっても，外交的側面はあまり意識されることがなかった。日本は自らが「資
源小国」であることをそれほど意識することなく，相互依存を前提に高度経済
成長を遂げたのである。

　こうした状況は，第一次石油危機の前後に大きく変わることとなった。１つ
のきっかけとなったのは1967年の第三次中東戦争である。この戦争に際しては
じめて石油が「武器」として使われた。親イスラエル的な中東政策をとる米英
両国などに対して，アラブ諸国は禁輸などの措置をとったのである。しかし，
この試みは無残な失敗に終わった。関係国の足並みの乱れもあったが，より大
きかったのは米国の余剰生産能力に余裕があり，代替可能だったことである。
結果的には危機に至る前に収束したが，その裏では消費国間の協議が行われて
いた。舞台となったのはOECD（経済協力開発機構）である。第三次中東戦争
を機に，日本も消費国間協調への参画という新たな課題と向き合い，石油確保
と「自由陣営」の一員としての配慮のジレンマに直面することとなった（白鳥
2015）。

　1970年代に入ると，産油国との力関係は変化していった。背景の１つは環境
問題の浮上である。現在では石油は環境負荷が高いとされているが，当時は石
炭との比較で環境問題への考慮から石油への転換が予測された以上に進み，需
給関係は急速に逼迫した。そして，「売り手市場」への変化を受けて産油国に
有利な協定が次々と締結される一方で，新たな消費国間協調枠組みが模索され
た。この検討が取りまとめられようとしていた，まさにその時に第一次石油危
機が発生した。

2−2　2つの石油危機と日本外交

　第一次石油危機は，「量」に関するOAPEC（アラブ石油輸出国機構）と「価格」
に関するOPEC（石油輸出国機構）の声明によって1973年秋に始まった。中東
紛争に関連して再び石油が「武器」として用いられたのである。

　日本国内で政治的に注目されたのは「量」の側面であり，この時の「石油が

入ってこなくなるかもしれない」という恐怖の記憶は，エネルギー外交に関する正確な理解を妨げることにつながった。危機に際して，日本は第三次中東戦争以来のアラブ諸国寄りの中立という政策を「明確化」するとともに首相特使をアラブ諸国へ派遣し，原油供給が保証される「友好国」の認定を受けた。だが「量」に関する努力は自国のみでは限界があった。流通を押さえていた国際石油資本によって各国への割当は再配分が図られ，中東政策とは関係なく各国の石油輸入量はほぼ一律に減少することになったからである。

　実際に影響がより大きかったのは「価格」の側面であり，危機の間接要因である石油市場の性格の変化であった。1973年の1年間で原油価格は約4倍となり，価格の決定権もOPECへと移ることになった。当時国内では産油国に接近して石油を確保すべきとの声が強かった。実際にそのように動いた国にフランスがあったが，日本政府の対応は「産油国との対話」を重視する姿勢を示しつつも，実態としては米国主導の消費国間協調に参画することであった。74年11月にOECD傘下に設立された国際エネルギー機関（IEA）に，日本は原加盟国として参加した。IEAは各国に一定量の備蓄を義務づけるとともに緊急時の石油融通を定めたもので，消費国間協調の中核的な機関として現在に至っている。当時世界第一位の石油輸入国である日本の参加は消費国間協調の成否に直結する問題であった。

　石油危機発生以前から田中角栄政権が，「敏感性」の低下を目論んで海外資源開発の支援を柱とする積極的な「資源外交」が推し進めていたことはよく知られている（山岡 2013）——「敏感性」とは，国際政治学（とくに相互依存論）で「脆弱性」とセットで用いられる概念であり，外的な環境等が変化した際の短期的な影響を示し，脆弱性は政策的対応を行った上での中長期的な影響を示すものである（コヘイン・ナイ 2012）。石油危機後には太陽光や地熱等の技術開発を進める「サンシャイン計画」も実施された。だが，これらはいずれも芳しい成果を生まなかった。むしろ「脆弱性」の低下を目指した消費国間協調参画のほうがその後につながったといえる（白鳥 2015）。なお，第一次石油危機の前後にはその後主力となるエネルギー源の本格的な導入も始まっている。液化天然ガス（LNG）の本格的な利用が始まり，また発電所が置かれる地域に利益を還元するいわゆる電源三法制定によって原発建設も加速した。

　その後，実務レベルの交渉が IEA で進められ，さらに1978年 9 月には福田
赳夫が首相として初めて中東諸国を歴訪した。このように第一次石油危機を経
てさまざまな外交努力が積み重ねられていたが，ここで再び危機に見舞われる
ことになった。第二次石油危機である。

　1978年冬から翌79年春にかけてイラン革命に伴う混乱によってイランの石油
輸出が停止されるなど石油市場は混乱し，半年で価格は約 3 倍に引き上げられ
ることになった。この危機への対応は IEA に加えて，主要国首脳会議（G 7 サ
ミット）がその舞台となった。1975年に始まったサミットは年 1 回の開催が定
例化し，79年 6 月には第 5 回の東京サミットが開催された。議長を務めたのは
前年12月に首相に就任した大平正芳である。大平は第一次石油危機時の外相で
あり，その後は蔵相も経験し，エネルギー事情やその影響にも通じていた。各
国が異なる利害を抱えるなかで，首脳レベルでぎりぎりの交渉が行われた。最
終的に東京サミットでは中期的な石油輸入目標量に合意するなど先進国が結束
を示すことに成功したが，日本は G 7 議長国としての立場と「資源小国」と
しての立場の両立に苦慮することになった（白鳥 2024）。

3　「資源小国」に求められる外交

3 - 1　消費国間協調の重要性

　ここまで，エネルギー資源問題の基本的な性格を確認したうえで，消費国間
協調への参画を中心に第二次石油危機までの歴史的な経緯を概観してきた。そ
の後1980年代に入ると，原油先物取引市場の発展によって状況が変わることに
なった。85年末から86年半ばにかけての「逆石油危機」とも呼ばれた原油価格
の急落もあり，OPEC の価格決定権は徐々に失われていった。

　この間，イラン＝イラク戦争，湾岸危機および湾岸戦争といった出来事が
あったものの，原油市場が大きな混乱に陥ることはなかった（Keohane 1984；
ヤーギン 1991）。消費国間協調が機能した形である。台頭する経済大国であっ
た日本は独自路線を歩むのではなく，責任ある主要国の一員として行動した。
独自路線をとったフランスが冷戦終結後に IEA に加わったことも，日本の選
択が誤りではなかったことを示しているように思われる。

　国際的なエネルギー資源ガバナンスは，IEA を中核としつつ，産油国と消費国の対話の場として1991年から始まった国際エネルギーフォーラム（ITF）や2011年に発足した国際再生可能エネルギー機関（IRENA），欧州エネルギー憲章から発展したエネルギー憲章条約（ECT），国連のイニシアティブで始まり現在は国際 NPO として活動する SEforALL（万人のための持続可能なエネルギー）など多層的に取り組みが進んでいる。

　しかしながら，その後，消費国間協調は岐路を迎えている（ヤーギン 2012）。新興国が台頭する状況では先進国のみの国際協調には限界がある。急速にエネルギー需要を伸ばした中国やインドといった**グローバル・サウス**を代表する新興国は，IEA にはオブザーバー参加に留めて独自の外交を展開した（ただしインドは2021年に IEA と戦略的パートナーシップを結び，さらに2024年に正式加盟交渉が始まるなど再編の動きもある）。また，2016年12月に OPEC プラスが始動したことで産油国が市場に与える力も回復している。第二次世界大戦後，世界経済の概ね 3 分の 2 を占め続けていた G 7 の構成国は，21世紀を迎えた頃から徐々にその GDP（国内総生産）のシェアを低下させている。消費国間協調は，転換期にある国際経済秩序をいかに運営していくかという**グローバル・ガバナンス**のより大きな課題とも密接に関係しているのである。

3−2　多面的なエネルギー外交

　新興国の台頭は世界的にエネルギー需要を拡大させ，21世紀に入った頃からエネルギー資源価格は高値基調となっている。さらに，2000年代半ばから始まったシェール革命によって米国の産油量や天然ガスの生産を伸ばしていることや，原油市場の急速な「金融化」，そして気候変動問題への対応は，エネルギー情勢に複雑な影響を与えている（岩瀬 2014；藤 2017；ブラス・ファーキー 2022）。消費国間協調はエネルギー外交の柱だが，あくまで 1 つの側面にすぎないことも確認しておくべきだろう。

　影響が最も大きいのは気候変動対策である。各国の利害やエネルギー事情は異なる。日本外交の基軸は日米関係にあるが，国際石油資本を抱えるのみならず国内に豊富なエネルギー資源をもつ米国と利害がすべて一致することは当然ない。その他の G 7 諸国も，カナダはエネルギー輸出国であり，西欧は国ご

とにエネルギー政策や自給率に差があるものの，ヨーロッパ大の国際送電網が存在するなど日本とは前提条件が異なっている。また，新興国では今後もエネルギー需要拡大が見込まれ，過去に大量の温室効果ガスを排出した先進国により大きな責任を果たすように求めている。「資源小国」である日本は一方で厳しいエネルギー安全保障環境を前提に，他方で国際社会の一員として，また先進国の一員としての対応が求められる難しい立場に置かれている（気候変動問題については第17章も参照）。

　エネルギー安全保障の確保に簡単な解決策があるわけではない。その意味でも重要なのは，エネルギー外交が多面的であることを押さえ，そして関心を継続させることだろう。比較的安価に石油備蓄を積み上げることができるのも，有利な長期契約を獲得できるのも，高価格の「売り手市場」ではなく低価格の「買い手市場」のときである。平時からの継続的な取り組みが求められる。

　さらにいえば，エネルギー外交は消費国間協調を中心としつつも，資源輸出国との二国間関係の強化や海外資源開発の支援にとどまるものでもない。シーレーンの確保や中東地域を中心とした資源輸出国の安定は，日本のエネルギー安全保障にとっても不可欠である。湾岸戦争後の掃海艇派遣や2000年代後半から本格化した海賊対処などの「国際安全保障」への参画は，こうした観点からの評価も必要であろう。

おわりに

　少なくとも今後数十年にわたって化石燃料への一定の依存が続き，再生可能エネルギーについても拡大余地が限られる以上，日本が「資源小国」であるという状況は変わらない。2020年10月，菅義偉首相は2050年に温室効果ガスの排出を全体としてゼロとする「カーボン・ニュートラル」の実現を目指すと表明した。気候変動問題が深刻化するなかで，2015年に採択されたパリ協定等をふまえ，日本としても一歩踏み込んだ形である。エネルギー安全保障もエネルギー・シフトも，より具体的な政策を論じるためには，本章で概観したエネルギー問題の基本的な性格と歴史的な経緯を押さえたうえで，その時々の市場の性格の変化や国際情勢を子細に検討し，中長期的な展望を描く必要がある。

　ロシアのウクライナ侵攻についても，こうした変化の延長線上に考えなければならない。外交政策全体のなかでいかにエネルギー資源外交を位置づけるかを考えるべきであろう。2014年のクリミア併合後も，ドイツを中心にヨーロッパ諸国はロシアへのエネルギー依存を深めていたが，その動きは逆転し，ロシア依存からの脱却に努めている。ウクライナ侵攻後にエネルギー供給を「武器」として用いたことで，ロシアは信頼できる供給者の地位を失った。中東への過度な依存からの脱却のためにロシア依存を拡大するという選択肢は少なくとも当面は失われた。他方で拙速な対応も禁物である。制裁は手段であって目的ではない。制裁が自国に与えるダメージや市場への影響もふまえた対応が肝要である。

　「資源小国」である日本にとって，世界全体の安定は欠かせない。他方でエネルギー安全保障の確保も必要である。日本は「G 7 の一員」としての立場とエネルギー安全保障を何とか両立させていくしかないのである。

　とはいえ，それは日本外交に選択肢がないということは意味しない。経済成長とエネルギー・シフトを両立しようとするグローバル・サウスの国々の多くと，日本の利害は一致している面もある。2023年12月に初の首脳会合が行われたAZEC（アジア・ゼロエミッション共同体）は，日本が立ち上げを主導し，東南アジア諸国と資源産出国のオーストラリアが参加する国際的な枠組みとして注目される。「資源小国」という現実を受け止めつつ，多面的・多角的な外交努力がエネルギー外交には求められている。

📖 文献紹介

①松井賢一『エネルギー問題！』NTT出版，2010年。

　　エネルギー専門家による概説書。本書は，石炭，石油，天然ガス，原子力，再生可能エネルギー，そして地球温暖化問題まで幅広い論点を押さえている。刊行から時間は経っているが，基本的な視座と知識を提供してくれる1冊として最初に読むことを薦めたい。

②資源エネルギー庁『エネルギー白書』各年版。

　　資源エネルギー庁が毎年発行する白書で同庁ウェブサイトでも閲覧できる。エネルギー源の構成や利用状況，主要資源の輸入元などは，エネルギー外交を考えるうえで基本中の基本となる。政権の政策に記述が左右される部分はあるが，まず押さ

えるべき基本的なデータは『エネルギー白書』で確認しておこう。

③武田悠『日本の原子力外交─資源小国70年の苦闘』中央公論新社，2018年。

　　紙幅の関係で本章ではほとんど取り上げることができなかった原子力の問題については，まずこの本を読んでほしい。原子力発電所を中心とした平和利用と，核不拡散問題が絡み合う日本の原子力外交を通史的に検討している。日本の独特な立ち位置を確認してほしい。

［参考文献］

岩瀬昇『石油の「埋蔵量」は誰が決めるのか？─エネルギー情報学入門』文藝春秋，2014年。

コヘイン，ロバート・O／ジョセフ・S・ナイ，滝田賢治監訳『パワーと相互依存』ミネルヴァ書房，2012年。

小堀聡『日本のエネルギー革命─資源小国の近現代』名古屋大学出版会，2010年。

白鳥潤一郎『「経済大国」日本の外交─エネルギー資源外交の形成　1967〜1974年』千倉書房，2015年。

白鳥潤一郎「苦悩する「経済大国」─東京サミット（1979年）と日本外交」『国際政治』第212号，2024年3月，81-96頁。

藤和彦『石油を読む〔第3版〕』日本経済新聞出版社，2017年。

ブラス，ハビアー／ジャック・ファーキー，松本剛史訳『THE WORLD FOR SALE（ザ・ワールド・フォー・セール）─世界を動かすコモディティー・ビジネスの興亡』日本経済新聞出版，2022年。

松井賢一『エネルギー問題！』NTT出版，2010年。

ヤーギン，ダニエル，日高義樹・持田直武訳『石油の世紀─支配者たちの興亡』日本放送出版協会，1991年。

ヤーギン，ダニエル，伏見威蕃訳『探求─エネルギーの世紀』日本経済新聞出版社，2012年。

山岡淳一郎『田中角栄の資源戦争─石油，ウラン，そしてアメリカとの闘い』草思社，2013年。

Keohane, Robert O., *After Hegemony: Cooperation and Discord in the World Political Economy*, Princeton University Press, 1984.

【白鳥潤一郎】

文化を通じた国際環境へのアプローチ

" 対外情報発信や文化交流は，日本と各国との関係強化や
日本の国際的影響力の向上に資するのだろうか "

　　日本のアニメは世界中で若者を中心に絶大な人気を誇っています。国際的に高く評価された映画や音楽，文学作品は数多く，村上春樹の小説は複数言語に翻訳されています。日本の精神文化に関心をもつ人も少なくありません。海外からの観光客は，京都や奈良にとどまらず全国を賑わすようになりました。一方で，日中関係や日韓関係が良好であると感じる人はけっして多くはありません。海外で日本文化の人気が高まり，人と人の交流が盛んになることは，日本と世界各国との政治，外交関係の維持，強化や国際社会における日本の影響力の向上に結びつくのでしょうか。

【キーワード】対外発信，文化外交，国際文化交流，ソフト・パワー

はじめに

　『令和 5 年版外交青書（外交青書2023）』は，「国益と世界全体の利益を増進する外交」（第 3 章）を「日本と国際社会の平和と安定に向けた取組」「日本の国際協力」「経済外交」，そして「日本への理解と信頼の促進に向けた取組」（第 4 節）で構成しており，日本政府が**対外発信**と**文化外交**を「国益増進」の一環として重視していることがわかる。日本の外交・安全保障政策や経済政策，あるいは歴史認識や領土保全に関する日本の基本的立場や考え方を海外に理解してもらうために，政府はさまざまな手段を通じて情報を発信している。伝統文化からポップカルチャーまで幅広く紹介する文化事業，知的交流や人的交流，海外での日本研究や日本語教育の支援などにも外務省の予算が使われている

（外務省 2023）。

　望ましい国家イメージの創出を企図した情報発信や自国文化の海外での普及，さまざまな文化交流事業に政府が力を入れるのは，日本に限ったことではない。官民をあげて国際社会における自国のイメージ向上に取り組むのが21世紀の国家であり，そうした営みは「パブリック・ディプロマシー」と総称される。「自国の対外的な利益と目的の達成に資するべく，自国のプレゼンスを高め，イメージを向上させ，自国についての理解を深めるよう，海外の個人及び組織と関係を構築し，対話を持ち，情報を発信し，交流するなどの形で関わる活動」と定義できるであろう（金子・北野 2007）。エンターテインメント産業を戦略的に育成し海外に「韓流」として積極的に輸出する韓国，孔子学院を世界各国の大学等の教育機関に設置し，中国語や中国文化の伝播を図る中国は，代表的な例としてあげられる。

　「パブリック・ディプロマシー」ということばや概念が浸透したのは1990年代後半以降のことだが，ここに包含される活動自体は新しいものではない。近代以降の国家は，「意見を支配する力」を対外政策の手段として組織的に行使するようになり，第一次世界大戦は猛烈な宣伝合戦となった（カー 1996）。情報工作と宣伝を織り交ぜた各種活動は，戦間期から第二次世界大戦の終結に至るまで外交と戦争の一局面を構成した。対支文化事業の展開，国際文化振興会の設立，あるいは同盟通信を通じたニュース帝国の建設が物語るように，日本もその例外ではない（熊本 2013；芝崎 1999；Akami 2014）。そして冷戦は，体制選択をめぐる戦い，すなわち人びとの「心と精神を勝ちとる」戦いという側面をもっていたから，とりわけ米ソ両国はあらゆる手段を用いて自国の価値体系の普及に努めた。

　ただ，市民社会の成熟や情報技術の発展，グローバル化の進展など冷戦終結後に顕著となった現象が，「パブリック・ディプロマシー」の重要性を高めることになった。環境やテロ，難民といったグローバルな諸問題の存在は，国家や国際機関に加えて NGO など多様なアクターが多層的にネットワークを形成するなかでガバナンスが行われることを常態化しつつある。インターネットの作り出す巨大な情報空間のなかで，人びとは情報の受信者としてだけではなく発信者としても振る舞うようになった。グローバル・ガバナンスの空間でア

ジェンダやルールを設定し，そのためにより多くのアクターの共感を得られる
国家イメージや価値体系を構築することが，21世紀の国家には求められている
のである。

1　戦後日本の対外広報・文化交流の展開

1-1　国際交流基金

　アジア太平洋戦争の敗戦を経て，占領下の日本人は「文化国家」建設への意
欲を語った（入江 1991）。しかし講和・独立時の最重要課題は自由主義諸国と
の安全保障，経済関係の樹立であり，「文化」の存在は薄れがちであった（平
野 1985）。高度経済成長期までの日本は恒常的に厳しい財政運営を強いられて
いたうえに，外交当事者には概して文化交流は民間の役割という感覚が強かっ
た（浅野 2011）。アジア太平洋戦争に至る過程で日本が展開した広報・文化外
交が，「宣伝」の要素が強かったことへの後ろめたさも働いたかもしれない。
海外への日本文化の紹介や人的・知的交流など文化交流事業は，戦前からの伝
統を受け継ぐ国際文化振興会や日米協会，ロックフェラー財団の資金援助で設
立された国際文化会館などもっぱら民間団体が担った（楠 2012；牟 2016）。

　日本政府が文化交流事業の拡大強化の必要性を痛感し，そのために資源を本
格的に投下しはじめたのは，「経済大国」日本の責任と役割が自他ともに認識
されはじめた1970年代初頭であった。敗戦から20年あまり，懸命に努力して平
和的に経済発展を遂げてきたという日本人の自己認識に対して，国際社会には
「エコノミック・アニマル」という揶揄や，巨大な経済力を軍事力に転化しよ
うとしているのではないかという疑念が生まれていた。さらに繊維摩擦，電撃
的な米中関係改善と金＝ドル兌換停止の発表（1971年7～8月）という2つのニ
クソン・ショックによって，日米関係には不協和音が聞こえ始めた。日本に対
する理解の促進と日米関係の改善を目的として，外務省が主導するかたちで
1972年10月に発足したのが国際交流基金である。文化交流が本質的には平和的
かつ価値中立的で，諸国民間に相互理解と友好，信頼関係を醸成し，それに
よって国際社会の平和と繁栄が維持，増進されるのだという外務省内の脱冷戦
的な発想も，東西冷戦の緊張緩和とともに現実味を帯びたと思われる。以後，

国際交流基金は人物交流，日本語の普及，日本研究の振興，国際交流イベントの実施・支援，日本文化紹介などの事業を推進した（楠 2015）。

1-2　「国際国家」日本の国際文化交流

対外広報についても，1974年からは海外の有識層を対象に英文季刊誌 *Japan Echo* が刊行され，在外公館を通じて配布されるようになった。一方，1970年代半ばごろからは，ASEAN 諸国を中心に開発途上国に対して無償文化協力や遺跡保存事業，ASEAN 文化基金への拠出，奨学金制度の創設など当該国の文化，教育の振興に寄与する援助協力が行われるようになった。日本社会の「国際化」，「国際国家・日本」への脱皮がスローガンとなった1980年代は，各種の文化交流事業や対外広報，文化面での途上国支援はいっそう重視され，外務省の機構改編（1984年7月，情報文化局を廃止し文化交流部を設立，対外広報については大臣官房に外務報道官を新設）と並んで拡大・強化が図られた。竹下登首相は1988年5月にロンドンで発表した「国際協力構想」のなかで，「平和のための協力強化」「ODA の拡充」とともに「国際文化交流の強化」を3本柱に掲げた。

翌年5月に総理懇談会「国際文化交流に関する懇談会」（座長：平岩外四東京電力会長）が公表した報告書は，従来からの日本語教育への協力，芸術文化交流などに加えて文化遺産保存協力の充実と基盤強化，知的交流強化，国際理解教育の推進，国際交流基金の基盤強化，国際文化交流推進体制の強化などを提言している（外務省 1989；金子・北野 2007）。この最終報告を受けて内閣に設置された国際文化交流推進会議は，1989年度からおよそ5年間の国際文化交流強化のための施策を定めた「国際文化交流行動計画」を策定した（外務省 1990）。冷戦終結をはさんだ1980年代から1990年代半ばにかけて，国際文化交流の強化は日本政府のなかで不可逆的な潮流となった（外務省 2005）。

2　21世紀の日本のパブリック・ディプロマシー

2-1　「ソフト・パワー」

外務省が毎年発行する『外交青書』の節立ては，対外広報や文化交流が「外交政策」としてどのように理解されているかをある程度表している。1987年版

までは「文化交流及び報道・広報活動」の項目が立てられていたが，1988年以後は「国際交流」または「国際文化交流」の強化や推進といった表現が選ばれるようになった。「国際」が冠されるようになったことが時代の空気を反映しているといえよう。これらは2004年版で「海外広報と文化交流」という表現に替わった。2003年までは国民に対する情報発信と諸外国の対日理解の増進はひとくくりで扱われていたが，両者が切り離されたのがこのときである。「海外広報」が節のタイトルに入ったこととあわせて，対外広報戦略の重要性が高まったことを示している。なお翌年からは「文化交流」に替わって「文化外交」が，2008年版からは「海外広報」の替わりに「海外への情報発信」が用いられるようになった。「交流」というどちらかといえば状態を示すことばよりは政策として文化交流を位置づける意思がうかがえるであろうし，海外メディア戦略や観光振興も含んだ概念として「情報発信」が選ばれたのであろう。そして2010年以降は，「日本への理解と信頼に向けた取組」が立項されている。

　転機となった2004年は，「パブリック・ディプロマシー」や国際政治学者ナイが提唱した「ソフト・パワー」の概念が初めて『外交青書』に登場した年であった。強制または誘引によって他者の行動を変化させる「ハードパワー」に対して，「ソフト・パワー」は文化や価値の魅力，政策課題を設定する力などを通じて他者の選好を形成する能力と定義される（Nye 2004）。米国の同時多発テロ（2001年9月）とその後のアフガニスタン戦争およびイラク戦争，自衛隊のイラク派遣開始（2003年12月）を背景に，ソフト・パワー論は日本外交においても注目されるようになった。グローバリゼーションの進展，情報通信手段の発達は，対象国の政府機関のみならず国民に直接働きかける必要性を日本政府に認識させた。この年，海外広報と文化交流の目的は「国際社会に対して日本の外交政策や諸事情，文化の魅力を広く発信することにより，諸外国国民の日本に対する理解と信頼を高め，外交政策を推進するうえでの環境を整備する」ことにあると明確に定義されたのである（外務省 2004）。

2-2　日本の「多様な魅力」の発信

　「文化の魅力」の「発信」という局面で2000年代半ばごろから重視されるようになったのが，アニメ・マンガ，ゲームなどのポップカルチャーや現代アー

ト，食やファッションに代表される現代日本の生活文化——「クール・ジャパン」——を通じて日本への関心を高めようという試みであった。とくにアニメ・マンガは，海外で若者を中心に高い人気を集めているという実態が注目され，文化外交のツールとして活用される傾向が顕著になった。国際漫画賞の創設（2007年）や「アニメ文化大使」事業（2008年〜）はその一例である。2010年代に入るころからは，外務省に加えて経済関係省庁・諸機関が連携してクール・ジャパンの情報発信，海外での商品・サービスの展開，インバウンドの国内消費の各段階を効果的に展開し，世界の成長を取り込むことによって日本の経済成長を実現しようというブランド戦略が展開された（内閣府 2015）。

各国との間で，節目となる年に集中的に記念事業を企画するという試みも，2000年代半ばごろから始まった。官民連携の大規模かつ総合的な交流事業が特徴である。たとえば日韓国交正常化40周年を記念した「日韓友情年2005」では，芸術，学術，スポーツ等の分野で700件を超える事業が実施された。2022年は，日中国交正常化から50周年を迎えた中国をはじめ，キルギス，タジキスタン，トルクメニスタン，バングラデシュ，モンゴル，アラブ首長国連邦との間で大型の文化事業が実現した。こうした周年事業を通じて友好関係を確認し，相互理解を増進する効果が期待されているのである。

日本の「多様な魅力」を発信することを目的に，日本政府はサンパウロ（2017年4月），ロサンゼルス（2017年12月），ロンドン（2018年6月）に「ジャパン・ハウス」を開設した。展示スペース，シアター機能のある多目的スペースやライブラリー，レストラン・カフェ・バー，物販スペースなどを備えた複合施設であり，これまで日本に関心をもたなかった人びとも含めた幅広い層を対象に伝統文化・工芸，芸術，ハイテク，自然，建築，食，デザインなど現代日本のさまざまな姿に接する機会を提供している。「日本を知る衝撃を世界へ」というコンセプトは，類型的な情報発信ではなく，現代日本の諸相を「世界を豊かにする日本」として表現し，日本への関心と理解，共感の裾野を広げていくという意気込みを表しているのであろう。工芸・美術をはじめ専門家を海外に派遣し，講演会やワークショップ，実演などを実施する「日本ブランド発信事業」も，同様に日本の「多様な魅力」の発信を目的とする。たとえば2022年度は，瀬戸焼，尾張七宝，金継ぎ，映像，日本酒の専門家がこの事業に参加した。

2 – 3　日本の政策や取り組み，立場の発信

　2010年代半ば，日本政府の対外発信には日本の「正しい姿」を発信するという姿勢が際立った。「自由で開かれたインド太平洋」政策の推進を背景に，自由，民主主義，基本的人権の尊重，法の支配といった基本的価値への信奉，アジア太平洋地域や国際社会の平和と発展に貢献する意思を強調する傾向も顕著になった。言説は国際関係のあり方を決める 1 つの要素である。日本の外交目標と意思をさまざまなレベルで的確に発信することは，シンボルの操作能力が問われる「ワード・ポリティクス」（田中 2000）のなかできわめて重要な意味をもつ。

　歴史認識問題は，単なる隣国との対立を超えて人権問題として国際場裡で議論されるようになった。隣国との間には領土問題も存在し，たがいに正当性を主張して譲らない。覇権的傾向を強める中国，紛争の平和的解決という国際社会の大原則を踏みにじってウクライナに侵攻を開始（2022年 2 月）したロシアによって，第二次世界大戦後の世界を支えてきたリベラルな国際秩序は大きな挑戦を受けている。日本にとって望ましい国際環境を創出するために，日本の「平和国家」としての歩み，普遍的な価値や理念を追求する姿勢をアピールすることが対外発信の重要な要素となっているのである。

3　パブリック・ディプロマシーの効用と限界

　対外的な情報発信や文化外交が，短期的に特定の外交目標を達成することはほとんど稀である。中国や韓国の若者が日本のアニメ・マンガを愛好していたとしても，それが中国の南シナ海での覇権的行動の歯止めになることはないし，竹島（独島）をめぐる対立や歴史認識問題がすぐに解決されるわけではない。当該国の死活的な利益やアイデンティティに関わる問題について，対外的な情報発信や文化外交を通じて影響力を行使することは難しいのである。パブリック・ディプロマシーは軍事力や経済力の代替にはなりえないと考えるべきであろう。

　むしろ長期的に良好な対日感情を醸成し維持すること，そうして日本にとって望ましい国際環境を創出することに，パブリック・ディプロマシーの真価は

見出されるべきであろう。アニメ・マンガは若者層が日本に対する関心を深める入口になるかもしれない。海外の日本語教育や日本研究に対する支援は、やがてその国の政策決定に関与する日本専門家や知日派を育成することにつながると期待される。JET プログラム（1987年開始。外国青年を招致，全国の小・中学校や高等学校で国際交流業務や外国語教育に従事する機会を提供する）に代表される民間交流プログラムは，海外の人々に日本の実像を理解してもらうと同時に地方における草の根交流を促進するであろう。日本の政策や取り組み，立場の発信，日本の「多様な魅力」の発信，そして親日派・知日派の育成は，2010年代半ばごろから日本の戦略的対外発信の 3 本柱と位置づけられている。

おわりに

　ことばが実態と乖離したその国の姿を伝えることはないであろう。普遍的な理念や価値を外交目標に掲げても，実態が伴わなければ「宣伝」もしくは「強弁」と受け止められかねないし，外交上の振る舞いのみならず国内の政治社会の出来事も，国家イメージの形成に影響することを認識する必要があろう。ジェンダーギャップ指数で日本が146か国中125位（2023年）と低迷していることは，基本的人権の尊重という日本政府の公式の立場とはほとんど正反対のメッセージを発している。安倍晋三内閣が政府に批判的なメディアに対して強圧的姿勢で臨んだことは，普遍的価値を紐帯とした秩序構築を追求する政府の外交姿勢との落差がどこかちぐはぐな印象を与えた。国家権力が伝えたい情報を「正しい姿」と設定して発信する行為は「宣伝」と紙一重で，しかもそれは国内においては表現の自由に対する脅威となりかねない。本来自由であるべき文化領域の諸活動と国家権力との間には，本質的に緊張関係が存在することも忘れてはならないであろう。

　2022年に改訂された「国家安全保障戦略」は，日本を全方位でシームレスに守るための取り組みの 1 つに情報に関する能力の強化をあげ，そのなかで対外発信の強化の必要に言及している。その背景には，偽情報等の拡散を含めて，認知領域における情報戦への対応が大きな課題になっているとの認識がある。インターネットを通じてだれもが大量の情報に瞬時に容易に接することができ

る環境にあって，政府が望ましいとみなす情報だけが影響力をもつと考えるのは幻想であろう。自由で民主的な社会の動態と文化の諸活動をありのままにみせることが，迂遠ではあるが長期的には効果的なパブリック・ディプロマシーになるのではないだろうか。

📖 文献紹介

① 入江昭『新・日本の外交—地球化時代の日本の選択』中央公論新社，1991年。
　　『日本の外交—明治維新から現代まで』中央公論新社，1966年の続編にあたる著作であるが，国益の追求という現実主義的観点を中心に日本の対外政策を論じた前作とは異なり，軍事・経済に加えて文化の側面からアジア太平洋戦争後の日本外交を通観している。
　　1980年代以降の日本の文化外交を「世界に貢献する日本」を作り出す1つの取り組みとして注目するとともに，冷戦後の国際社会において，日本の役割は「国際協調，特に環境保護，人権擁護，文化交流といった面での協力を推進することにあるのではなかろうか」と問い，国際協調の担い手として文化交流を推進する必要を説く。外交における文化・思想の意義を考える手がかりとしたい。

② 金子将史・北野充編『パブリック・ディプロマシー—「世論の時代」の外交戦略』PHP研究所，2007年。
　　パブリック・ディプロマシーの定義やそこに含まれる諸活動，重視されるようになった背景など基本的な概念の解説に加えて，米国，英国，中国，ドイツと日本のパブリック・ディプロマシーが比較できるように構成されている。
　　この本で取り上げられた豊富な事例から，人々の認識をめぐるグローバルな舞台で各国が熾烈な競争を繰り広げている様相を理解するとともに，日本の対外発信・文化外交の特徴や問題点などをとらえることができるだろう。また，パブリック・ディプロマシーの推進・強化，対象などに関する政策提言も，議論を深める一助になる。

③ 渡辺靖『文化と外交—パブリック・ディプロマシーの時代』中央公論新社，2011年。
　　『アフター・アメリカ』慶應義塾大学出版会，2004年や『アメリカン・コミュニティ』新潮社，2007年など，文化人類学的見地に立ったアメリカ研究の著作で知られる著者によるパブリック・ディプロマシー論。人々の「心と精神を勝ち取る」営みの変遷や手法を概説し，問題点を整理している。とくに文化国際主義との関係，国益の論理と税金の論理からみたパブリック・ディプロマシーに関する指摘には注目してもらいたい。

［参考文献］

浅野豊美「戦後日本の国民再統合と『贖罪』をめぐる対外文化政策―失われた地域と彷徨う記憶」『国際教養学部論叢』第3巻第2号，2011年。

入江昭『新・日本の外交―地球化時代の日本の選択』中央公論新社，1991年。

カー，E. H., 井上茂訳『危機の二十年』岩波書店，1996年。

外務省「国際文化交流の歩み」2005年，http://www.mofa.go.jp/mofaj/gaiko/culture/koryu/others/kokusai_3.html，2018年2月23日アクセス。

外務省『平成元年版外交青書』1989年，http://www.mofa.go.jp/mofaj/gaiko/bluebook/1989/h01-2-5.htm#a4，2018年2月23日アクセス。

外務省『平成2年版外交青書』1990年，http://www.mofa.go.jp/mofaj/gaiko/bluebook/1990/h02-2-5.htm#c2，2018年2月23日アクセス。

外務省『平成16年版外交青書』2004年，http://www.mofa.go.jp/mofaj/gaiko/bluebook/2004/hakusho/h16/index.html，2018年2月23日アクセス。

外務省『令和5年版外交青書』2023年，https：//www.mofa.go.jp/mofaj/gaiko/bluebook/2023/html/index.html，2024年3月4日アクセス。

金子将史・北野充編『パブリック・ディプロマシー―「世論の時代」の外交戦略』PHP研究所，2007年。

楠綾子「戦後日米関係の再生―1948～1960年」五百旗頭真ほか監修『もう一つの日米交流史』中央公論新社，2012年。

楠綾子「国際交流基金の設立―日米関係の危機と日本外交の意識変容」福永文夫編『第二の「戦後」の形成過程―1970年代日本の政治的・外交的再編』有斐閣，2015年。

熊本史雄『大戦間期の対中国文化外交―外務省記録にみる政策決定』吉川弘文館，2013年。

芝崎厚士『近代日本と国際文化交流―国際文化振興会の創設と展開』有信堂高文社，1999年。

田中明彦『ワード・ポリティクス―グローバリゼーションの中の日本外交』筑摩書房，2000年。

内閣府「クール・ジャパン戦略」2015年，http://www.cao.go.jp/cool_japan/about/about.html，2018年2月23日アクセス。

張雪斌『日本と中国のパブリック・ディプロマシー―概念変容に伴う新たな競争』ミネルヴァ書房，2019年。

平野健一郎「戦後日本外交における〈文化〉」渡辺昭夫編『戦後日本の対外政策』有斐閣，1985年。

牟倫海『戦後日本の対外文化政策―1952年から72年における再編成の模索』早稲田大学出版部，2016年。

Akami, Tomoko, *Soft Power of Japan's Total War State: The Board of Information and Domei News Agency in Foreign Policy, 1934-45*, Republic of Letters, 2014.

Nye, Joseph S., Jr., *Soft Power: The Means to Success in World Politics*, Public Affairs, 2004.

【楠綾子】

世界遺産をめぐる日本外交

"日本は世界遺産条約の理念を重視すべきか，それとも
国益確保を優先すべきか。両者は両立するか"

　　文化的背景に由来する遺産の特徴をふまえた多様性と国際規範の目指す普遍性の相克は，どのように乗り越えられるでしょうか。また，国際条約を運営するための制度と各国の主張とはどのように反目しあうのでしょうか。外交上の駆け引きの現実から，多国間制度の総論と，各国の事情にあわせた各論との間の不整合について考えてみましょう。そのうえで，日本が世界遺産に関して今後どのように外交を発展させていくのが望ましいかを考えましょう。

【キーワード】顕著な普遍的価値，多様性，危機遺産，オーセンティシティー

はじめに

　自然遺産や文化遺産は，最初から「遺産」として存続してきたわけではない。それは，そこに内在する価値が見出されて大切にされ，次世代へと継承していかねばならない保護対象としてとらえられることをきっかけに，後世の人々の視点を通じて「遺産」となる。

　世界自然遺産となっている場所については，日本では自然環境保全地域や国立公園として，世界文化遺産の場合は国宝，重要文化財，史跡や文化的景観として，国内法のもとに保護措置がとられている。自然遺産や文化遺産は各国の顔となり，地域コミュニティにとっての環境や歴史の象徴，誇り，アイデンティティを体現するものとなる。

　「人類共通の遺産」とされる世界遺産を次世代へ継承するためには，国際社会による協力が不可欠な場合があり，そのような場合に世界遺産のしくみが効

力をもつ。その理念は相互の文化を知り，優劣なしに尊重することにもとづき，対話と協調を促進し，調和のとれた国際社会を構築するツールともなりえる。多国間関係を良好に保つうえでの外交施策として重要な分野であるともいえよう。

　一方で，多くの国が自国の世界遺産登録に熱心に取り組むあまり，個別の利害を政治的に実現しようとする動きによって，上記のような理念が形骸化するおそれもある。日本は世界遺産条約の締約国として，国際制度を活用しつつ，そこに他国とともに貢献する義務を担っている。世界遺産外交の場において，日本はどのようなスタイルを構築し，体現していけばよいのだろうか。

1　世界遺産条約の概要と登録評価のしくみ

　「世界の文化遺産および自然遺産の保護に関する条約」，通称「世界遺産条約」は，1972年11月16日に第17回国連教育科学文化機関（ユネスコ）総会で採択された国際条約である。1975年に20か国による批准を受けて発効し，1978年に最初の世界遺産登録が行われて世界遺産リストが創設された。これまで，国際社会が**顕著な普遍的価値**を有する文化・自然遺産を世界遺産リストに登録し，そのリストの価値の信頼性を管理するという体制をもって，世界遺産条約の履行制度は発展してきている。2024年1月現在，世界遺産条約の締約国数は195にのぼり，1199件（文化遺産933，自然遺産227，複合遺産39）の物件が世界遺産リストに登録されている。

　世界遺産条約のうえで，顕著な普遍的価値の明確な定義がされているわけではない。これまでに顕著な普遍的価値のとらえ方に関する国際的議論が重ねられてきてはいるが，自然・文化遺産の類型や地理的・文化的文脈の**多様性**ゆえに，それらが具体的にいかなる価値を認められるかは，むしろ個々の事情に即した各論として議論される傾向にある。このような世界遺産の性質を反映し，その登録審査は画一的な言葉の定義によるのではなく，より多様な10の評価基準を設けるかたちで行われている。

　世界遺産候補物件の推薦書は，条約加盟各国によって作成され，ユネスコに提出される。世界遺産リストへの登録は，世界遺産委員会（条約の全締約国のな

かから互選された21か国から構成される政府間委員会）が審議のうえで決定する。世界遺産委員会の事務局はユネスコが務める。世界遺産委員会には専門家からなる諮問機関が設置されており，候補物件が評価基準に即して顕著な普遍的価値を証明できるものであるか否かという専門的な評価作業は，ユネスコではなくこれらの諮問機関が行う。世界遺産委員会による登録決議は，原則として諮問機関による評価内容を参考とすることで，科学的信頼性を保ってきた。

2　世界遺産条約における危機遺産リストの重要性

　世界遺産条約の理念の根幹部分には，世界遺産の保全には国際社会全体が責任をもち，そのために国際協力体制を確立して保全を推進していくことが強調されている。世界遺産の保全は，第一には各物件の保有国の責任でありつつも，世界遺産として登録されれば，国際社会全体の責任下に置かれることとなる。このように世界遺産とは，崇高な理念に裏づけられているものであるが，その保全管理のためには，現実的な諸問題に立ち向かっていかなければならない。世界遺産の価値保全への脅威としては，主として自然災害，紛争，その他人為的な破壊，配慮の不十分な乱開発（都市開発，鉱山開発，道路等のインフラ開発のあり方），保全努力の放棄による劣化・風化，森林伐採，密猟，観光過多などがあげられる。

　世界遺産リストのなかには上記のような脅威にさらされ，崩壊や消滅の危機に瀕する物件も多く，それらの保全にはとりわけ緊急性が高まることとなる。条約にもとづき，とりわけ遺産価値消失の危機に瀕していると判断される物件を世界遺産リストと二重に記載する「**危機遺産リスト**」と呼ばれる措置も存在している。一度消滅するとその価値を取り戻すことは困難である。世界遺産制度において遺産保全を担保するための警告機能として最も実効的とされているのが，この危機遺産リストおよび顕著な普遍的価値の消失が確実な場合に該当物件を世界遺産リストから削除するという2段階の措置である。

　本来は，世界遺産物件保有国が責任をもって国内のあらゆる当事者たちとともに脅威となっている問題に対処し，保全措置を強めて遺産価値の消失を防ぐことが義務づけられている。保全状況が著しく悪化すれば危機遺産リストに記

載，さらには顕著な普遍的価値が消失すると判断されれば，世界遺産リストからの削除にも至りかねない。しかし，当該国では対処しきれないこともある。自然災害や紛争によって文化遺産が破壊されたり，隣国のダム建設が川の流れを変化させ自然遺産の生態系に変化が生じたりする場合もある。そのような場合に国際協力が喚起される。制度上，国際協力の優先的対象は危機遺産リストであり，危機遺産リストに記載された世界遺産の保全状況が改善すれば，危機遺産リストから脱却することができる。この脱却へ向けての保全活動こそが，世界遺産制度における国際的協働の最重要課題である。

3　世界遺産と日本

　2023年12月現在，世界遺産リストに登録された日本の世界遺産は25件（文化遺産20，自然遺産5）である。これまで，日本は1993〜99年，2003〜07年，2011〜15年，2021〜25年（任期中）の4度にわたり，世界遺産委員会の委員国として世界遺産をめぐる政府間審議に直接携わってきた。世界遺産をめぐる国際的議論や国際協力に，日本はこれまでどのように取り組んできたのだろうか。また，日本の価値観や方針をどのように国際レベルへと広め貢献することができたのだろうか。

3-1　文化遺産保存のためのユネスコ日本信託基金
　ユネスコには，1989年以降，文化遺産保存のための日本信託基金という基金が設けられている。これは，日本の多国間文化外交政策の一環として，各国の遺跡や建造物の保護に日本が有する文化遺産保存修復技術を活かすことを目的としている。2022年までには合計7500万ドルが日本からこの基金に拠出され，アジア太平洋地域を主として世界各地46件の有形文化遺産を対象に保全支援事業が行われてきた。主な例としてカンボジアのアンコール遺跡やアフガニスタンのバーミヤーン遺跡への支援があげられる。
　信託基金とは，日本が国連，ユネスコ，世界遺産基金に拠出する義務分担金とは異なり，ユネスコ通常予算外に充てられる任意拠出である。したがって国連機関に託しているとはいえ，その用途には日本の意図が大きく反映されるこ

ととなる。現実として，ユネスコが優先課題とする危機遺産への支援に，拠出国の思惑が必ずしもあてはまるわけではない。国際協力の緊急性の高さと，資金拠出元の外交上の戦略とを掛けあわせた交渉と調整のもと，各拠出国によるユネスコ信託基金事業が起案され，実行されていく。

3 - 2　オーセンティシティーに関する多様性の受容への貢献

　世界遺産条約の締約国は，それぞれの動機にもとづいて条約を批准または受諾しており，それぞれの文脈のうちに条文を解釈して運用している。たとえば日本には法隆寺という世界最古の木造建築が存在する。定期的な建材（素材）の入れ替えは古来より「木の文化」を生きてきたことによる知恵であり，それに伴う高度に洗練された知識や技術も受け継がれている。

　しかし，1990年代初めまでに世界遺産リストに登録されていた文化遺産は，「石の文化」の表象であるような古代遺跡や教会建築，堅固な石造の街といった物件が圧倒的多数であったため，日本が大切にしてきた「木の文化」の価値が普遍的に認められるのであろうか，という懸念が存在していた。日本は1992年に世界遺産条約を受諾し125番目の締約国となったものの，文化遺産の価値とオーセンティシティー（真正性）について素材重視で評価するヨーロッパ中心的な国際規準の普遍性には疑問を抱いていた。

　1994年11月には，文化遺産に対する日本の姿勢を世界と共有するために「世界遺産条約におけるオーセンティシティーに関する奈良会議」が開催され，「オーセンティシティーに関する奈良ドキュメント」が発出された。奈良ドキュメントは，それまで文化遺産の保存と修復に関する国際的言説をリードしてきた石の文化圏からも尊重され，画期的な内容として世界の諸地域から広く受け入れられ，今日に至るまで世界遺産制度において重視されてきている。奈良ドキュメントを参照すると，文化遺産のオーセンティシティーは，元の材料・材質（素材）のみならず，形態・意匠，用途，所在地の文脈・精神，伝統的技術にもあるとされる。この文書をもって，長い年月の間に建材を入れ替えて保全してきた木造建築に関しても，文化遺産価値の真正性を認めることを可能とする典拠が存在することとなったのである。

　奈良文書は，文化遺産のオーセンティシティーとは何かという定義を必ずし

も明確にできたわけではなかった。しかし，国際社会においてオーセンティシティーの概念自体への視点の多様性を尊重すべきであることが，この日本が設けたフォーラムによって，その後の世界遺産条約運用に資する方向性として打ち出されることとなったのである。この件は，国際規範への普遍的共感を喚起し世界各地でスムーズな履行を促進していくためには，多様性を検討したうえでこそそれが可能となることを示す一例となった。

4　世界遺産登録に際する政治的働きかけ

　2000年前後より，世界遺産リストへの新規物件登録決定に際し，世界遺産委員会の諮問機関による専門的見地からの評価内容に不服を示す国々が増えていく。それは，諮問機関が登録を勧めない評価を出した場合に，その見解を覆すべく，世界遺産委員会の会場内外で委員国に働きかける政治的展開に現れるようになった。ユネスコや諮問機関を中心に，これでは世界遺産リストの信頼性や評価・選定制度そのものの意義が崩れてしまう，とする懸念が年々強められていったが，世界遺産委員会における世界遺産登録をめぐる政治的働きかけは止むことがなかった。

　諮問機関は，候補物件をリストに登録すべきとしない評価を出す場合，顕著な普遍的価値が証明し切れていない，もしくはその価値の保全を担保するための措置がみられない，と指摘する。たとえば，世界の他地域の同様の物件と比較検討され尽くされていない，証明されようとしている歴史的価値を物理的に体現する遺構が不十分である，都市景観を扱っているのに現行の条例などでは管理不足である，といったものである。諮問機関が学術的見解にもとづき評価を行うとはいえ，とりわけ文化遺産の場合は科学的根拠を一律に設けにくい。そこで，自国からの新規登録を期待するなか諮問機関から厳しい評価を出された各国は，専門家団体に自国からの推薦理由のポイントが充分に伝わっておらず，顕著な普遍的価値が正確に評価されていないとする補足説明を展開するのである。

　諮問機関からの評価とそれに対立する各国の主張とのどちらが正しいかということについては各論の問題で判断が難しく，議論の余地が残る場合も多い。

しかしながら，各国によるロビー活動のポリティクスが当然のように蔓延する状況自体が，制度の信頼性に関わることは確かである。世界遺産委員国による審議上での支持を求める各国のロビー活動の効果が世界遺産の選定評価メカニズムを脅かすと，世界遺産リスト自体の信頼性を脅かすことにも至る。

5　事前交渉機会の制度化

　2012年の世界遺産条約40周年に向けては，増大し続ける世界遺産リストの将来を懸念し，各年の，および 1 か国あたりの推薦数を規制したり，世界遺産リスト自体の信頼性について議論を行ったりする場面が増えた。その流れのなかで，世界遺産登録推薦へ向けての「アップストリーム・プロセス」を検討する機運が高まり，日本もこれを支持する中心国の 1 つとなった。

　アップストリーム・プロセスとは，締約国による世界遺産推薦書作成に際し，推薦書がユネスコへ提出されるより前の段階で，各国の求めに応じて世界遺産委員会の諮問機関やユネスコが技術的な助言や枠組みづくりなどのサポートを行う体制である。アップストリーム・プロセスを活かすことができれば，締約各国は完成度の低い推薦書や登録の見通しが低い推薦書の提出を控えることとなる。

　日本を含む国々が熱心に進めたアップストリーム・プロセスは，2015年の第39回世界遺産委員会において正式に制度化された。世界遺産候補の登録推薦プロセスの半ばで，正当な機会として，各国が諮問機関やユネスコとの間で協議・交渉を設けることができるようになったわけである。

　前述したような世界遺産登録へ向けての委員国への働きかけを，日本も2007年前後から何度か行ってきており，世界遺産をめぐってポリティクスを展開する締約国の例外ではない。なぜ働きかけを行うかについては，国内における世論や政治圧力の高まりを受けての外交手段である場合もある。はたして何が正当な専門的評価であるのか，何が真に顕著な普遍的価値として認められてよいのか，という議論については，絶対的な解答があるわけではない。すべてが相対的な多様性のなかにあっては議論や交渉の余地が充分存在し，国益をかけた締約国側の立場からは，政治的働きかけが外交の勝負所であるとも考えられ

る。しかしながら、そのような働きかけは、世界遺産の理念的体制の信頼性を低め、機能を滞らせる力学である。こういったポリティクスの沈静化を図るためにも、アップストリーム・プロセスがある程度有効となるのではないかとされ、世界遺産制度の一部として認可されたわけである。

6 外交問題への対応：普遍的議論として

　1996年の第20回世界遺産委員会では、日本の原爆ドームの登録をめぐって米国と中国が反対した。米国は、核爆弾の投下が第二次世界大戦を終結させるためであったと述べ、またそこに至るまでの経緯を含めた歴史的認識が重要であるとし、戦跡は世界遺産に相応しくないと発言した。中国は、第二次世界大戦中に他のアジア諸国も多くの人命や財を失ったことを認めない人々がいるため、原爆ドームの登録は誤用されかねず、世界の平和と安全に資することがないと発言した。しかし、このような反対を超えて世界遺産委員会が「広島平和祈念碑（原爆ドーム）」の登録を決議したのは、世界遺産の評価基準にもとづき、この遺構が人類史上の普遍的な課題に対する顕著な方針を示す遺産であると認められたからにほかならない。世界遺産においては、その保全意義の国際的普遍性が重視される。原爆ドームの推薦書は、特定の国への批判が強調されるような内容ではない。それでは人類普遍の遺産としては認められない。この世界遺産は、人類すべてが科学の悪用を繰り返さないための象徴として価値づけられているのである。

　2015年の第39回世界遺産委員会で世界遺産リストに登録された「明治日本の産業革命遺産　製鉄・製鋼、造船、石炭産業」は、産業革命が西洋から非西洋へ伝播し技術移転が成功したことを示す遺産群として価値づけられている。しかし、構成資産が九州や山口県を中心に全国で23か所あるところ、その一部での朝鮮半島出身者の強制労働をめぐり、韓国が一貫して批判的な見解を表明してきた。この推薦書の政治的議論をめぐっては、世界遺産条約事務局であるユネスコの世界遺産センターは、47回もの調停会議を開催したという。2023年現在登録推進中である「佐渡島の金山」に関しても、韓国は、20世紀前半の朝鮮半島出身者の労働を理由に登録に反対の意を示してきた。世界のどこにあった

としても，産業活動における過酷な条件での労働を課すことは，現代社会においては，人権問題として許されることではない。それは，自国民に対しても外国人に対しても同等にいえることであるため，特定国による批判への対応として議論すべきことではなく，それ以前に労働を行ったすべての者に対する尊重の意を示すべき論点であろう。世界遺産制度とは，国際条約のもとで顕著な普遍的価値を有する自然・文化遺産を国際レベルで守り，共同管理するためのグローバルなサポートシステムである。したがって，世界遺産をめぐる外交とは，特定の二国間での歴史問題に視点を狭めて議論すべきものではない。

　過去の事実および，現代社会の倫理的規範からは逸脱していた可能性も高い過去の価値観にも向き合ったうえで，今日の人類がどう生きていくべきかというメッセージを発信してこそ，世界遺産の価値を現代社会のうちに位置づけることができる。価値づけに際しては調査を，保全に関しては技術を，記憶の共有には真摯な姿勢を重視し，グローバルな視座からそのようなミッションを遂行し続けられる品位ある外交が求められよう。

おわりに

　多国間外交の意義とは，各国がそれぞれの国益を追求しつつも，国際的に普遍性をもった共通目的のために協調することにある。そのような場においてリーダーシップを発揮できるかどうかは，国益の確保にも関わる。リーダーシップは外交手段の一要素にすぎないとはいえ，世界遺産外交においては，日本はこれまで果たしてきた役割をふまえ，リーダーシップを発揮すべきとも思われる。1994年の奈良文書発出や2010年のアップストリーム・プロセス検討開始の際に日本が貢献した事実は，世界遺産をめぐるリーダーシップが発揮された経験として評価できよう。いずれの場合も，国際規範の維持と発展へ寄与しつつ，結果的に自国の主張を広め国益を確保することにもつながっている。

　世界遺産への国際協力において日本がリーダーシップを発揮するためには，これまで任意で拠出してきたユネスコ信託基金を，今後も続けていくべきであろう。その際に，二国間外交を通じて行う支援事業とユネスコ信託基金のような国際機関へ託した事業とは識別しなければならない。世界遺産に貢献をする

ならば条約理念に寄り添い，国際社会による支援を最も必要とする優先事項に寄与するため，危機遺産リスト上の物件を優先的に支援対象としていくのが望ましいのではないかと考えられる。

　国際規範が普遍性をもち，その理念が広く提唱されていくためには，多様性の受容が必然となる。今日50年を超える世界遺産制度とは，そのような普遍性と多様性の相克のあゆみによって発展してきた。より多くの国や地域による積極的な条約履行を促進するために，遺産概念の範疇を広げて多様化し，保全技術を議論し，困難な課題に取り組むベストプラクティスを共有しながら国際協力が展開されてきたといえる。

　今日195か国に及ぶ世界遺産条約締約国に求められているのは，「保全」「信頼性」「人材開発」「情報共有・普及」「コミュニティ参加」の戦略的課題に国家レベルから地元レベルに至るまで裾野の広い共同体として取り組む姿勢である。それらの課題における日本の取り組みと知見をベストプラクティスとしていかに発信し，多国間での共感を喚起できるかどうかが，リーダーシップの発揮につながる鍵となろう。

　文化や環境に関する外交は，目に見えるかたちでの成果をあげることが容易ではない。しかし，自然遺産や文化遺産に関する国際協力は，心と心の関係が築かれる意義あるものである。日本がこの分野において多国間で共有できるベストプラクティスを打ち出していくことは，持続可能な信頼関係を構築し，長期的には平和と連帯を築くために成果をもたらすものと考えられる。

📖 文献紹介

① 松浦晃一郎『世界遺産―ユネスコ事務局長は訴える』講談社，2008年。
　　世界遺産条約制度の要であるユネスコの立場と見解を正確に日本語で理解するためにはまたとない良書である。中立的かつグローバルな視座で，世界遺産の発展と課題を包括的に整理している。出版年は少し古いものであるが，提起される問題・課題は決して古びていない。当時のユネスコ事務局長であった松浦晃一郎の単著である。外交官であった著者はユネスコ事務局長就任前にも1998年京都で開催された第22回世界遺産委員会議長を務めており，そのころから現在に至るまで続く世界遺産への熱意とたぐいまれな勉強量を発揮し，いわば専門家顔負けの知見を提供している。なお，本書における著者の見解は，ほぼユネスコの見解と一致していること

から，彼がユネスコで真摯にリーダーシップを発揮していたことを彷彿とさせるものになっている。

② 西村幸夫・本中眞編『世界文化遺産の思想』東京大学出版会，2017年。

　　本書は，新刊の世界遺産手引書であり，世界遺産のなかでも，世界文化遺産に焦点を当てて考察している。著者らは，日本を代表する立場で世界遺産に携わってきた複数の専門家であり，なかには文化庁のベテランおよび若手の文化財調査官も含む。日本発の世界遺産へのアプローチという観点では最もメインストリームの思想を読み解くことができる。テーマ別に小見出しが細かく分かれているため，関心のあるところから拾って読むことにより，世界遺産へのアプローチを多角的にとることが可能である。同書内で多少の内容重複もあるが，そのおかげでどのような順序で本をひもといても理解を深められるともいえる。世界遺産のあゆみと日本，グローバルとナショナルの視座をつなぐ10年越し出版計画の結晶である。

③ 安江則子編『世界遺産学への招待』法律文化社，2011年。

　　本書は，防災，観光，まちづくりなどの領域からそれぞれどのように世界文化遺産に取り組むかを具体的に紹介しており，事例にもとづいた議論が興味深い。関西圏をベースとする著者が中心となっているため，取り上げられる事例も主として関西のものである。たとえば京都という同じ世界遺産事例を取り上げてみることで，いかに各領域からの保全や活用の施策が重層的かつ複合的に存在し，必要であるかを示唆している。文化遺産学が実学であり学際分野であることを理解するとともに，他の地域ではどうなのか，と視野をさらに空間的に拡大してみようとする意欲を読者にかき立てるかもしれない。

【岡橋純子】

第24章　［捕　鯨］

水産資源の利用と保護

"鯨類（水産資源）の国際共同管理はどうあるべきか"

> 　日本は，食料安全保障の観点から，さらには食文化や慣習の多様性を尊重する点から，水産資源の持続的利用を外交の基本方針としています。資源の持続的利用（sustainable use）という考え方は，1992年のアジェンダ21（環境と開発に関するリオ宣言）などを通じて，日本のみならず多くの国や地域に理解され，共有されています。他方で，資源（自然）への人の介入を否定する保護（preservation）に力点を置き，その対象として水産資源を理解する国や地域も存在しています。本章では，持続的利用と保護の対立が深まり，国際協調の揺らぎが生じた捕鯨を事例に，水産資源管理のあり方について考えてみましょう。

【キーワード】文化，科学，国際捕鯨委員会，国際捕鯨取締条約，商業捕鯨，調査捕鯨

はじめに

　2022年3月に閣議決定された「水産基本計画」には，水産資源の持続可能な供給と漁村地域・水産業の健全な維持発展，そのための資源管理の徹底などが謳われている。日本政府は，きたるべき世界的な人口増加と，それに伴う食料安全保障，水産物の栄養特性に対する世界的な関心の高まり，さらには日本の魚食文化や慣習の多様性を尊重することを念頭に，国民に対して水産物を安定的に供給する目標を掲げている。このなかで，「科学的根拠に基づいて海洋生物資源を持続的に利用」し，「それぞれの地域におかれた環境により歴史的に形成されてきた」食習慣や食文化を尊重するという観点から，総合的かつ計画的に講ずべき水産施策として，「捕鯨政策の推進」を掲げている（水産庁 2022；水産庁 HP）。

　日本の捕鯨政策は，科学的知見にもとづき水産資源としてのクジラを持続的に利用していくことと，それを成り立たせる文化史の 2 つの要素によって構成されている，ということである。後述するように，日本は2018年12月，最も有力な鯨類資源管理レジームである1948年設立の**国際捕鯨委員会**（International Whaling Commission: IWC）──厳密には IWC の存立基盤である1946年の**国際捕鯨取締条約**（International Convention for the Regulation of Whaling: ICRW）──からの脱退を発表した。そのとき発出された内閣官房長官談話でも，「科学的根拠に基づいて水産資源を持続的に利用する」こと，そして日本が古来より「鯨を食料としてばかりでなく様々な用途に利用し，捕鯨に携わることによってそれぞれの地域が支えられ，また，そのことが鯨を利用する文化や生活を築いて」きたと述べられている（首相官邸 2018）。

　こうした日本の捕鯨政策は，外交交渉の場において，常にその正当性（legitimacy）が問われてきた。とくに，1970年代以降は，環境保護や動物愛護といった緑の政治（green politics）への世界的な関心の高まりのなかで，米国を中心とする鯨類保護の動きが活発化し，「地球を防衛する」観点から，日本の捕鯨のあり方が大きな争点となってきた。たとえば，大石武一（環境庁長官）は，1972年 5 月の参議院・公害対策及び環境保全特別委員会の場で，クジラ保護のトレンドが急速に強まるなかで，クジラを持続的に利用する立場にある日本が，世界のクジラを絶滅させている当事者として矢面に立たされていると現状を説明していた。なお，大石はこの 5 日前の衆議院・本会議において，「大体の鯨は今後永久に捕獲を禁止しなければなりません」と発言しており，米国主導の保護思想に理解を示していた。しかし，こうした発言は時代が下るにつれて，みられなくなっていく。

　クジラに限らず境界を越え世界中を移動（回遊）する水産資源を，誰が，どこで，どのように利用し，保護するかという問題は，20世紀半ば頃までは各国（捕獲者）の選択に委ねられていた。しかし，資源を科学的に管理しようとするトレンドが生まれた，とりわけ20世紀後半以降は，国際協力による管理に大勢がシフトしつつある。このことは，たとえ水産資源（条約適用対象の水産資源）の捕獲の経験がなく，また海洋国家でなくとも，それを有する者と同等の立場で意見を表明する権利をもち，またそれは尊重されるべきものだとする考えを

前提にしている。つまり，対象種との関わりやその歴史に対する考え方の異なる者どうしが議論し，何らかの合意を取りつけていく環境が醸成されようとしているのである。

1　日本の捕鯨外交を振り返って

　一般に，ある合意を取りつけ，それを遵守する程度は，国内アクター（ステークホルダー）の支持などのほか，その内容がいかなる形で正当性を確保しているか，ということとかかわる。①内容が科学的に妥当であるかどうかを示す「科学的正当性」，②法的妥当性／合法性を有しているかどうかを示す「法的正当性」，③内容が道義的に正しいかどうか，道義的義務感を共有できているかどうかを示す「道義的正当性」，そして④合意内容がどれだけの国家に同意されているかを示す「政治的（集合的）正当性」などがその指標となる（宮岡 2000）。

1-1　科学と捕鯨

　1970年代以降の鯨類の利用と保護をめぐって，同床異夢的に用いられてきたのは科学的正当性であった。その主戦場は，前出の ICRW にもとづき設立された IWC であった。IWC は，科学主義を標榜し，鯨類の国際的規制を実現させる機関として誕生したのである。

　ところが，全体の頭数規制のなかで捕獲競争が行われていたことで（オリンピック方式），とくにシロナガスクジラ，ザトウクジラの資源が枯渇していることが1960年代ごろから指摘され始めると，1972年の国連人間環境会議（United Nations Conference on the Human Environment）では，**商業捕鯨**の10年間モラトリアム勧告が採択されるに至った。当時は，資源を持続可能なかたちで利用するための管理法が存在せず，そもそも鯨種ごとの管理すら行われていなかった。そのため日本は，「十年間禁止」を「何とかして別な形に変え」るための修正事項として（1972年5月の参議院・公害対策及び環境保全特別委員会），それまで支配的であったシロナガスクジラを基準値にして頭数を決める換算法（Blue Whale Unit: BWU）を廃止し，科学的なクオータ規制を設けること，捕獲の際

は国際監視員を同乗させること，厳重な資源の科学的再検討などの提案を支持していた。

1973年には絶滅の危機に瀕した動植物に関する国際取引の規制・保存を目的としたワシントン条約（Convention on International Trade in Endangered Species of Wild Fauna and Flora: CITES）が採択された一方で（クジラは附属書Ⅰ−Ⅲに明記），IWCにおいては，資源の持続可能な利用を目的とした科学的資源管理方式「新管理方式（New Management Procedure: NMP）」が採択されるなど，科学にもとづく資源管理の徹底が図られようとしていた。

1−2　批判される捕鯨

しかし，NMP方式を成り立たせるための初期資源量や最大持続生産量の最良推定値をめぐって科学者の意見が分かれ，方式自体が機能不全に陥ってしまった。その結果，1982年のIWC年次総会において，商業捕鯨を暫定的に停止し（捕獲枠をゼロとする），その間に最良の科学的情報にもとづく包括的資源評価を行い，1990年までにゼロ以外の捕獲枠を検討することを規定した，ICRW条約附表第10項（e），すなわち商業捕鯨モラトリアムが採択されることとなった。こうした捕鯨環境の変化，つまりIWC管轄のすべての鯨種の捕獲枠がゼロになったことは，日本では強い衝撃とともに受け止められた。クジラを人類のために利用すべきでないとする反捕鯨派と，持続的利用を前提とする捕鯨推進派の攻防といった，お決まりの対立構図も，このころから日本の捕鯨問題を考える枠組みとして，頻繁に用いられるようになった。国会論議を振り返ってみても，1970年代までは「非捕鯨国」と称された米国が，80年代になると「反捕鯨国の旗頭」（1982年3月17日の参議院・予算委員会）とカテゴライズされており，時代の1つの変化がこの時期にあったことを示唆している。

1−3　調査捕鯨の時代

日本は，モラトリアム採択に対して一度は異議申し立てを行った。しかし，米国200海里水域内でのスケトウダラやギンダラのトロール漁業，延縄漁業などを規定する日米漁業協定（改正協定）へのネガティブ・インパクトをおそれた結果，異議申し立てを取り下げ，南極海での大型鯨類商業捕鯨を1986・87年

に，沿岸での商業捕鯨を1988年3月末に，それぞれ中止した。1982年12月の衆議院・外務委員会において松田慶文（外務大臣官房審議官）は，モラトリアムへの異議申し立てを行わなければ，捕鯨ができなくなる分の「漁業割り当てをふやすということは十分考慮に値することである」という米国からの「非公式の示唆」があったことを認めている。こうした水面下でのやり取りを経て，モラトリアムを受け入れることとなった日本は，商業捕鯨の再開を目指して，ICRW条約第8条の規定にもとづき，クジラの生態や資源量などの把握を目的とした科学調査（調査捕鯨）を開始したのである。

　しかし，2005年から開始された「第二期南極海鯨類捕獲調査（The Second Phase of Japan's Whale Research Program under Special Permit in the Antarctic: JARPA II)」の科学的および法的正当性に対して，2010年にオーストラリアが，2013年からはニュージーランドとともに展開した裁判は記憶に新しい。彼らは，日本が推進する調査捕鯨は科学調査を隠れ蓑にした擬似商業捕鯨であること，さらには国際社会のクジラに対する認識の変化（クジラの個体数が減少したこと，ホエール・ウォッチングが世界的に広がったこと，石油が登場したこと，これらが既述の「緑の政治」と結びついたことによって，採油や製肥を主たる捕鯨の目的としてきた欧米諸国を中心にクジラの利用価値が低下したこと）などを論拠に，日本の調査捕鯨の即時中止を求め，国際司法裁判所（International Court of Justice: ICJ)に訴状（2010年5月)，申述書（2011年5月）を提出した。2014年3月には，JARPA IIが，調査目的と調査計画は科学調査としての性格を有するものの，実行や実績が科学を主目的としてはいない（ICRW第8条に合致しない）とする判決が下され，現行制度での日本の調査捕鯨のあり方が問われることになったのである。

2　クジラを利用するということ，保護するということ

　水産資源の1つにすぎないクジラがなぜここまで政治の争点であり続けるのか。1つにすぎないからこそ，解決しようとするモチベーションが相互に高まらないと考えることもできる。しかし，もう少し根源的な問題として指摘されるべきは，クジラをめぐる問題を，生物学や海洋生態学などの科学によってど

のように根拠づけるか，という点にある。戦後の捕鯨をめぐっては，資源の無制限利用から再生産を目指した科学的管理へと転換し，立場が異なるものどうしであっても，科学を介してコミュニケーションをとっていくことが期待された。しかし，実際には科学的根拠の有無，確実性の高低，解析方法の正確さなどをめぐって，科学それ自体が論争の種となると同時に，持続的な鯨類利用に向けた手段としての科学が政治目的に従属する現象も起こるようになっている。クジラを利用しようとする人たちは，科学をもって資源に対する捕獲の持続性を証明しようとするが，保護しようとする人たちは科学をもってこれを否定しようとする。科学的資源管理方式が洗練され，その不確実性が相対的に低下していけばいくほど，科学をもってなそうとする目的の差異は，両者を分ける分水嶺になっていった。

2 - 1　歴史の連続性

　他方で，クジラを利用する立場の人たちと，保護する人たちとが妥協できないことを科学的正当性のみに還元させてしまうことは素朴にすぎるだろう。土台となる科学が，つねに単一の解をもちあわせ，加盟国の合意を取りつけることができるとは限らないからである。そこで，日本の捕鯨政策を構成する要素の1つである文化について触れておく必要がある。ここでいう文化とは，採油や製肥を主たる捕鯨の目的としてきた欧米諸国とは異なり，肉・油・骨・髭など，クジラを余すところなく丸ごと一頭利用し，また供養する対象でもあった日本独自の捕鯨文化を指している（大隅 2003）。網走（北海道），鮎川（宮城県），和田（千葉県），太地（和歌山県）といった捕鯨基地（拠点）などに残る風習や供養塔，塚，墓などからは，クジラの生物学的特性だけでなく文化的価値を考慮し，人間の特権的立場を否定し，クジラとの対等性が観念として日本に存在してきたことを読み取ることができるという（森田 1994）。こうした文化やその系譜をふまえること，すなわち歴史の「連続性」を認めたうえで，科学的な資源管理を行いながら，健全な管理機関の枠組みのなかで，商業捕鯨の再開を目指す思考は，冒頭に記した政策文書や談話等を規定する準拠枠となってきた。ICJ判決直後（2014年4月）の農林水産委員会においても，「我が国固有の伝統と文化である捕鯨」の「継続実施」の意義が再度強調されていた。

2-2　歴史の非連続性

　その一方で，網走，鮎川，和田，太地などで展開されてきた沿岸捕鯨と，モラトリアム以降に日本が主張してきた商業捕鯨の再開（とそのための科学的調査捕鯨）とを結びつける見方には，多くの批判も存在する。それは，沿岸捕鯨を中心に捕鯨文化を培ってきた日本が，遠洋へと船団を展開させ，商業的に捕鯨を行うようになったのは，軍産一体での参画となった1934年以降の南氷洋捕鯨からだからである。この起点・目的の異なりを指摘する人たちは，商業捕鯨再開を実現しようとする日本の論理を，歴史の「非連続性」という見地から，正当性なきものとして批判してきたのである。この論争は，沿岸捕鯨か遠洋捕鯨かを起点に，排他的経済水域（Exclusive Economic Zone: EEZ）内での捕鯨か，公海域でのそれかという対立へと展開していくこととなった。

2-3　IWC の「特異性」

　合意（妥協）を取りつけていくことの困難さが，捕鯨を事例に立ち現れる要因を理解する際に，加盟申請手続きにおける IWC の「特異性」という視角は，重要なポイントになる。IWC の場合，その存立基盤である ICRW 本文10条2項および4項には，加盟を希望する政府は条約寄託国政府＝米国に対する通知書によって ICRW に加入することができ，米国がそれを受け取った日から IWC の会議に出席し，さらに投票できる権利ももてることになっている。これは，極論的にいえば，クジラに関する調査活動・採捕活動を行っていない（行ってこなかった）国であっても，さらにこれからも捕獲の見込みがなく，保存管理措置を遵守する意思がなかったとしても，調査・採捕活動を行ってきた国と同等の発言権をもち，それを行使しうる環境が制度的に存在していることを意味している。

　留意したいのは，申請国が容易に加盟しうるこの状況が，その是非は別にして，必ずしも一般的なことではないという点である。たとえば，カツオ・マグロ類（高度回遊性魚類）の地域漁業管理機関（Regional Fisheries Management Organizations: RFMOs）においては，加盟国の全会一致（ポジティブコンセンサス方式）が原則であるため，持続的利用という利害関係を共有していなければ加盟もままならない。加盟申請国は，今後捕獲の見込みがあり，保存管理措置

を遵守する意思があるかなど，さまざまなチェックを経る必要があるため，た
とえば年間漁獲可能量ゼロを企図し加盟申請が行われた場合，主要漁業国から
の反対により，申請は否決される可能性が概して高くなるのである。

　2010年代以降のIWCでは，こうした他の水産資源管理レジームの機能をふ
まえつつ，IWCの膠着状態を打開するために，鯨類の適切な保存および捕鯨
産業の秩序ある発展という，IWCの設立趣旨に立ち返ろうとする動きが起
こっていた。日本主導の「正常化」プロセスである。しかし，そもそも国内の
捕鯨産業は，モラトリアムが現実味を帯びていた1980年代初頭にはすでに縮小
の一途を辿っており，守るべき捕鯨産業の経済的インパクトは見出せず，日本
の主張は現実と整合的ではないことが指摘された。また，日本は，時代によっ
て変化する考え方を考慮せず，IWCの設立趣旨を文字通り理解しようとする
法文主義に陥っており，妥協点を見出す余地を自ら低下させているとの批判も
出ていた。

　さらに，同時期のIWCでは，日本のいう正常化とは異なる価値観を内包す
る道義的正当性と，数の論理にもとづく政治的正当性が，捕鯨外交上，重要な
意味をもち始めていた。たとえば，欧州連合（European Union: EU）は，2008
年に統合史上初めて，捕鯨をめぐる加盟国「共通の立場」を明らかにしたが，
その目的は，政治的，道徳的，経済的な観点から世界のクジラ保護をより効果
的なものにすることにあった（欧州環境担当委員スタブロス・ディマス）。EUは，
IWCをより強固な資源管理機関にすべく，鯨類の全面保護を目指し設立され
た下部組織「保全委員会」などを通じて（ベルリン・イニシアティブ），自身の影
響力を効果的に行使するようになった。その傾向は年を追うごとに強化されて
いる。今日のIWCは，捕鯨が後景に退き，対象鯨類の「保全と管理」に力点
を置く機関へと変質している（真田 2023）。

おわりに

　捕鯨に対する考え方を，利用と保護（保全）の対立軸にのみ回収してしまう
ことは，あまりにナイーブである。しかし，これまでみてきたように，捕鯨を
めぐる対立は，利用＝消費する立場と，保護＝非消費の立場との間に生じる

ギャップを起点としているということはできる。水産資源の利用を推進する立場からは，水産資源が文字通り資源として語られる。それに対して，保護を推進する立場からは，環境を象徴する対象として語られる。両者のベクトルは，生態系（エコシステム）の多様性を認め，それを適切に管理していこうとする点で交差するが，それをいかに適切な方法で管理するかという点でズレている。

　2016年のIWC年次総会で日本が目指したのは，まさにこうしたズレをズレとして双方が受け入れる，つまり，わかり合えないことに合意し，「家庭内別居」という意味での共存の道を模索していくことだった（森下 2019）。そこには，従来型の4分の3をもって提案が採択される形ではなく，2分の1でそれを可能にさせる，意思決定手続きの要件緩和も含まれていた。そうすれば，利用派も保護派も，自らの提案を通しやすくなる，という考えがあった。しかし，日本の提案は投票に付され，否決された。2018年のIWC年次総会では，IWCを強固なクジラ保護機関として発展させることを意図した宣言が採択されるに至った。日本は2019年6月をもってICRWから脱退したが，背景には，商業捕鯨モラトリアム以降40年にわたる交渉が決裂したことがあった。

　他方で，上述の日本の言動は真に合意を求めるものであったのか，日本は2019年7月より南極海を含む公海から撤退し，領海とEEZ内での商業捕鯨を再開したが，類似の提案は20年以上前から断続的に俎上に載せられており，なぜいまになって同質の決断を下したのかなど，批判的論点も存在する。

　日本はICRW脱退後も，IWCの議論にはオブザーバーとして参加しており，定期的な管理・協力のチャネルを保持している。しかし，40年の時を経て，妥協点の探り合いが失敗に終わったことのもつ意味は小さくない。商業捕鯨を再開した日本の捕鯨の正当性を担保するものが何であるかを，いま一度考えたい。

📖 文献紹介

①森田勝昭『鯨と捕鯨の文化史』名古屋大学出版会，1994年。
　　クジラに審美的価値を見出すヨーロッパ・アメリカ型の思考と，クジラとの対等性が観念として存在してきた日本のそれとの差異を，史・資料に依拠し丹念に跡づ

けた学術書。両者のミスコミュニケーションは，クジラ・捕鯨の政治化にあると同時に，特定社会を構成する倫理観などとも気脈を通じており，気まぐれなファッションなどではないことが体系的に説明される。この論争の先にあるのは，動物中心主義に立つ前者がエコ・ファシズムに，独自性や伝統を強調する後者がエコ・ナショナリズムに向かう危険性であるとして，警鐘を鳴らしている。

②石井敦編『解体新書「捕鯨論争」』新評論，2011年。

日本の捕鯨政策の論理を追求する書。著者らの調査によれば，科学的知見の収集のために実施されている調査捕鯨は，多額の補助金（無利子融資）を誘導する「日本の水産研究を見渡しても史上最大規模の国策プロジェクト」である。また，調査捕鯨を委託されている水産庁管轄の財団法人日本鯨類研究所は，同庁からの官僚の天下りを受け入れている。このような，いわゆる官僚政治のもとにある捕鯨政策は，商業捕鯨モラトリアム時代ゆえに成り立つ特殊なものであり，この限りでは，日本政府は商業捕鯨の再開を望んでいないと結論づける。日本が商業捕鯨を再開したいまだからこそ読み返したい。

③ルイ・シホヨス監督『ザ・コーヴ（The Cove）』アンプラグド，2010年。

動物の権利や倫理的価値観，環境（水銀）汚染などを推進力としながら，和歌山県太地町のイルカ（小型ハクジラ）追い込み漁のあり方を批判したドキュメンタリー映画。第82回アカデミー賞長編ドキュメンタリー映画賞ほか数多くの映画賞を受賞。作品としての良し悪しはともかく，仮にそれが一部の急進派の意見であったとしても，世界が日本の捕鯨をどうみているかを知る材料の1つになる。ここには，今日の捕鯨問題の核心をなす EEZ 内での捕鯨か，公海域でのそれかという対立軸は意味を成さず，捕獲行為それ自体を批判する思考が通底している。

［参考文献］
大隅清治『クジラと日本人』岩波書店，2003年。
真田康弘「国際捕鯨委員会の変容─『保全アジェンダ』のメインストリーム化と今後の課題」『環境経済・政策研究』第16巻1号，2023年3月，39-43頁。
首相官邸「内閣官房長官談話」2018年12月26日。
水産庁『水産基本計画』2022年。
水産庁「捕鯨を取り巻く状況」https://www.jfa.maff.go.jp/j/whale/w_thinking/，2023年12月29日アクセス。
宮岡勲「国際規範の正統性と国連総会決議─大規模遠洋流し網漁業の禁止を事例として」『国際政治』第124号，2000年5月，123-136頁。
森下丈二『IWC 脱退と国際交渉』成山堂，2019年。
森田勝昭『鯨と捕鯨の文化史』名古屋大学出版会，1994年。

【高橋美野梨】

新版へのあとがき

　日本の外交政策をめぐる議論に長らく巣食ってきた硬直的な二項対立の図式をいかに崩せるか。こうした問題意識をもとに，佐藤・川名・上野・齊藤を編者として，2018年に本書の初版を世に問うた。

　それから6年が経過した。この間，二項対立は解消したのであろうか。否。事態が好転しているとはとてもいえまい。たとえば，新型コロナウイルス感染症への対処をめぐり，日本社会は一枚岩ではなく，根深い意見の相違が生じていることが改めて明らかになったといえよう。

　外交問題に関しても，本書が示してきたとおり，二項対立の構図が厳然として存在する。しかも問題は，そうした構図を前にして，われわれは往々にして思考停止に陥っているということである。考えの異なる他者とは理解し合えないのだから，話し合う価値がない。あるいは，そうした他者の存在自体，そもそも気にする必要がない。こうした虚無感に支配されていないだろうか。自らと同じ主張を共有するコミュニティのなかで安住しているだけでは，知的な向上は期待できないであろう。

　そこで本書では，やや大胆に，あえて二項対立の問いや規範的な論点（〜すべきか）を提示した。われわれは，それらに対して「正解」を示したわけではない。それゆえ物足りなさが残るかもしれない。しかし，むしろ，絶対的な「正解」がないことを伝えたかったのである。

　絶対的な「正解」がないなかで自ら思考するという行為は，決して楽ではない。インターネットで拾える，あるいは人工知能（AI）が探してきてくれる，安易な「正解」に飛びつきたくなる気持ちもよくわかる。人は易きに流れるものである。

　だが，外交や安全保障政策が大きな転換期に差し掛かり，日本国憲法の初めての改正が具体的な政治スケジュールに乗る可能性も出てきている今日，自らの意思と言葉で「日本外交の論点」への答えを作り上げることの重要性は高まってきている。もし本書がそうした営為の手引きとなれば，執筆者一同，望外の

喜びである。

　この新版では，旧版の著者の1人でもあった山口が編者に加わり，30〜40代を中心とした各分野で第一線に立つ方々にご執筆いただいた。また，気鋭の研究者である本多倫彬，石田智範，渡邊康宏各氏を新たに執筆陣に迎えることができ，本書は大幅に進化を遂げられたと思っている。短い期間に丁寧に執筆，加筆・修正をしてくださった各執筆者に，あらためて感謝の意を伝えたい。

　なお，本書の著者の一部は，より専門的な観点から安全保障の二項対立を超える試みとして，川名晋史・佐藤史郎編『安全保障の位相角』（法律文化社，2018年）も上梓した。あわせて手に取ってもらえれば幸いである。

　最後に，本書の初版の企画・出版にあたっては，上田哲平氏のご尽力が不可欠であったことをあらためて強調したい。くわえて，新版にあたって献身的に編集作業に尽力してくださった，法律文化社の八木達也氏に厚く御礼を申し上げる。

　　2023年12月　編者を代表して

山口　航

索　引

執筆者紹介

(執筆順，＊は編者)

＊佐藤　史郎　東京農業大学生物産業学部教授　まえがき［共著］・序章［共著］・第11章

＊川名　晋史　東京工業大学リベラルアーツ研究教育院教授

　　　　　　　　　　　　　　　　　　まえがき［共著］・序章［共著］・第 2 章

＊上野　友也　岐阜大学教育学部准教授　　　　　　　　序章［共著］・第14章

＊齊藤　孝祐　上智大学総合グローバル学部教授　　序章［共著］・第 5 章・第12章

＊山口　航　帝京大学法学部専任講師　　序章［共著］・第 1 章・第15章・あとがき

村上　友章　流通科学大学経済学部准教授　　　　　　　　　　　　　第 3 章

本多　倫彬　中京大学教養教育研究院准教授　　　　　　　　　　　　第 4 章

長谷川隼人　大正大学教学マネジメント推進機構学修支援センター（DAC）専任講師

　　　　　　　　　　　　　　　　　　　　　　　　　　　　　　　第 6 章

石田　智範　防衛省防衛研究所戦史研究センター主任研究官　　　　　第 7 章

古賀　慶　南洋理工大学社会科学部准教授　　　　　　　　　　　　　第 8 章

井上　実佳　東洋学園大学グローバル・コミュニケーション学部教授　第 9 章

中村　長史　東京大学大学院総合文化研究科特任講師　　　　　　　　第10章

渡邊　康宏　東京工業大学環境・社会理工学院博士後期課程　　　　　第13章
　　　　　　国立研究開発法人宇宙航空研究開発機構（JAXA）主査

池田　丈佑　東北学院大学法学部教授　　　　　　　　　　　　　　　第16章

伊藤　丈人　障害者職業総合センター上席研究員　　　　　　　　　　第17章

中村　文子　山形大学人文社会科学部教授　　　　　　　　　　　　　第18章

松村　博行　岡山理科大学経営学部教授　　　　　　　　　　　　　　第19章

池島　祥文　横浜国立大学大学院国際社会科学研究院教授　　　　　　第20章

白鳥潤一郎　放送大学教養学部准教授　　　　　　　　　　　　　　　第21章

楠　綾子　国際日本文化研究センター教授　　　　　　　　　　　　　第22章

岡橋　純子　聖心女子大学現代教養学部教授　　　　　　　　　　　　第23章

高橋美野梨　北海学園大学法学部准教授　　　　　　　　　　　　　　第24章

【編者紹介】

佐藤　史郎（さとう　しろう）　東京農業大学生物産業学部教授　〔第Ⅲ部編集担当〕

1975年生
立命館大学大学院国際関係研究科博士後期課程修了　博士（国際関係学）
〔主要著書〕
『核と被爆者の国際政治学―核兵器の非人道性と安全保障のはざまで』（明石書店，
　2022年）
『E・H・カーを読む』（共編著，ナカニシヤ出版，2022年）
『はじめての政治学〔第3版〕』（共著，法律文化社，2021年）

川名　晋史（かわな　しんじ）　東京工業大学リベラルアーツ研究教育院教授　〔第Ⅰ部・第Ⅱ部編集担当〕

1979年生
青山学院大学大学院国際政治経済学研究科博士後期課程修了　博士（国際政治学）
〔主要著書〕
『基地問題の国際比較―「沖縄」の相対化』（編著，明石書店，2021年）
『基地の消長 1968-1973―日本本土の米軍基地「撤退」政策』（勁草書房，2020年）
『基地の政治学―戦後米国の海外基地拡大政策の起源』（白桃書房，2012年，第24回
　国際安全保障学会最優秀出版奨励賞受賞）

上野　友也（かみの　ともや）　岐阜大学教育学部准教授　〔第Ⅳ部編集担当〕

1975年生
東北大学大学院法学研究科博士課程後期修了　博士（法学）
〔主要著書〕
『膨張する安全保障―冷戦終結後の国連安全保障理事会と人道的統治』（明石書店，
　2021年）
『グローバル・コモンズ』（分担執筆，岩波書店，2015年）
『戦争と人道支援―戦争の被災をめぐる人道の政治』（東北大学出版会，2012年）

齊藤　孝祐（さいとう　こうすけ）　上智大学総合グローバル学部教授　〔第Ⅴ部編集担当〕

1980年生
筑波大学大学院人文社会科学研究科一貫制博士課程修了　博士（国際政治経済学）
〔主要著書〕
『経済安全保障と技術優位』（共著，勁草書房，2023年）
『軍備の政治学―制約のダイナミクスと米国の政策選択』（白桃書房，2017年）

やまぐち　わたる
山口　航　　帝京大学法学部専任講師　〔第Ⅰ部・第Ⅲ部編集担当〕

1985年生
同志社大学大学院法学研究科博士後期課程単位取得満期退学　博士（政治学）
〔主要著書〕
『冷戦終焉期の日米関係―分化する総合安全保障』（吉川弘文館，2023年，第40回大平正芳記念賞・第9回猪木正道賞正賞受賞）
『Q&Aで読む日本外交入門』（共編著，吉川弘文館，2024年）
『アメリカ大統領図書館―歴史的変遷と活用ガイド』（共著，大阪大学出版会，2024年）

Horitsu Bunka Sha

日本外交の論点〔新版〕
Japan's Contemporary Diplomacy: Issues and Debates

2018年4月15日　初版第1刷発行
2024年4月30日　新版第1刷発行

編　者　　佐藤史郎・川名晋史・上野友也
　　　　　齊藤孝祐・山口　航

発行者　　畑　光

発行所　　株式会社　法律文化社
〒603-8053
京都市北区上賀茂岩ヶ垣内町71
電話 075(791)7131　FAX 075(721)8400
https://www.hou-bun.com/

印刷／製本：西濃印刷㈱
装幀：白沢　正
ISBN978-4-589-04333-7

佐藤史郎・上野友也・松村博行著

はじめての政治学〔第3版〕

A 5 判・160頁・2200円

政治にあまり関心のない人でも，政治を自分たちの問題として身近に感じられるように平易でわかりやすい文章で解説し，イラスト・図表にて概念を整理する。旧版刊行（2017年）以降の政治動向をふまえ全面的に補訂。

川名晋史・佐藤史郎編

安全保障の位相角

A 5 判・222頁・4620円

日本の外交・安全保障をめぐる議論に関して二項対立の図式が鮮明な8つの争点を取り上げ，《位相角》という新たな分析概念を用いることで，現実主義／理想主義といった思考枠組みを脱却した政策的選択肢を導き出す。

油本真理・溝口修平編
〔地域研究のファーストステップ〕

現代ロシア政治

A 5 判・264頁・2970円

ロシアの政治・社会についての入門書。ソ連の形成・崩壊の歴史を押さえたうえで，現代の政治制度や社会状況，国際関係を学ぶ。超大国でありながらも実態がよくわからないロシアという国家を，新進気鋭の研究者たちがわかりやすく解説する。

広瀬佳一・小久保康之編著

現代ヨーロッパの国際政治
—冷戦後の軌跡と新たな挑戦—

A 5 判・300頁・3080円

激動する現代ヨーロッパの国際政治を，「冷戦終焉後の新しい秩序構築の動き」，「2010年代以降の様々な争点の展開」，「ヨーロッパにとってのグローバルな課題」，という3つの側面から，気鋭の専門研究者が総合的に検討し解説する。

宮坂直史編

テロリズム研究の最前線

A 5 判・254頁・3740円

世界を揺るがすテロリズムをどう理解し，対処すればよいのか。最新の研究からテロリズムの本質や原因，対応策を分析し，テロリズムがどう終わるのかまで論じる。テロリズムについて調べるためのデータベースも紹介する。

————法律文化社————

表示価格は消費税10%を含んだ価格です